아픔에 대하여

철학자의 돌

아픔에 대하여
— 몸과 병듦에 대한 성찰

헤르베르트 플뤼게 지음
김희상 옮김

2017년 2월 24일 초판 1쇄 발행
2023년 8월 31일 초판 3쇄 발행

펴낸이 한철희 | 펴낸곳 돌베개 | 등록 1979년 8월 25일 제406-2003-000018호
주소 (10881) 경기도 파주시 회동길 77-20 (문발동)
전화 (031) 955-5020 | 팩스 (031) 955-5050
홈페이지 www.dolbegae.co.kr | 전자우편 book@dolbegae.co.kr
블로그 blog.naver.com/imdol79 | 트위터 @Dolbegae79

주간 김수한
책임편집 김진구
표지디자인 김동신 | 본문디자인 이은정·이연경
마케팅 심찬식·고운성·조원형 | 제작·관리 윤국중·이수민
인쇄·제본 영신사

ISBN 978-89-7199-800-7 04100
      978-89-7199-636-2 세트

이 도서의 국립중앙도서관 출판시도서목록(CIP)은 서지정보유통지원시스템(http://seoji.nl.go.kr)과 국가자료공동목록시스템(http://www.nl.go.kr/kolisent)에서 이용하실 수 있습니다.(CIP제어번호: CIP2017001136)

책값은 뒤표지에 있습니다.

아픔에 대하여

몸과 병듦에 대한 성찰

철학자의 돌

헤르베르트 플뤼게
Herbert Plügge

김희상 옮김
이승욱 해제

"심장을 가졌다는 것을 전혀 모르고 살았는데, 이제는 알아요."

몸의 병,

병듦이라고 하는 것은 결코 자연의 사건이 아니며,

오히려 병든 장기가 몸 안에서 체험되는

역사적 사건이다.

일러두기

1   이 책은 헤르베르트 플뤼게Herbert Plügge의 『Wohlbefinden und Missbefinden. Beiträge
    zu einer Medizinischen Anthropologie』(1962)를 완역한 것이다.

2   본문에 실린 도판은 원서에는 없고 한국어판에만 있는 것임을 밝혀둔다.

3   책의 내용을 더 효과적이고 적확하게 전달하기 위해서 원문의 장 제목과 소제목을
    수정·보완하여 달았다.

4   원문의 주는 숫자로, 옮긴이의 주는 약물로 표시하여 페이지 하단에 실었다.

서문

의학적 인간학에서 이해한 행복과 불행의 의미

이 책에 수록된 글들은 인간이 처한 상태와 그 무수한 변형이라는, 자연과학으로는 설명될 수 없는 사태를 현상학의 방법론으로 접근해보려는 시도다. 나는 개별적인 질병 사례를 거듭 처음부터 되짚어 살피면서 현상, 곧 몸의 세계에서 일어나는 현상의 연구가 인생 이해에 어떤 기여를 해줄 수 있는지 보여주고 싶었다.

내과의이면서 임상의학자인 나는 현상학 연구에 요구되는 방법을 독학으로 깨우쳤다. 그래서 나는 늘 모범으로 여겨온 인물, 곧 볼노브, 보이텐디크, 겝자텔, 메를로-퐁티, 사르트르와 실라지의 연구를 참고해가며 방향을 잡았다.*

의사인 필자가 의학에서는 보기 힘든, 지금껏 상당 부분이 알려지지 않은 현상 해석에, 종종 결함이 있기는 하지만, 그래도 성공할 수 있었던 이유는 이렇게 설명된다. 이 책에 수록된 개별 글들을 언젠가 한 권으로 묶어야겠다는 의도로 쓰인 것은 아니라 할지라도, 그 전체적인 면모는 인간학의 입장에서 접근한 '행복과 불행의 이론'을 위한 전혀 새로운 시도임을 보여준다. 마찬가지로 나에게는 이 글들로 끊임없이 이어지는 시도들, 곧 '상태'와 '태도'를 각기 상반된 방향에서 해석하려는 시도들이 중요해

* 볼노브Otto Friedrich Bollnow(1903~1991)는 독일의 철학자이자 교육학자이다. 인간 교육에서 '만남'의 의미를 강조한 교육철학을 선보였다. 보이텐디크Frederik Jacobus Johannes Buytendijk(1887~1974)는 네덜란드의 생물학자이자 인류학자, 심리학자, 생리학자이다. 심리 인간학을 창설했다. 겝자텔Victor Emil von Gebsattel(1882~1976)은 정신과 의사이며 철학자이자 작가다. 심리 치료의 선구자로 알려진 인물이다. 메를로-퐁티Maurice Merleau-Ponty(1908~1961)는 프랑스의 철학자이다. 사르트르Jean Paul Sartre(1905~1980)는 실존주의를 대표하는 프랑스의 작

7

보인다.

오랜 세월에 걸친 집필로, 다양한 걱정과 염려로 늘 미뤄지며 시간이 허락할 때마다 간헐적으로 글을 쓴 탓에 이따금 내용이 겹치는 것은 피할 수 없었다. 이런 부족함을 통찰하고도 지금이 종합판을 내면서 결함을 제거하지는 않았다. 독자들이 곧 확인할 것이듯, 그런 결함은 생각이 다듬어지는 발전적 방향을 보여주기 때문이다.

이 책은 의사뿐만 아니라 철학자와 심리학자와 교육학자, 요컨대 분과의 경계를 아우르는 철학적 인간학에 관심을 가진 모든 이들을 위한 것이다. 그래서 원래 의학 서적에 쓰는 전문용어는 일반인도 쉽게 이해할 수 있는 표현으로 바꾸었다. 의사이거나 의학 교육을 받은 독자에게는 양해를 구한다.

하이델베르크, 1962년 5월
헤르베르트 플뤼게

가이자 철학자이다. 실라지Wilhelm Szilasi(1889~1966)는 헝가리의 철학자로서, 자연과학이 철학에 재통일되어야 한다고 주장했다.

차례

I

허무와 무한

우리는 왜 지루함을
견디지 못하는가

》

인간이 본능적으로 기피하고자 하는 것은 지루함이라는 상황에서 이뤄

지는 자신과의 만남이다. 이 자기와의 만남은 자신의 참모습, 실존의 조

건을 숨김없이 드러나게 한다.

《

『팡세』, 인간의 조건을 묻다

최근 들어 파스칼˙에 뜨거운 관심이 쏟아지는 것은 흘려버릴 수
없는 사실이다. 오스발트 폰 노스티츠는 '파스칼의 귀환'이라는
표현을 쓸 정도다.[1] 내가 보기에 전적으로 옳은 표현이다. 더불
어 파스칼의 책들이 앞다퉈 새롭게 출간되고 있다. 이런 뜨거운
관심은 얼핏 살피더라도 파스칼의 유고가 새롭게 발견되어 그런
것만은 아님을 알 수 있다. 원인은 보다 더 깊은 데 있다. 아무래
도 오늘날 우리가 심리학과 철학에서 얻을 수 없는 것을 파스칼
이 제공해주기 때문이 아닐까. 그러나 이런 가르침의 가능성만으
로 우리의 뜨거운 관심은 남김없이 설명되지 않는다. 파스칼이
오늘날 우리에게 불러일으키는 관심은 가히 정신적 흥분이라 불
러도 좋을 정도로 뜨겁기 때문이다. 그렇다, 우리는 파스칼의 글
에 관심을 가질 뿐만 아니라, 열광한다. 파스칼은 우리가 간절하
게 경험하기 원하는 바로 그것을 제공해주기 때문이다. 예를 들
어 설명해보자.

　파스칼이 남겨놓은 것이 우리가 쉽게 이해할 수 있는 일목
요연한 체계를 가졌다면 이런 뜨거운 관심을 설명하기는 쉬우리
라. 그러나 우리가 익히 알듯 파스칼의 대표작 『팡세』는 수많은
단편과 노트 그리고 그때그때의 착상으로 서로 다른 다양한 생
각들을 모아놓은 책이다.[2] 작품의 이런 단편적인 특성은 체계를
가려보는 일을 어렵게 만들거나, 심지어 불가능하지 않을까 하
는 느낌을 불러일으킨다. 그렇지만 사실은 다르다. 거의 300년

●　　Blaise Pascal(1623~1662). 프랑스의 철학자이자 수학자, 과학자, 신
　　　학자이자 작가다. 대표작으로 『팡세』Pensées가 있다.
1　　오스발트 폰 노스티츠, 「파스칼의 귀환」, 『시대의 목소리』Stimmen der
　　　Zeit 141호, 183쪽. 오스발트 폰 노스티츠Uswalt von Nostitz(1908~1997)
　　　는 독일의 작가이자 번역가이다(―옮긴이).
2　　프랑스어 원본 텍스트의 인용은 레옹 브룅슈비크가 편집하고 번호를
　　　매긴 것을 따랐다. 레옹 브룅슈비크Léon Brunschvicg(1869~1944)는 프
　　　랑스의 철학자이자 대학 교수였다(―옮긴이).

에 가까운 파스칼 연구는 이 쪽지 모음집이 분명한 질서를 가졌음을 밝혀주었기 때문이다. 그래서 우리는 확실하게 다음과 같이 말할 수 있다. 이 쪽지들로 만들어진 작품은 확실한 틀을 가졌다! 오늘날 우리는 안다. 파스칼의『팡세』는 일종의 변론, 곧 믿음의 변론이라는 것을!『팡세』는 믿음이 없이는 진리의 인식, 궁극적인 깨달음을 얻을 수 없다는 불꽃 튀는 변론이다. 또 믿음이 없이는 인간 존재의 존엄성도 얻을 수 없다.

우리가 파스칼 사상의 체계적인 특징을 찾아보기 어려워하는 이유가『팡세』의 단편적 특성에 있는 것은 아니다. 오히려 파스칼이 인간 존재의 구체적 면모를 어느 하나 빠뜨림 없이 조금도 소홀히 다루려 하지 않았기 때문이다. 파스칼은 인간이 가진 모든 본성을 충실히 살피려 노력했다. 이상적으로 그려진 인간이 아니라, 언제나 모순에 가득 찬 구체적인 인간 존재에 주목했다. 파스칼이 펼치는 생각이 겉보기로 체계적이지 않은 것은 모순에 가득 찬 인간 존재와 본질의 구체성을 다루기 위한 피할 수 없는 선택이다. 비체계적인 성격은 다루는 문제의 특성 탓에 생겨난 것일 뿐이다.

이로써 우리 논의의 출발점도 찾을 수 있다. 나는 앞서 파스칼이 인간 존재를 연구하면서, 바로 구체적인 인간 존재에 충실한 변론을 구상했다고 말했다. 이는 곧 파스칼의 변론이 인간 본성, 인간 존재의 근본적인 요소를 다루는 학문인 인간학을 품고 있다는 뜻이다. 인간 존재의 근본적인 요소는, 파스칼의 표현을 그대로 빌려온다면, '인간의 조건'Condition de l'Homme이다. '인간의 조건', 이것이 바로 오늘날 우리가 의식적이든 무의식적이든 간절히 구하는 것이다.

나는 이 인간학이 파스칼의 귀환을 불러왔다고 확신한다. 몇몇 독자는 아마도 이렇게 말하리라. 좋다, 그러나 파스칼 변론의 바탕을 이루는 것은 심리학이지 않은가? 『팡세』를 펼치고, 특히 앞부분이 다룬 주제를 살피면 실제 심리학이라는 생각이 들 수는 있다. 책은 상상, 허영, 자만, 자기 사랑, 근심, 두려움, 기쁨, 분노, 충동, 습관, 유혹, 악덕, 착각, 거짓말, 감각 지각의 비판, 우울함, 행복, 증오, 사랑, 열정, 법정 심리학과 언어 심리학의 착상 등 자연스럽게 심리학으로 정리할 수 있으며, 심리학으로 정의해야 마땅할 주제들을 다루고 있기는 하다. 나도 처음에는 그렇게 믿었음을 기꺼이 인정한다. 그러나 이내 나는 이게 잘못된 생각이었음을 깨달았다. 『팡세』는 심리학이 아니라, 인간학이다. 인간의 마음에서 일어나는 일과 그 동기를 다루는 이론이 아니라, 인간의 본질을 이루는 근본적인 요소를 명징하게 묘사하려는 인간학이다. 『팡세』가 실존철학을 담았다고 생각하는 사람도 있다. 그러나 이도 잘못된 생각이다. 『팡세』는 어디까지나 인간 존재의 본질을 구성하는 궁극적인 요소의 묘사이다. 물론 심리학과 겹치는 부분은 있다. 그러나 심리학이 인간학의 문제를 일부 받아들여 그것을 심리와 관련해 다루어 그런 것일 뿐이다. 인간학은 틀림없이 심리학의 측면을 지닌다. 그러나 인간학은 근본적으로 심리학이 아니다.

인간학과 심리학의 구분을 더 오래 거론하지는 않겠다. 오히려 예를 들어 이런 사정을 살피는 것이 더욱 흥미로울 것으로 믿는다.

인간의 불행은 어디서 오는가

내가 들고자 하는 예는 파스칼의 인간학이 지닌 변증법적 질서와 관련한 몇 가지 특성이다. 우선 키워드부터 짚어보자면, 지루함, 오락, 실망, 선동 그리고 상상력이다. 이 개념들은 서로 전혀 상관이 없는 것처럼 보이지만 파스칼에게서 긴밀한 내적인 연관을 이룬다. 마치 하나의 별자리 그림 안에서 서로 다르게 빛나는 별들이라고 할까. 어떤 형상을 이루는 각기 다른 부분이며, 하나의 멜로디 안에 등장하는 여러 다른 음과 같은 것이 이런 개념들이다. 서로 보완하며 설명하고 해석할 수 있지만, 독자 여러분이 이미 짐작하듯, 그 연관은 합리적이고 논리적으로 도출되지 않는다. 바로 그래서 내가 앞서 파스칼의 비체계성이라 부른 것의 좋은 사례다.

　단편 139번에서 파스칼은 이렇게 말한다.

　"인간의 모든 불행은 홀로 조용히 방 안에 머무르지 못하는 탓에 생겨난다." 얼핏 보기에 별로 말해주는 것이 없는 하나마나한 진부한 말이다. 이 말을 들으며 우리는 찬성도 반대도 하지 못하고 붕 뜬 느낌을 갖는다. 파스칼이 무엇을 노리고 이런 말을 하는지 알지 못하기 때문이다.

단편 131번을 참고로 한다면 그 뜻이 보다 더 명확해진다. "인간은 완전히 아무것도 하지 않는 상태, 열정(격정)이나 분주함(사건) 혹은 산만함(오락)이나 열심히 노력함(열중함)이 없는 상태를 견디지 못한다."

그리고 이 단편 글에는 단어 하나, 말하자면 제목과 같은 게 붙었다. '지루함', 그리고 그 뒤에는 줄표(—)가 붙었다. 이 단편 글은 '지루함'이라는 개념을 해석하는 것으로 읽어야 한다. 제목을 해석하려는 시도에 충실하자면 '지루함'과 '오락'이라는 개념이 서로 대비를 이룬다. 아주 선명한 대비다.

파스칼은 이로써 인간은 완전히 아무것도 하지 않고 있을 수 없는 존재라고 말한다. 일거리, 열정에 찬 활동, 직업 혹은 취미생활이 없다면, 인간은 불행하다. 그리고 이 불행함은 지루함이라는 특징을 가진다(물론 아무런 재미를 느끼지 못하고 우울함에 사로잡혀 있음을 뜻하는 파스칼의 '앙뉘'ennui를 '지루함'으로 옮기는 게 마땅한지 하는 물음은 논란의 여지를 남긴다).

그리고 단편 171번은 마침내 이렇게 확인해준다. "이런 궁색함에서 우리를 위로해주는 유일한 것은 오락이다. 그러나 오락이야말로 우리가 당하는 최고의 궁색함이자 비참함이다."

이제 우리는 '지루함'과 '오락'이라는 두 개의 대비되는 인간 상황과 마주한다. 한편에는 지루함으로 느끼는 불행함과, 다른 편에는 오락, 곧 지루함이라는 불행함으로부터 우리를 구해주는 활동인 오락으로 아무것도 하지 않는 상태를 모면하는 것이 대비를 이룬다.

심리학을 고려하면 지루함이라는 개념은 단순히 기분을 나타낸다고 말할 수 있다. 그러나 기분이라는 말은 파스칼의 의도를 적절히 나타내지 않는다. 기분이라는 표현이 파스칼의 의도를 반영하는 경우는 오로지 '기분'이라는 단어를 볼노브의 의미에서 쓸 때일 뿐이다.[3] 다시 말해서 '지루함'이라는 개념은 인간이 가지는 근본 성정 가운데 하나로 보아야 한다. 그러니까 겉으로 드러난 기분이 아니라, 뭔가 대단히 뿌리 깊은 성정이 '지루함'이다. 파스칼은 아무것도 하지 않는 인간의 지루함은 대단히 빠르게 불행함으로 바뀌어 결국 불안으로 이어진다는 점을 주목했다.

지루함과 불행과 불안은 분명 하나의 공통된 뿌리를 가진다. 파스칼이 이해하는 불안은 노골적으로 드러난 지루함이다. 불안함이라는 상태에 사로잡히면 우리는 이내 우울함과 자살을 떠올리게 마련이다. 이런 고찰로 지루함이라는 기분의 가치는 대단히 중요한 의미를 얻는다. 우리는 흔히 "지루해 죽겠다"고 말한다. 이런 표현은 지루함과 죽음이 맞물린 연결 고리를 무의식적으로나 반쯤 의식적으로 아주 정확하게 짚어낸다. 다시 말해서 우리는 이미 지루함과 실망과 오락의 얽힘이 인간의 아주 특별한 특징을 나타낸다고 확인한다.

파스칼의 단편 글 하나(127번)는 이런 우리의 추정이 들어맞는다고 아주 간명하게 확인해준다.

"인간의 조건: 불안, 지루함, 두려움."

그러니까 파스칼이 이해하는 지루함은 인간의 조건, 곧 인

3   오토 프리드리히 볼노브, 『기분의 본질』Das Wesen der Stimmungen 3판, 프랑크푸르트, 1956.

간이 가진 근본 특성 가운데 하나다. 그리고 우리는 지루함이라
는 것이 인간의 특별한 상태라는 점을 떠올리며 파스칼의 말이
맞는다는 확신을 더욱 굳힌다. 동물은 지루함이라는 것을 모르
기 때문이다.

만날 것이냐, 도피할 것이냐

이런 사정을 더 철저히 알아보고자 한다면, 우리는 먼저 '오락'
이라는 개념을 더 자세히 살펴봐야 한다. 사실 '오락'이라는 번
역은 너무 궁색하다. 파스칼 자신은 이렇게 말했다(137번). "모
든 개별적인 활동을 자세히 살피지 않아도, '디베흐티스망'
divertissement이라는 단어로 뭉뚱그려 이해하면 충분하다."

　'디베흐티스망'(기분전환, 오락으로 축자 번역될 수 있는)이라
는 개념으로 포괄하는 모든 종류의 활동이란 인간이 자기 자신
에게 향해졌던 관심을 바깥으로 돌리게 하는 일체의 것을 뜻한
다. '디베흐티흐'divertir라는 말은 '다른 데로 돌리게 하다'는 뜻
이다. 그러니까 할 일이 없어 나는 누구이며 어떤 존재인가 하는
물음에 사로잡히는 지루함이나 불안에서 벗어나기 위해 바깥으
로 관심을 돌리게 만드는 것이 '디베흐티스망'이다.

　이 '디베흐티흐'는 우연하거나 자의적이거나 그저 경우에
따라 생겨나지 않으며, 본능적으로, 곧 법칙에 따라 일어난다
(139번).

"평안을 구한다고 하는 것은 바로 할 일을 찾는 것이다. 뭔가 하지 않으면 견디지 못하는 내밀한 본능이다."

'디베흐티흐'('앙뉘'ennui[지루함]와 변증법적 대비를 이루는 개념)는 곧 인간이 본능적으로 일이나 활동을 하며 자기 자신을 바라보며 한심하다고 여기며 쌓아둔 우울한 기분, 지루함이라는 기분에 사로잡혀 충격을 받는 모든 것을 회피한다는 뜻이다. 앞서 여러 차례 인용한 바 있는 단편 글 139번에는 이런 말이 등장한다.

"자기 자신이 어떤 상황에 처해 있는지 잘 아는 사람일지라도 홀로 있는 적막함만큼은 간절히 피하고 싶어한다."

인간이 적막함에서, 우울한 기분의 쌓아둠에서, 자기 자신과의 만남에서 마주치는 것을 파스칼은 '조건'이라 불렀다. 조건, 이는 곧 인간의 본성 또는 우리가 흔히 말하듯 근본 구조 혹은 실존이다. 적막함 속에서 인간을 사로잡는 것은 바로 인간의 실존적 본질이다. 인간이 본능적으로 기피하고자 하는 것은 지루함이라는 상황에서 이뤄지는 자신과의 만남이다. 이 자기와의 만남은 자신의 참모습, 실존의 조건을 숨김없이 드러나게 한다.

그러나 이제 무엇을 구하는지, 정녕 원하는 것이 무엇인지 인간에게 물어보면, 대개 이런 답이 돌아온다. 평안함 혹은 한가로움. 정말 그럴까? 인간의 인생과 그가 하는 일을 지켜보면, 오히려 정반대가 사실임을 알 수 있다. 그렇다면 말과 실제 행동 사이의 이런 불일치는 어디서 비롯되었을까? 파스칼은 이렇게 설명한다(139번). "그 밖에도 인간은 은밀한 본능을 가진다. 우리의 근원적 본성으로 남은 이 본능은 인간으로 하여금 행복은 실제로 오로지 평안함에서만 구할 수 있을 뿐, 분주한 활동에서는 찾을 수 없음을 깨닫게 한다. 서로 상반되게 작용하는 이 두 본능 탓에 인간은 자신의 영혼 깊숙이 혼란스러운 계획을 세운다. 이 계획은 인간으로 하여금 평안함을 분주히 활동하는 가운데 찾게 한다."

우리는 인간 본성의 근원적 모순과 맞닥뜨린다. 파스칼은 이 모순을 인간의 두 가지 본성이라는 이론으로 설명한다(그는 이 이론을 아우구스티누스와 말브랑슈*로부터 받아들인 듯하다). 인간은 원죄 이전에 1차 본성을 가지며, 이 본성은 원죄 탓에 산산조각이 나서 인간의 2차 본성, 곧 무기력한 타협인 2차 본성을 만들어낸다.[4] 오늘날 우리는 아쉽게도 이 두 가지 본성 이론을 전래된 자료가 없는 탓에 자세히 살펴볼 수가 없다.

그러니까 지루함이라는 상황에서 놀라 기피하게 되는 것이 자신과의 만남이다. 지루함의 상황에서 밝혀지는 자아의 측면은 부정적이다. 부정적이라는 말은 인간이 본능적으로 이 측면을 숨기거나 회피하려 한다는 뜻이다. 자아의 이런 측면은 불편하고 부담스러울 뿐만 아니라, 두려움을 불러일으킨다. 이런 측면이 드러나지 않도록 가리고 숨길 수만 있다면 어떤 수단도 허용된다.

자기와의 만남의 부정적인 성격이 정확히 어떤 것인지 묻는다면, 파스칼의 단편 글 164번이 그 답이다.

"그러나 인간에게 오락을 앗아버리면 인간은 지루함ennui으로 말라비틀어진다. 그럼 인간은 자신을 올바로 살피지도 않고

• 니콜라 말브랑슈Nicolas de Malebranche(1638~1715)는 프랑스의 철학사로, 아우구스티누스Augustinus(354~430)의 신학에 충실한 진리 이론을 주장했다.

4 헤르베르트 플뤼게, 「천사와 짐승 사이에서」, 『시대 전환』Zeitwende 20호, 1948, 2권.

자신은 아무것도 아님을 경험한다."

다른 대목에서는 이런 표현이 나온다.

"그럼 인간은 자신의 허망함을, 버림받았음을, (……) 자신의 의존성을, 무기력함을, 자신의 공허함을 경험한다. 인간은 지루함, 암울함, 슬픔, 고통, 짜증 그리고 불안에 속절없이 내맡겨진다."(131번)

자아의 바탕에서 끓어오르며 발언권을 차지하는 것은 허무함, 끝 모를 심연 그리고 지루함과 슬픔과 불안함에서 겪는 공허함이다. 다시금 우리는 지루함과 우울함과 불안 사이의 기괴한 유사함을 확인한다. 오로지 자기 자신과 대면한 인간, 자신에게만 의존할 수밖에 없는 인간(오락이 없는)은 기묘하게도 자신의 자아를 긍정적이 아닌 부정적인 측면에서 발견한다. 그리고 이 발견은 공개적으로 투명하게 이뤄지는 것이 아니라, 지루함으로 위장된 채 이뤄진다.

지루함의 장막 뒤에 숨은 허무함

지루함은 허무함을 감춘 장막이다. 그 안에서, 그곳으로부터 자기와의 만남을 통해 솟아오르는 심연의 얼굴이 지루함이다. 이제 우리는 『불안의 개념』에서 지루함을 허무함의 주관적인 동의어라고 부른 키르케고르를 더 잘 이해한다.[5]

이 장막이 찢어지면 인간은 고스란히 드러나는 허무함에 직

---

5   쇠렌 키르케고르, 『불안의 개념』Der Begriff der Angst, 4장 2절. 쇠렌 키르
     케고르Søren Kierkegaard(1813~1855)는 덴마크 출신의 철학자로서, 20
     세기 실존주의 철학에 큰 영향을 끼쳤다(─옮긴이).

면한다. 그럼 헐벗은 불안이 인간을 엄습한다.

그러나 우리는 이런 은유적인 애매한 표현에 만족할 수 없다. 허무함이라니? 존재라는 현상에서 이 부정적인 허무함이란 무엇인가? 텅 빈 공백? 이 측면은 여전히 아직 명확해지지 않았다. 느낌으로 우리는 허무함이라는 것이 있다고 인정하기는 한다. 그러나 이 허무함에서 정확한 내용은 조금도 얻어지지 않았다. 허무함이란 무엇인가?

우리는 앞서 자기와의 만남에서 드러나는 자아의 측면을 조심스럽게 거론했다. 인간은 자기와의 만남을 통해 자아의 부정적인 측면, 두려움과 불안에 사로잡히는 측면을 바라보는 안목을 얻는다. 자기와의 만남은 이처럼 파괴적으로 무화시키는 자아의 측면을 드러낸다. 부정적이라 할지라도 이 측면은 분명 자아의 것이다. 이런 부정적인 측면이 자아 안에 포함되어 있기에, 바로 자아의 본질 가운데 하나이기에, 그처럼 자기와의 만남은 두려움을 불러일으킨다. 자아를 함께 구성하는 바로 그것이 자아를 위협하기 때문이다. 지루함은 "인간 본성 안에 뿌리를 가진다"(단편 글 139번)는 파스칼의 말은 바로 이런 사정을 염두에 둔 표현으로 읽어야 한다. 이 허무함의 요소가 없다면 자아는 분명 자아가 아니다.

허무함은 인간 본성을 구성하는 하나의 요소다. 허무함은 인간 존재에 내재하는 한계의 가능성이다. 시간과 더불어 현세에서 살아가다가 죽음을 맞이할 수밖에 없는 것이 인간의 본성이다. 한스 쿤츠는 그의 위대한 상상력의 인간학에서 허무함을 '잠재적 죽음'이라 불렀다.[6] 신학자라면 허무함이란 인간 존재의 유한함이라고 말하지 않을까. 파스칼은 이를 단적으로 자신의 방식대로 표현한다(139번).

"곰곰이 생각을 더듬어가며 우리 불행의 원인을 알아내려 했을 때 (……) 그 원인은 죽음을 맞이할 수밖에 없는 우리의 허약한 존재(조건)라는 자연적인 곤궁함이다."

허무함은 파스칼의 『팡세』를 거듭 음미할수록 그 윤곽을 드러낸다. 파스칼의 인간학 고찰에서 우리는 거듭 인간이 무한함과 허무함 사이에 위치한 존재라는 언급과 마주친다. 이런 어중간한 위치에서 확실한 자리를 차지하지 못하고 방황하는 존재가 곧 인간이다. "무한함과 허무함 사이에서 이리저리 휘둘린다." 인간의 위치를 규정하는 이 말은 잘못 이해될 위험이 크다. 독자는 마치 무한함과 허무함을 도달하기 어려울 정도로 먼 인간의 정신적 지평, 그 사이에서 인간이 방황하는 지평으로 받아들일 수 있다. 그래서 피상적인 해석은 인간이 신과 악마 사이에 낀 존재라는 비유를 일삼는다. 이 비유는 인간이 신과 악마라는 두 힘 가운데 어느 쪽을 바라보느냐에 따라 운명을 결정받는다고 말한다. 이런 관점은 오로지 쉽게 이해할 수 있다는 강점만 있을 뿐이다. 파스칼이 생각을 펼치는 과정은 물론이고 그리스도교 교부들의 중요한 가르침, 파스칼이 그 전통에 충실하고자 했던 가르침에도 이런 비유는 턱없이 부족하다. 또 실제 사실과도 맞아떨어지지 않는다.

무한함과 허무함은 도달할 수 없는 지평이 아니며, 신학사

---

6 한스 쿤츠, 『상상력의 인간학적 의미』Die anthropologische Bedeutung der Phantasie 총2권, 바젤, 1946. 한스 쿤츠Hans Kunz(1904~1982)는 스위스의 철학자이자 심리학자이며 식물학자다(―옮긴이).

가 벌이는 생각 놀음의 관점도 아니다. 정신의 한계는 더더욱 아니다. 무한함과 허무함은 그 근본적인 다름으로 인간이 개념으로 파악할 수 없는 힘이다. 무어라 말하기 힘든 이 힘들은 그러나 인간을 장악하고, 말하자면 인간에 침투해 들어와 인간 존재를 지배하고 규정하며 정의한다. 인간 존재는 바로 이 무한함과 허무함이라는 힘들로 구성된 존재다. 아무것도 없음이라는 허무함은 일종의 심연이다. 그러나 이 말을 그림처럼 받아들여서는 위험하다. 그림으로 받아들여진 허무함은 마치 인간이 거리를 두고 바라볼 수 있을 것 같은 인상을 불러일으키기 때문이다. 허무함을 위협적인 심연으로 묘사하는 것 역시 이 위협이 마치 인간이 잘 알지 못하는 힘, 이를테면 신과 악마의 힘으로 막아질 수 있을 것이라는 착각을 불러일으킨다. 무한함과 허무함은 존재의 중요한 특징이지, 인간이 잘 알지 못하는 어떤 힘이 아니다. 무한함과 허무함은 어디까지나 인간이 어떤 초월적인 신이나 악마를 상정할 필요 없이 직접 온몸으로 부딪치는 힘이다. 정신이 인간 스스로 펼쳐가는 힘이듯.

힘인 무한함과 허무함이 개념으로 파악되지 않는 것은 이것이 인간의 이해 능력, 곧 이성에 너무나도 이질적이기 때문이다. 개념으로 파악되지 않는다고 할지라도 이 힘들이 인간 존재를 구성한다는 사실은 변하지 않는다. 그러나 개념으로 파악되지 않는 탓에 이 힘들은 인간에게 아주 특별한 방식으로 숨겨져 있다. 말하자면 이 세상의 모든 신적인 것을 가리는 장막 뒤에 숨겨져 있다. 자연이라는 장막 뒤에. "모든 사물은 비밀을 숨기고 있다. 모든 사물은 신을 가린 장막이다." 파스칼이 1656년 드 루아네 양에게 보낸 편지에 쓴 글이다.[7] 인간에게 허무함을 숨기는 장막은 지루함이라는 장막이다. "허무함을 직면할 능력이 없다"고 말하며 파스칼은 인간을 정의했다(72번). 다시 말해서 인간은 허무함 그 자체를 파악할 수 없다. 그러나 인간은 허무함의 작용을, 인간 존재를 '잠재적 죽음'으로 지배하는 유한함이라는 특별한 특징을 알아볼 수는 있다. 유한한 존재, 한계, 죽음, 죽을 수밖에 없음이 지루함이라는 장막 뒤에서 찾아지는 허무함이다. 분명 이로써 우리의 이해는 깊어졌다. 그러나 허무함이 가지는 의미의 전체 크기는 인생의 유한함이 인간에게 무엇을 뜻하는지 물어야 비로소 우리에게 가늠이 된다. 모든 인생이 언젠가는 끝난다는 것, 모든 인생에 언젠가는 종지부가 찍힌다는 것만 이야기하고자 함이 아니다. 이 유한함은 인생의 끝에서만 새겨지지 않는다. 그저 단순한 마침, 끝남에 불과한 게 유한함은 아니다. 지극히 구체적인 의미에서 죽음은 생명에 내재한다. 다시 말해서 인생을 사는 내내 우리는 죽음과 더불어 산다. 인생이 죽음을 향해 흘러가지 않고서는 발전한다는 것, 앞으로 나아간다는 것은 생각될 수 없다. 존재의 풍성함은 오로지 인생이 계속 죽어가기 때문에만 얻어진다. 다시 말해서 죽어감에서, 죽어감을 통해 인생은 새로워진다. 지극히 단순한 일상에 이르기까지 생명에 내재하는, 생명을 가능하게 만들어주며 새롭게 창조하는 죽음은 끊임없는 일과 활동이다.

우리는 매 순간 살아진 인생을 죽어가며 새로운 인생으로

7   파스칼이 드 루아네 양에게 보낸 편지, 네 번째 편지, 1656년 10월 말.
      『전집』Oeuvres complètes, 파리, 1954, 510쪽.

얻어내야만 시간과 공간 안에서 움직일 수 있다. 다시 말해서 끊임없이 새로운 것과 마주하고 이 새로운 일을 처리하고 처리된 것으로 흘려보내야 새로운 공간과 시간을 맞이할 수 있다. 죽음이야말로 생성과 앞을 보며 살아감의 보증이다. 죽음이 없다면 인생은 정체에 빠진다. 폰 겝자텔은 아주 설득력 있게 이 정체停滯야말로 우울증과 강박증의 중요한 요인이라고 확인했다.[8] 정체는 인간의 존재와 생성을 공허함이 사로잡는 것이다. 이제 앞서 말했던 것의 의미가 분명해진다. 지루함에서 자기와의 만남이 일어난다! 이 만남에서 우리는 우리 자신의 측면을, 우리가 어떤 존재인지 보여주는 측면을, 인간 존재의 본질적인 측면을 발견한다. 물론 이 발견은 부정적이다. 우리는 허무함을, 잠재적 죽음을, 인생에 내재하는 죽음을 지루함이라는 것을 통해 만난다. 물론 이 죽음은 계속 새로움을 만들어주는 생성이기는 하지만 그래도 죽음이며, 끝이며, 심연이다.

무관심, 피로감, 무력감 그리고 공허한 기다림

오로지 파스칼을 이해하고 해석하며 그의 생각을 우리 시대의 말로 옮겨놓고자 했다면, 나는 이 고찰을 독자 여러분에게 선보이지 않았을 것이다. 그저 앎을 위한 앎은 나에게 너무 보잘것없다. 또 앎을 위한 앎은, 좀 통속적으로 표현해도 좋다면, 파스칼의 진의를 전혀 몰라주는 것이다. 앎은 자신의 존재로 받아들일 때 비

---

8   폰 겝자텔, 「인격 상실의 문제」(1937), 『의학적 인간학 서설』Prolegomena zu einer medizinischen Anthropologie, 베를린/괴팅겐/하이델베르크, 1954, 18~46쪽.

로소 현실이 된다. 이런 사실을 파스칼보다 더 진지하게 생각한
사람은 없다. 바로 그래서 의사인 내가 환자를 면담할 때마다 파
스칼은 무척 중요해진다. 나는 '지루함 클리닉'이라는 것이 있어
야만 한다고 생각한다. 그리고 이런 클리닉은 실제로도 있다.

　이 짧은 글이라는 틀에서 지루함으로 이해되는 상태, 아주
다양한 모습으로 위장되어 숨겨진 지루함이라는 상태의 전모를
살피는 것은 아쉽게도 허락되지 않는다. 나는 예 하나를 드는 것
으로 만족하고자 한다.

　피상적으로 보면 그다지 두드러지지 않으며, 특정하기 힘든
'신경질환'을 앓는 사람이 많이 있다. 부분적으로는 심혈관계 이
상이나 자율신경계 장애를 일으키는 질환이다. 사람들은 피로감,
무기력, 집중력 저하, 무관심 증상을 호소한다. 상대적으로 많은
사람들이 비정상적인 수면 욕구를 보이기도 한다. 하루를 시작
하려면 12시간에서 13시간 정도는 잠을 자야만 하며, 그래도 깨
어날 때 피곤하기만 하다고 환자는 호소한다. 요컨대, 통상적인
진료대로 한다면 모든 환자가 신경쇠약증을 앓는 것만 같다. 그
러나 정확한 의미에서 노이로제는 분명 아니다. 이런 환자는 대
개 정신과적으로 보아도 정확한 진단을 내리기 힘들다.

　면담을 해보면 모든 환자가 공통으로 보이는 특징이 있다.
어떤 것에도 관심을 가지지 못하는 무관심이 그 특징이다. 이들
은 뭔가 마음을 사로잡거나 사랑스러운 것을 보지 못한다. 모든
것이 심드렁하기만 하다. 어떤 구체적인 내용은 조금도 알고 싶
지 않다. 그리고 이런 상태에 빠지는 과정은 돌연 그런 게 아니라

점차적으로 아주 완만하게 이뤄진다. 이들은 아무것도 하지 않고 시간을 보내는 일이 전혀 없다. 오히려 반대로 매우 바쁜 나날을 보낸다. 대개 고되고 오래 걸리는 일로 밥벌이를 하는 사람이다. 그러나 일을 하면서도, 간신히 낸 여가에도 내면의 만족이라고는 전혀 모른다. 고통스럽다거나 특별히 아프다고 느끼지도 않는다. 그러나 신경질적이고 지친 나머지 휴식이 필요하다고 생각한다. 일을 하고 받는 대가가 적다며 더 많은 보수를 요구하고, 요양이나 연금을 원하며 카페인이 든 약물을 처방해주었으면 한다.

면담을 하다보면 언젠가 이 환자는 무엇인가 '기다린다'는 점이 분명하게 드러난다. 어떤 여성 환자는 스탈린그라드 전투에서 실종된 남편을 5년 혹은 6년째 기다린다. 또는 피난민으로 국경을 넘어와 마침내 다시 고향으로 돌아갈 기회를 기다린다. 벌써 오래전부터 지금 하는 일이 품위 있는 직업으로 바뀌었으면 하는 바람을 가진 환자도 있다. 손해배상을 기다리거나, 본래 사회적 지위를 회복하거나, 오래전에 자격을 얻은 연금이 마침내 나오기를 바라는 환자도 있다. 실제로 희망이 실현되리라고 생각하느냐고 물으면, 환자는 대개 난처한 표정을 지으며 대답을 회피한다. 솔직히 자신도 희망이 이뤄지리라고 믿지 않기 때문이다. 동기를 부여해주는 목표를 가지기는 했으나 정작 그 목표가 구체적으로 무엇인지는 환자 자신도 알지 못한다. 목표의 내용이 실제 이루어지리라고 믿지 않는 탓이다. 오랫동안 씨름하고 다투어가며 희망했지만, 이제는 그냥 기다리기만 한다. 점차기대했던 목표는 윤곽과 색채를 잃고 창백해진다. 그 실현이 비

현실적이라고 여기는 나머지 마침내 목표는 의식에서 완전히 사라지고 만다. 남는 것은 오로지 기다림일 뿐이다. 공허한 기다림으로 환자는 애만 태운다.

이런 상태를 올바로 가려보고자 한다면, 우리는 환자에게 그 기다림과 분명한 거리를 두게 해주어야 한다. 물론 기다림은 환자마다 근본적으로 다르다. 목표가 그냥 동기에 그치지 않고 얼마나 실질적인 내용을 가지는지, 그 내용이 현실감을 가지고 채워질 수 있는지 하는 것이 이 기다림을 다르게 만드는 결정적 차이다. 결혼식을 기다리는 신부와 메시아를 기다리는 유대 민족은 분명 전혀 다르게 평가해야 하는 존재 형식이다. 간절히 추구하는 목표가 실현될 수 있는 것이라면, 이 목표는 풍요한 내용으로 인생을 채워준다. 심장을 채우는 진정한 갈망으로 기대하는 목표는 우리 인생을 풍요롭게 만들기 때문이다. 목표를 향해 매진하는 인생은 목표에 방향을 맞출 뿐만 아니라, 미래의 시점에 실현될지라도 그 목표를 떠받들며 오늘을 살아가는 현재를 풍요롭게 한다. 그러나 현실성이 없는 목표는 가슴을 짓누르는 부담이며 고통의 대상으로 경험될 뿐이다. 언젠가 목표가 도달하기 어려운 것으로 보이는 순간, 당사자는 그대로 무너져버린다. 인생을 채워주던 의미가 상실되었기 때문이다.

바로 우리의 신경쇠약증 환자가 그렇다. 풍요로움도, 내용도, 채움을 갈망하는 진지한 믿음도 없다. 진정한 갈망이라는 것이 느껴지지 않는다. 심장을 뜨겁게 달구는 희망을 만들어낼 감동도 찾아볼 수 없다. 따뜻한 온기라고는 사라진 지 오래다. 현재를 채워주는 미래의 희망이라는 것은 존재하지 않는다. 환자는 무엇을 기다리느냐는 우리의 물음에 분명 이러저러한 목적을 주 워섬기기는 한다. 그러나 이 목적이라는 것은 대개 이랬으면 좋 겠다는 가정에 지나지 않는다. 그저 마음 내키는 대로 바꾸어대 는 동기랄까. 본래적인 의미에서 미래는 공허하며, 현재를 채워 주는 풍요함으로 잠재하지 않는다. 이런 환자의 상태는 불안에 사로잡히는 지루함과 비슷하다. 충족을 기대하며 간절한 희망 을 품는 사람이 생동감을 보여주는 반면, 이 환자는 공허하며 움 직임이라고는 없는 단조로운 인간이라는 인상을 준다. 환자는 무 너져내리는 일이 결코 없다. 의식적으로 실망하고 괴로워하지도 않는다. 그냥 지루해할 뿐이다. 이런 환자는 '살아낸 시간'temps vécu을 척박하고 곤궁한 것으로 바라볼 따름이다. 풍요와 내용의 부족은 곧 현재를 채워주며 힘을 불어넣어주는 미래의 결여다. 이런 곤궁함을 환자는 그저 가정한 미래를 주워섬기는 것으로 보 상받으려 든다. 그리고 이렇게 보상받으려는 시도는 공허한 기 다림으로 나타날 뿐이다.

'허무'라는 병

이런 환자는 분명 파스칼이 '앙뉘'ennui, 즉 '지루함'이라고 부른 것에 시달린다. 지루함, 이것은 되는 것이 없는 무료한 시간이며, 진정한 목적이 없는 기다림, 미래가 사라진 허망함이다. 이런 환자에게서 분명하게 드러나는 점은 지루함으로부터 한 발자국도 떨어지지 않은 지척에 절망이 있다는 사실이다. 거의 의식되지 않는 이런 절망을 두고 키르케고르는 가장 심오한 불안이라고 우리에게 가르쳤다.[9] 그리고 환자는 자살 유혹에도 쉽사리 사로잡힌다. 싸워보지도 않고 손을 털며 인생을 던져버리려 한다. 나는 독자 여러분에게 충격적일 정도로 진부한 동기로 자살을 감행하고 병원에 실려 온 사례를 스무 가지도 넘게 말해줄 수 있다. 별것도 아닌 짜증, 웃기지도 않은 질투, 근거라고는 없는 모욕 등등. 고작해야 하루 정도 기분 나빠하면 털어버릴 수 있는 일에 목숨을 걸어버리는 이런 행태는 절망 말고는 달리 설명할 방법이 없다. 인생에서 충족의 기대가 사라져버렸다는 이유로 손을 뻗치는 심연에 자신을 맡겨버리는 것이 절망이다. 자살 충동에 시달리는 사람은 자기와의 만남의 부정적인 측면인 허무함을 아무 저항 없이 받아들인다. 그래서 진지한 고뇌를 필요로 하는 싸움도 없이 자살에 이른다.

　　기다림이 공허함에 빠지며 인간의 모습에 결정적인 변화를 불러오는 것이 근본적으로 병리학적인 상태가 아니며, 건강한 사람에게서 숨겨져 있다가 드러나는 정상적인 상태라는 점은 우리가 해명해야 하는 문제다. 그러니까 이런 공허한 기다림은 질병이 아니라 병적인 상태다. 자기와의 만남에서 자아의 측면, 부정적인 것으로 밝혀지는 측면, 유한함, 곧 잠재적 죽음이라는 측면을 발견하는 것은 인간의 본질이기 때문이다. 이 부정적 측면만이 인생을, 또는 이 부정적 측면이 주로 인생을 규정한다는 사

9　　쇠렌 키르케고르, 『죽음에 이르는 병』Die Krankheit zum Tode을 참조할 것.

실, 곧 부정적 측면의 지배는 몸의 장기가 이상을 일으키는 질병은 아니지만, 심신에 깊은 타격을 준다는 점에서 분명 병적이다.

이런 현상을 프로이트*는 죽음 충동이라는 법칙으로 묘사한다. 우리의 출발점, 곧 파스칼의 출발점에 충실하게 본다면, 충동이라는 용어가 얼마나 부적절한지 분명해진다. 절망에 사로잡혀 시도하는 자살은 충동이 아니라, 허무함의 엄습이기 때문이다. 존재의 충만함을 잃고 저항할 생각을 하지 못하게 만들 정도로 인간은 허무함에 속절없이 노출된다. 허무함을 두고 개인의 심리라고 말할 수는 없다. 허무함은 오히려 모든 인간 존재의 본질이다. 인간 본질의 두 측면, 곧 무한함과 허무함의 균형이 무너지면서 홀로 고립된 허무함이 죽음을 부른다. 본래 인생을 구성하는 한 부분인 죽음은 이렇게 해서 생명을 잃어버린 고립된 죽음이된다. 인간의 존재와 본질을 다루는 인간학에 이 고립된 죽음은 그 어떤 동기도 찾을 수 없는 궁극적인 사실이다. 이렇게 해서 무한함이라는 대항마를 잃어버린 고립된 죽음은 심연이 된다. 개인의 심리에서 동기를 찾는 것, 이를테면 갈등 따위로 동기를 설명하는 것은 존재라는 무대의 배경에 지나지 않는다. 이 배경은 인간학의 결정적인 측면, 곧 인간 존재의 근원에 숨은 허무함을 가린 위장막이다.

* Sigmund Freud(1856~1939). 오스트리아 출신의 정신과 의사로, 정신분석학의 창시자다.

허무함은 오히려 모든 인간 존재의 본질이다. 인간 본질의 두 측면, 곧 무한함과 허무함의 균형이 무너지면서 홀로 고립된 허무함이 죽음을 부른다.

빈센트 반 고흐, 〈영원의 문턱에서〉, 1890년, 크뢸러뮐러 미술관, 네덜란드 오텔로.

삶은 상상력으로 꾸며낸 연극일 뿐

이런 사정을 분명히 하기 위해 우리는 다시 파스칼에게 돌아가 지루함이라는 상태를 한사코 피하고자 하는 인간의 행태를 살피며 논의를 맺어보자. 파스칼은 인간이 오락, 곧 '주의를 돌리려는 행동'(이렇게 번역해보자)에 빠진다고 말했다. 또한 파스칼은 다른 대목에서 인간은 지루함을 피하려 일을 부풀려가며 꾸며내고 선동하기도 한다고 말한다. 더 설명이 필요 없는 이야기다. 그러나 파스칼이 커다란 의미를 부여하는 다른 회피 방식, 곧 '상상력'은 좀 더 살필 필요가 있다.

단편 글 183번에서 파스칼은 이렇게 말한다. "우리는 심연을 볼 수 없게 방해하는 무엇인가 만들어놓고 아무런 근심 없이 심연을 향해 나아간다." 이처럼 시야를 가리는 무엇인가 꾸며내는 행동을 파스칼은 '상상력'이라고 부른다. 성급하게 '망상'이나 '공상'이라고 옮겨 놓으면 파스칼이 염두에 둔 것이 무엇인지 우리는 보다 더 구체적으로 이해할 수는 있다. 지루함으로 위장된 허무함과 대면하면서, 존재를 지배하는 파괴적인 힘과 만나면서 인간은 이 허무함을 시야에서 감추어버리는 무엇인가를, 파스칼이 말하듯, 꾸며낸다. 내가 보기에는 앞서 말한 공상이나 망상은 이런 사정을 설명하기에 불충분하다. 허무함을 가리려 허튼 것을 꾸며내는 인간의 행동은 결코 허튼짓이 아니기 때문이다. 오히려 적극적인 꾸며냄이기에 상상력이 더 적당하다. 그래서 우리는 말 그대로 '떠올림'이라는 단어를 고르면 더 정확히 인간의 실제 행동을 설명할 수 있다. 파괴적인 힘을 시야에서 가려버리는 인간은 무엇인가 '떠올린다'. 그러나 '떠올림'은 무해하게 들리기는 하지만, 우리가 앞서 살펴본 인간 본질의 의미를 곡해하는 속임수를 쓴다. '떠올림'이란 다름 아닌 동기의 탄생, 개인의 심리적인 기초인 동기의 탄생을 뜻하기 때문이다. 파괴적인 자기와의 만남, 허무함의 엄습을 피하려고 '떠올림'을 통해 심리적인 것을 만들어낸다. 자기 자신으로부터의 도피, 허무함의 엄습으로부터의 회피를 위해 '떠올림'은 동기라는 심리적 사실을 만들어낸다. 그러니까 동기 부여는, 엄밀하게 표현하자면, 변조하고 위조하는 속임수의 과정에서 일어난다. 허무함과의 직면이라는 실존적 만남을 숨겨버리는 속임수가 동기다. 앞서 우리가 든 예가 이 과정을 그림처럼 보여준다. 신경쇠약증에 걸린 환자는 희망하는 목적, 앞당겨본 미래를 동기로 삼는다. 그러나 실존적으로 볼 때 이 동기 부여를 통해 위장되는 것은 바로 허무함이다. 파스칼은 이처럼 심리적인 것으로 꾸며진 허무함이 실제 어떤 본질을 지니는지 매우 구체적으로 읽어냈다. 파스칼은 상상력을 기만적인 힘이라고 불렀다. 파스칼이 보는 상상력은 곧 기만이다. "타고나면서 우리에게 주어진 것처럼 보이는 이 기만적인 능력은 우리를 반드시 착각에 빠뜨리려는 목적을 가진다."(단편 글 83번)

속임수의 힘은, 그러나 파스칼 자신이 말하듯, 피할 수 없다. 상상을 빚어주고 동기를 부여해주는 이 현상은 피하거나 자의적으로 꾸밀 수 있는 게 아니기 때문이다. 이 현상은 실존에 뿌리를 두었다. 파스칼의 표현을 빌리자면, '인간의 조건'에 속하는 게 이 현상이다. 인간은 이 현상이 없이 살 수 없으며, 원한다고 피할 수도 없다. 말하자면 인간으로 살아감의 근본이랄까. 인간이 영혼을 가진 존재인 한에서, 상상과 동기는 피할 수 있는 게 아니다. 동기 부여는 실존의 측면에서 보자면, 상상으로 비로소 꾸민 무대 세트와 같다. 이런 무대 세트는 실존에 결정적인 의미를 지니는 자기와의 만남을 꾸며 보여준다는 특징이 있다. 그러나 동시에 이 무대 배경은 실존적 만남의 산물이며, 인간의 근원적 구조에 뿌리를 둔다.

우리 시대의 가장 심오한 사상가 가운데 한 사람인 프란츠 카프카는 인간 실존의 이런 사정을 메모로 남겼다. 이 메모는 파스칼의 사유 과정을 따라가야만 비로소 이해될 수 있다. 메모에서 카프카는 인간이 원죄를 지은 이래, 또 바로 그 원죄로 선과 악을 구별할 줄 알게 되었다고 썼다. 그러나 선과 악이 무엇인지 깨닫는 것만으로는 충분하지 않다. 이 깨달음은 인간에게 그에 걸맞게 행동하라고 요구한다. 그러나 이런 행동은 자기 파괴를 불러일으킬 수 있기 때문에 인간이 두려워하는 것이다. 카프카의 메모는 계속된다. "차라리 선과 악의 깨달음을 없었던 것으로 되돌리고 싶다. (……) 그러나 일단 벌어진 일을 되돌릴 수는 없으며, 단지 흐릿하게 만들 수 있을 뿐이다. 이처럼 흐릿하게 만들어 속이려는 목적으로 생겨나는 게 동기 부여다. 세상은 온통 이런 동기 부여로 가득 차 있다. 아니, 눈으로 보는 모든 세상은 한순간이나마 평안을 누리기 원하는 인간의 동기 부여와 다르지

동기 부여는 실존의 측면에서 보자면, 상상으로 비로소 꾸민 무대 세트와
같다. 이런 무대 세트는 실존에 결정적인 의미를 지니는 자기와의 만남을 꾸며
보여준다는 특징이 있다. 그러나 동시에 이 무대 배경은 실존적 만남의 산물이며,
인간의 근원적 구조에 뿌리를 둔다.

제임스 앙소르, 〈가면들에 둘러싸인 자화상〉, 1899년, 메나드 미술관, 일본 고마키.

않다. 깨달은 사실을 숨기거나 바꾸려는 시도, 그러나 이런 시도야말로 진리를 갈망하게 만든다."[10]

우리의 생각도 카프카와 같다. 상상, 눈앞에 그려보는 일, 깨달음으로 이끄는 자신과의 만남이 두려워 피하는 동기 부여의 탄생 배경을 살펴야 한다. 자아 인식을 통해 경험한 것을 의심과 걱정에 사로잡힌 나머지 위조하려는, 흐리게 가리려는 동기의 발생을 주목해야 한다. 이런 생각을 끝까지 밀어붙여야 비로소 모든 동기 부여의 현란함, 허망함, 애매함, 도식적인 특징, 곧 '기만적인 힘'puissance trompeuse의 성격을 알아볼 수 있다. 모든 심리적 동기의 본질은 이런 '기만적인 힘'이다. 이런 기만적인 힘을 판단하여 알아볼 때 우리는 특히 실존의 근본에서 일어나는 현상이나 사태를 자연이라는 옷을 입힌 것처럼 감추는 심리적 재료의 비유적인 것(항상 무대 세트와 같은 것)을 이해할 수 있다.

10　프란츠 카프카, 「죄와 고통과 희망과 참된 길의 관찰」, 『만리장성의 건설』Beim Bau der Chinesischen Mauer, M. 브토느·H. J. 쇼에프느 공동 편집, 베를린, 1948, 230쪽. 프란츠 카프카Franz Kafka(1883~1924)는 오스트리아헝가리제국 출신의 유대계 소설가이다. 보험회사 직원으로 생계를 해결하며 문학 창작에 매진하여 실존주의적 걸작들을 남겼다(—옮긴이).

자살, 개인의 문제인가
인간 본연의 문제인가

》

"저는 그냥 저 자신을 포함해 모든 것을 망가뜨려야만 했어요.

그런 다음에 무엇이 남는지 보고 싶었죠."

《

자살의 원인?

내가 지금부터 이야기하고자 하는 것은 1949년과 1950년에 자살을 시도했다가 병원으로 실려 온 환자들을 치료하고 연구하며 얻은 몇 가지 경험이다. 이 시기의 환자들 가운데 대략 50여 명을 대상으로 골랐다. 이런 선택은 엄밀한 의미에서 정신과 질환을 앓은 환자와 자살로 실제 죽은 사람을 제외해 이루어졌다. 또 우리가 지금 다루고자 하는 주제와 거의 아무런 상관이 없는 환자 몇 명도 관찰의 대상에서 빠졌다.

먼저 강조하는데 지금부터 하는 모든 말은 1949년에서 1950년 사이의 상황에만 해당한다. 다시 말해서 나는 1949년과 1950년에 일어난 사례만 다루었다. 이 연구 결과가 어느 정도 보편적인 구속력을 가지느냐 하는 문제는 이 글의 틀을 벗어난다. 한편으로 자살 시도의 성격이 역사와 정치의 상황에 따라 매우 상이한 모습을 보인다는 점은 괴테의 베르테르나 폰타네의 에피 브리스트가 잘 보여준다.* 그러나 다른 한편으로 내가 다룬 사례는 모든 자살 시도가 아주 독특한 공통점을 가지고 있음도 확인해준다. 한마디로 자살 시도는 공통점을 가지면서도 저마다 조금씩 성격을 달리한다. 자살 시도의 보편적 특성은 이처럼 다루기 까다로운 문제다. 아무튼 이 글에서 어찌해야 보편성을 확보할 수 있을까 하는 문제는 다루지 않기로 하자.

사례들을 일별하며 주목을 끄는 점을 정리하기 위해 먼저 그 자체로 두드러져 보이면서 특정한 해석 가능성을 암시해주는

• 베르테르는 괴테Johann Wolfgang von Goethe(1749~1832)의 서간체 소설 『젊은 베르테르의 슬픔』Die Leiden des jungen Werthers(1774)의 주인공이다. 이룰 수 없는 사랑으로 괴로워하다 자살하여 당대에 모방 자살을 불러일으켰는데, 인물의 이름을 따 이른바 '베르테르 효과'라고 한다. 테오도어 폰타네Theodor Fontane(1819~1898)는 독일의 소설가다. 『에피 브리스트』Effi Briest는 1894년과 1895년에 걸쳐 발표된 소설로 자유분방한 성격의 여주인공 에피 브리스트가 부모의 강권으로 일찍 결혼을 했다가 불륜을 경험하고 죽음에 이르기까지의 이야기다.

몇 가지 자료를 개괄적으로 살펴보자. 그런 다음 해석 가능성의 문제는 더욱 상세히 다루기로 하겠다.

1. 환자의 연령: 내가 관찰한 모든 자살 시도 환자의 50퍼센트는 아직 30세에 채 이르지 못했다. 그리고 45세 미만의 환자가 80 퍼센트에 달했다. 이런 사실로 미루어 환자를 자살로 내모는 것은 나이나, 노년의 근심, 늙어감의 고단함, 쇠락 또는 노후의 곤궁함으로 보기는 힘들지 않을까 하는 생각이 든다. 오히려 자살 시도 빈도가 보여주는 그래프 곡선은 통계상으로 16세부터 오름세를 나타내기 시작해 25세까지 꾸준히 높은 비율을 유지한다. 그러니까 대부분의 자살은 16세와 25세 사이에 시도된다는 주장이 가능하다. 이후 곡선은 완만한 하강세를 보이다가 40세와 50세 사이에 다시 약간 치솟는다.

2. 물질적 조건: 환자가 처한 사회적 상황을 검토해보면 자살 시도로 내모는 것이 사회적 곤궁은 아니다(어쨌거나 결정적 원인은 아니다). 연구 대상이 된 거의 모든 환자는 물질적 조건에서 막다른 골목에 내몰리지는 않았다. 물론 예외가 없지는 않았으나 극히 소수에 불과했다. 환자가 직업을 가졌는지 살펴보아도 실업이 결정적인 동기는 아니었다. 환자 가운데 고향을 떠나야만 했던 난민이 몇 명이 되는지 살폈을 때도 나는 같은 인상을 받았다. 47명 가운데 난민은 고작 다섯 명이었다! 이 비중은 사회의 일반적인 난민 비율을 한참 밑돈다! 유럽 국가들에서 일어나는 자살 시도의 빈도를 해당 국가의 인구수와 비교해 연구한 흥미로운 동

계가 있다. 오래전부터 공신력을 자랑하는 이 통계를 보면, 유럽에서 가장 많은 자살이 시도되는 나라는 스위스와 스웨덴이다. 그러니까 상대적으로 높은 수준의 풍요로움을 자랑하며, 가장 완전한 사회 질서와 더불어 오랜 시간 평화를 누려왔고, 잘 정비되었으며 왕성한 활동을 펼치는 복지시설을 갖춘 두 나라가 아닌가! 이런 정황도 물질적 곤궁함은 그다지 중요하지 않음을 말해준다.

3. 질병의 고통: 더 나아가 자살 시도를 했던 사람들 가운데 중병이나 불치병 혹은 만성 질환을 앓는 환자도 두드러질 정도로 적었다는 점을 나는 의사의 경험으로 확인했다. 자살 시도를 한 사람은 어디까지나 건강하고 젊은 환자였다(정신질환을 앓는 경우는 빼고 하는 이야기다). 숙환으로 말미암은 고통과 아픔 또는 병을 앓아 허약해져 두려움에 사로잡히는 질병의 어려움도 자살의 근본적인 동기로 보기는 어려웠다.

자살의 유혹을 불러일으키는 어려움은 이런 통계 자료로 미루어볼 때 분명 나이도, 사회적 상황도, 질병도 아니다. 자살의 원인은 전혀 다른 곳에서 찾아져야 한다.

자살자 가운데 가톨릭 신앙을 가진 사람의 비율은 늘 낮게 나타난다는 잘 알려진 사실을 언급하는 것은 너무 손쉬운 접근 방식이다. 물론 내 연구에서도 가톨릭 신자가 별로 없기는 했다. 75퍼센트는 개신교 신자였고, 20퍼센트는 "신을 믿기는 한다", "종교가 없다", "교회에 나가지 않는다" 하는 따위의 답을 했으며, 가톨릭 신자는 단지 5퍼센트에 불과했다. 물론 이런 사실이 우연이라고 할 수는 없다. 그러나 가톨릭 신앙이 어떤 방식으로든 인간을 자살로부터 지켜준다고 말하는 것은 지나치게 성급한 결론이다. 이런 결론은 유보해두었다가 다른 계기에서 더 자세히 연구해보는 편이 더 좋으리라고 생각한다.

자살의 심리적 동기는 무엇인가

우선 나는 환자들에게 개별적으로 그 동기를 물었다. 겉으로 드러난 것은 물론이고 침묵하며 숨겨온 동기 혹은 무의식적이거나 반쯤 의식한 동기가 무엇인지 일일이 확인했다. 동기를 알아내는 일은 아주 다양한 어려움을 겪어야 했다. 몇몇 환자에게서는 하나의 동기를 자살의 유일한 근거로 확정하는 일이 애초부터 가능하지 않았다. 여러 가지 동기가 얽혀서 일어난 시도도 적지 않았다. 이 가운데 어느 것이 결정적인지 알아보기란 무척 힘들었다. 더욱이 자살 시도와 밀접한 연관을 이루는 심리적 자료를 찾는 일은 거의 풀리지 않을 것처럼 보이는 난제였다. 원인, 계기, 도발적인 요인, 자살 시도의 특징을 이루는 기분 따위가 그런 심리적 자료다.

연구를 하며 처음부터 자살 시도가 혹시 노이로제나 히스테리와 같은 심인성 우울증으로 비롯된 것은 아닌지 하는 선입견에 사로잡히지 않으려 무척 의식했다. 더욱 많은 관점으로 접근할 때에만 비로소 각각의 사례는 기승전결의 스토리 형태를 드러내며 그만의 독특한 성격을 나타내기 때문이다. 물론 내 연구가 아직 원하는 만큼 폭넓게 이뤄지지 않았다는 점도 유념해야한다. 자살 시도가 수포로 돌아간 상태, 환자가 심각한 혼란에 빠져 몹시 어려운 상태의 초반에 환자를 보다 더 면밀하게 살피는 연구는 이루어질 수 없었기 때문이다. 그러나 나중에도 환자는 끝내 마음의 문을 닫고 부끄러움에 몸둘 바 몰라 하며 퇴원하기만 바라는 경우가 잦았다. 적지 않은 환자들이 2~3일 뒤에 병원을 나갔다. 이런 모든 어려움에도 한 장의 그림으로 완성될 경험은 쌓여갔다. 이 그림에서 특정 요소는 늘 거듭 나타나는 것으로 확인되어, 빼고는 생각할 수 없는 필수적인 것으로 자리 잡았다. 이런 요소를 되도록 분명히 밝히기 위해 겉에서부터 파고들어가는 방식으로 부적절한 것을 배제해가며 확인한 결과, 나는 예전의 통계가 즐겨 들먹이던 '결산 자살'*이라는 것을 내 환자들에게서 거의 찾아볼 수 없었다. 주의 깊게 내려진 '인생 결산'으로 결심한 것이 자살을 설득력 있게 설명해주는 경우는 매우 드물었다. 내가 살펴본 경우의 대부분은 오히려 이른바 '즉흥적으로 결정한 행위'에 가까웠다. 그러나 이런 확인은 말해주는 것이 거의 없다.

• Bilanzselbstmord. 그동안 살아온 인생을 차분하고 냉정한 마음으로 돌이켜보고 택하는 죽음을 이르는 표현이다.

관계 결손, 냉소, 불신으로 공허함만 남아

1949년과 1950년 사이의 환자 대다수는 앞서 이미 말했듯 젊은이다. 젊은이의 자살은 우리가 일차적으로 다뤄야 하는 요소가 무엇인지 보여준다. 1949년과 1950년 사이에 자살을 감행한 젊은이의 유년 시절과 청소년기는 전쟁, 아버지가 없는 가정, 폭탄이 떨어지는 밤, 제국 노동 봉사단, 방공포대 지원 근무, 히틀러 유겐트, 암거래, 폐허와 온갖 불법의 현장으로 얼룩져 있었다.* 이 세대의 젊은이에게서 가장 먼저 눈에 띄는 점은 의심이 무척 강하다는 사실이다. 어른이 말했던 모든 것은 이들의 눈에 거짓말이었으며, 지금(1945년 이후) 말하는 것도 하나같이 의심스럽기만 했다. 이들은 딱할 정도로 진짜 우정이라는 것을 몰랐으며, 진지한 사랑도 해보지 못했고, 모든 관계를 그저 즐기고 흘려보내는 사건 정도로만 여겼다. 친구라고는 몰랐으며, 오로지 같이 무리지어 다니는 패거리로만 알 뿐이었다. 이들은 어른이 나쁘다고 타이르는 것은 그저 절반 정도만 인정했으며, 좋다는 것도 그냥 4분의 1 정도만 받아들였다. 이런 경험과 체험은 바닥 모를 불신과 의심 그리고 극단적인 무모함을 만들어냈다. 젊은이들은 아무 생각 없이 결혼을 하고 그저 닥치는 대로 직업을 골랐으며, 무작정 임신을 하고 아무렇지도 않게 낙태를 저질렀다. 이렇게 인생을 막 살아가는 방식 그대로 죽음을 다루었다. 그렇다고 깊은 절망에 사로잡혔다는 말은 아니다. 불행해하지도 않았으며, 본격적인 상심으로 괴로워한 일도 없고, 실망도 하지 않았다. 드

- 제국 노동 봉사단Reichsarbeitsdienst(RAD)은 나치스 정권의 하부 조직 가운데 하나다. 1935년에 나치스는 남녀 청소년을 동원할 수 있는 법령을 제정했다. 처음에는 남성만 소환되었으나, 제2차 세계대전을 치르며 소녀도 대상이 되었다. 1944년 히틀러의 암살 공격이 실패로 돌아간 이후, 제국 노동 봉사단은 친위대 직속이 되어 6주의 군사훈련을 거쳐 전장에도 투입되었다. 히틀러 유겐트Hitlerjugend(HJ)는 1926년 국가사회주의독일노동자당(나치스)이 설립한 청소년 조직이다.

높은 희망이라는 것이 아예 없었기 때문이다. 이 젊은 세대는 불행한 사랑으로 버림받아 절망하는 처녀처럼 보아서는 이해되지 않는다.

이들은 '세계관'이라는 것을 몰랐으며, 집과 직업과 주변 환경을 마치 속옷 갈아입듯 바꿔치웠다. 한마디로 이들은 외로웠다. 물론 외롭다고 티를 내는 일은 없었다. 외롭다는 하소연을 들어줄 상대라는 존재가 아예 없었으니까. 바꿔 말해서 이들은 진정한 관계, 구속력을 가지는 관계가 무엇인지 몰랐다. 보다 깊은 심리적 요인, 이를테면 절망감이나 막다른 골목에 내몰린 좌절감, 심각한 갈등, 긴장으로 얼룩진 상황, 비극 따위는 이 젊은이들의 인생에서 찾아볼 수 없었다. 혹여 있다 하더라도 중요한 역할을 하지 않았다. 만약 내가 고향, 직업, 친구, 부모, 공동체와의 결속이 없이, 아무런 이상도 없이, 그저 무심하게 아무런 열정도 모르고 인생을 산다면, 내 인생 전력에도 갈등, 결핍, 혼란 따위는 거의 찾아볼 수 없을 것이다. 이 젊은이들의 자살 시도에서 심리학 개념으로 풀어볼 수 있는 것이 거의 없다는 점은 이렇게 설명된다. 나는 면담을 하며 심리학을 끌어올 필요도 없이 이내 고독함, 냉소, 의심과 맞닥뜨렸다. 다시 말해서 지루함과 공허함과! 내가 환자에게서 확인할 수 있었던 중요한 심리학적인 확인은 관계 결손일 뿐이다. 가난함 때문에 늘 삐거덕거리는 결혼생활, 끝없이 이어지는 가정 문제와 가족 갈등, 이 모든 것으로 인해 한마디로 결속이라는 것이 사라지게 되었다. 배우자를 진심으로 돌보려 하지 않았으며, 신뢰라는 것은 아예 없었다. 이해라고는 모르는 태도는 이렇게 생겨났다. 상대방의 입장을 배려하는 일은 애초부터 불가능했다. 공허함이 인생을 완전히 장악해버리는 바람에 자신이 소중하다고 여기는 것을 지키려는 극적인 갈등은 아예 생겨나지 않았다.

여기서 우리가 만나는 것은 '앙뉘'ennui, 곧 '지루함'이다. 그 밖에 중독성이나 변태 성향으로 보이는 것도 위장한 지루함일 뿐이다. 나는 자살 시도를 설명해줄 만한 개인의 그 어떤 심리적 갈등을 찾아내지 못했다. 더는 빠져나갈 수 없다는 막다른 골목에 이른 좌절감이 자살의 동기는 아니었다. 나는 환자를 다루며 거의 언제나 공허함과 마주쳤다. 공허함의 무한하게 많은 가면과 만났다고 해야 더 정확할까. 심리라는 상대적으로 가난한 지대를 지나면 항상 공허함이 고개를 내밀었다.

그러나 심리적 갈등의 개인적인 요소, 혼란과 갈수록 첨예해지는 막다른 상황이 자살 시도를 설명하는 결정적 요인은 아니며, 그저 사소한 비중을 차지할 뿐이라고 한다면, 더 나아가 개인적 차원을 넘어서는 인간 공통의 근본적인 인간학 정황인 지루함이 자살을 부르는 결정적인 요인이라고 한다면, 당장 이런 물음이 고개를 든다. 어째서 지루함, 곧 허무함의 가면인 지루함에 모든 사람이 사로잡히지는 않을까? 왜 그저 몇몇 개인만이 지루함에 노출되는가? 몇몇 개인만 공허함에 속절없이 사로잡히는 이유는 무엇인가? 공허함의 파괴적인 소용돌이에 휘말리지 않는 사람들에게서는 어떤 반작용을 일으키는 힘이 작용할까? 인간학으로 살펴야 할 이 힘은 무엇일까? 파스칼은 비슷한 다른 문제

제기와 마찬가지로 이 물음에도 강한 설득력으로 의미심장한 답을 준다. 공허함에 사로잡히지 않게 막아주는 힘은 무한함에서 나온다. 그렇다면 이 무한함이란 무엇인가? 파스칼은 무한함 그 자체를 알 수는 없지만, 그 작용은 확인할 수 있다고 말한다. 인간은 자신을 구성하는 것인 동시에 파괴시킬 수도 있는 공허함(허무함)뿐만 아니라, 마찬가지로 자신을 이루는 무한함과도 관계한다. 공허함 그 자체가 무엇인지 알 수는 없지만(공허함은 말 그대로 '없음'이니까), 그 강력함을 피할 수 없이 겪어야만 하듯, 무한함도 마찬가지다. 우리 인간은 무한함 그 자체를 파악할 수 없으며, 오로지 그 힘의 작용만 확인한다. 공허함은 물론이고 무한함의 힘 역시 가면을 쓰고, 베일을 드리운 채 나타난다. 지루함은 공허함이 작용하는 위장된 방식의 표현이다.

세속적 희망과 근원적 희망

우리는 '무한함'을 가리고 있는 가면이 무엇인지 물어야 한다. 분명 인간에게 영향을 미치는 무한함의 힘을 숨기고 있는 것은 어떤 단 하나의 형상만은 아니다. 이런 무수한 가면 가운데에는 '희망'도 있다. 우리의 고찰에 희망이라는 개념을 끌어들이면 피할 수 없이 오해가 빚어질 수 있다는 위험을 나도 잘 안다. 심리학 이론과 체계에 희망을 다루는 자리가 없다는 사실도 나는 조심스럽게 인정한다. 도대체 이 희망이라는 것은 어떤 분야로 다뤄야 하는지 알 수 없어 아리송하기만 한 대단히 어려운 문제다. 희망은 감정인가? 의도? 어떤 환상? 희망은 이를테면 일종의 상상일까? 이런 물음의 답을 찾기 힘든 어려움에서 빠져나오기 위해 나는 지금 우리가 다루고자 하는 희망이라는 것이 지극히 일반적으로 희망이라고 말해지는 것과는 아무런 관련이 없음을 설명하고자 한다. 내가 말하는 희망은 심신의 안녕을 위해 봉사하는 그 어떤 바람이 결코 아니다. 내가 염두에 두는 희망은 우리 존재를 초월하는 것, 우리 존재를 넘어서는 관계의 표현이다. 우리가 흔히 말하는 희망은 얼마든지 바뀔 수 있는 내용을 가진다. 세상 안에서, 곧 존재를 넘어서지 않고 가지는 희망은 미래에 찾아올 세속적인 것의 선취다. 이런 희망은 우리 힘으로는 어쩔 수 없지만 찾아와주기만 간절히 원하는 일이나 사건이다. 희망의 내용은 필연적으로 찾아와주지 않으며, 지극히 우연적일 뿐이다. 반면 근원적 희망은 그 안에 내재하는 절대 바뀌지 않는 내실을 품는다. 자아를 실현하고자 하는 근본적인 활동, 자아를 완성하고자 부단히 노력하는 덕행이 근원적 희망이다. 자아를 긍정하고 그 실현을 온전히 이뤄내고자 하는 오롯한 신뢰감의 표현이 근원적 희망이다. 이 희망의 미래는 자아실현이 이뤄지는 미래다. 자아실현을 꿈꾼다는 점에서 이 희망은 개인의 생활영역을 초월한다. 반대로 세속의 희망이 그리는 미래는 획득을 기대하는 속세의 미래다. 세속의 희망은 시간의 흐름과 더불어 우연과 우발로 이뤄지는 세계를 전제한다. 반면 근원적 희망은 인간이 자아를 실현하는 미래 시간을 염원한다. 근원적 희망은 자아를 끊임없이 바로잡아가는 발전을 추구하며, 진리를 향해 나아간다. 반대로 세속의 희망은 환상을 좇는다. 바로 그래서 세속적 희망은 언제나 정말 이루어질까 하는 의심과 불안을 품는다. 세속적 희망의 특징적인 기다림은 초조함이다. 반면 근원적 희망은 인내심을 가지고 기다린다.

세속의 희망이 허무한 것, 충족될 수 없는 것으로 밝혀질 때 우리는 환멸에 사로잡힌다. 반대로 근원적 희망의 무너짐은 존재 전반을 회의하게 만들어 개인의 존재 기반을 송두리째 무너뜨린다. 세속적 희망의 무너짐인 환멸은 쓰라리기는 하지만, 모든 환상적인 희망을 깨끗이 청소해주는 특별한 기회이기도 하다. 세속적 희망이 무너질 때 속세와 개인을 초월하는 근원적 희망이 빛을 밝힌다. 근원적 희망과 세속적 희망은 이처럼 매우 역설적인 관계를 맺는다.

근원적 희망은 심리학이 다룰 수 없는 문제다. 근원적 희망은 심리학이 아닌 인간학의 문제이기 때문이다. 엄밀한 의미에서 근원적 희망은, 앞서 말한 것처럼, 세속적 희망이 깨끗이 무너졌을 때에 가장 확실하게 경험할 수 있다. 나는 이 역설적 관계를 주목해보고자 한다. 이 역설에 담긴 함의가 매우 의미심장해 보이기 때문이다. 역설은 세속적 희망의 상실, 부조리함, 좌절, 몰락, 곧 실존적 위협의 경험이 비로소 근원적 희망을 일깨운다는 점에서 성립한다.

먹고사는 일이 완전히 부조리하다는 경험, 세상에서 살아가는 실존이 불안으로 얼룩져 있다는 경험, 이대로는 죽을 수밖에

세속적 희망의 무너짐인 환멸은 쓰라리기는 하지만, 모든 환상적인 희망을 깨끗이 청소해주는 특별한 기회이기도 하다. 세속적 희망이 무너질 때 속세와 개인을 초월하는 근원적 희망이 빛을 밝힌다.

위베르 로베르, 〈폐허가 된 루브르 대회랑의 상상도〉, 18세기, 루브르 박물관, 파리.

없겠다는 극단적인 위협에 노출되는 경험, 혹은 세상을 살며 중요하다고 여겨온 물질적 가치가 아무것도 아니었다는 확인으로 우리 인간은 자살을 시도하지 않는다. 이것이 내가 자살을 시도한 사람들을 관찰하고 얻은 결론이다. 어째서 그럴까? 이를 설명할 논리를 찾아내야 한다는 것이 내가 이 글을 쓴 목적이다. 이런 설명이 주어진다면, 이야말로 속세에서 살아가는 일을 초월하는 관계가 있다는, 우리에게 매우 중요한 관계가 틀림없이 존재한다는 증명이다. 이 근원적 희망이 비겁함이나 두려움에서 빚어진 것이 아니라는 점, 오히려 인간을 인간으로 만들어주는 정신적 현실이라는 점은 인간학이 우리에게 말해주는 사실이다. 인간이 얼마나 간절하게 근원적 희망을 품는지는 최근에 페기*가 그리고 특히 프란츠 카프카가 명확히 증언해주었다. 카프카의 모든 작품은 막판까지 내몰린 불안과 좌절 속에서 겪는 부조리함의 경험을 통해서만 근원적 희망을 경험할 수 있다는 위대한 신앙 고백으로 읽어야 마땅하다.

이로써 분명하게 드러나는 사실은 희망이란 우리가 먹고사는 일에 필요로 하는 것을 원하는 자세가 아니라는 점이다. 우리가 오랫동안 의식하지 못했던 근원적 희망이 분명 존재하기 때문이다. 카프카는 근원적 희망의 존재를 그의 그림 같은 언어로 탁월하게 포착해냈다. "다음 날에도 감옥 생활은 변함이 없으리라는 것, 혹은 더 심해지거나 심지어 절대 끝나지 않는다고 명확히 말해준다는 것이 궁극적 해방의 예감을 깨뜨리는 부정은 아니다. 이 모든 것은 오히려 궁극적 해방의 필수조건이다." 또는

---

* Charles Péguy(1873~1914). 사회주의를 자신의 독특한 신앙으로 발전시킨 프랑스 시인이자 철학자. 평생에 걸쳐 사회 정의의 실현을 위해 싸웠다.

이런 표현도 있다. "인간은 자신 안에 파괴될 수 없는 것이 있다는 지속적인 믿음, 비록 이 파괴될 수 없는 것과 이 믿음이 알아볼 수 없게 숨겨져 있다 할지라도, 이런 믿음이 없이는 살 수가 없다."[1]

문제를 보다 더 깊이 파고들기 위해서는 이런 접근이 필요하다. 곧, 우리 몸은 바로 우리의 고향인 동시에 감옥이다. 우리 몸은 자아를 가둔 감옥인 동시에, 진정한 인간으로 거듭나는 육화의 필수불가결한 조건이다. 더 간단히 말하자면, 우리는 심신(자아의 육화)인 동시에 몸통(감옥)을 가진다.

육화와 세상 안에서 살아가는 실존의 이런 역설은 우리가 몸통이라는 감옥 안에서 살아가기는 하지만, 실존함으로 이 실존함을 초월할 수 있음을 뜻한다. 또는 바깥에서 우리에게 흘러들어오는 것, 우리를 요구하며, 우리를 부추기며 호소하는 어떤 것이 있음을 뜻하기도 한다. 바꿔 말해서 우리를 초월해 있는 이 어떤 것이 반드시 존재한다는 확신, 대개 무의식에 남아 있기는 하지만 이따금 의식이라는 수면 위로 떠오르는 확신이 곧 근원적 희망이다. 우리를 부르는 이 존재를 우리가 의식하느냐, 아니냐는 중요하지 않다. 우리가 그저 몸통이라는 감옥에 불과한 것이 아니라, 정신의 육화인 심신이기도 하다는 표현이 바로 근원적 희망이다. "정신은 시간 속의 몸으로 들어와 있다."Corpus elongatura spiritus intra tempus

이렇게 볼 때 카뮈의 시지프 신화는 단면적이다.[2] 카뮈는 감옥, 절망만 보았을 뿐, 근원적 희망을 놓쳤기 때문이다. 카뮈는

---

1 프란츠 카프카, 「죄와 고통과 희망과 참된 길의 관찰」, 『만리장성의 건설』, 222쪽.

2 알베르 카뮈, 『시지프 신화』Le Mythe de Sisyphe, 파리, 1942. 알베르 카뮈Albert Camus(1913~1960)는 프랑스의 작가이자 철학자다. 『시지프 신화』 외에도 『이방인』, 『페스트』 등 실존주의적 걸작을 남겨 1957년 노벨문학상을 받았다(―옮긴이).

세속과 근원의 희망이 보이는 역설을 살피지 못한 탓에 분명 우리 인간이 감옥에 갇혀 살기는 하지만, 그래도 자아실현의 간절한 표현인 희망을 품는 존재임을 간과했다. 카프카는 인간이 쇠창살로 가로막힌 감옥 안에 갇혀 있기는 하지만, 쇠창살이 넓게 구부러져 그 사이로 인간의 참다운 생명이 넘나든다고 언어의 그림을 그려냈다. 그렇다, 카프카는 인간이 쇠창살을 통해 감방을 얼마든지 빠져나갈 수도 있다고 덧붙였다. 다시 말해서 인간은 몸에 사로잡혀 있지 않은 존재가 될 수도 있다(『만리장성의 건설』, 203쪽 참조).

카프카의 일기장에서 이런 구절도 인용되었다. "참된 인식의 첫 조짐은 죽고 싶다는 생각이다. 이 삶은 참을 수가 없으며, 다른 삶에 이를 길은 없어 보인다. 죽고 싶다는 생각이 더는 부끄럽지 않다. 싫기만 한 낡은 감방에서 새 감방으로 옮겨달라고 부탁한다. 새 감방은 보자마자 싫어지기 시작한다. 그래도 남은 믿음으로 감방을 옮겨 가는 동안 주님이 복도에 나타나 지켜보며 이렇게 말해주리라 상상해본다. '이 사람은 다시 가두지 말라. 그는 나와 함께 가리라.'"(『만리장성의 건설』, 215쪽)

인간은 자신의 실존이라는 감옥 안에 갇혔다. 그러나 감옥인 그의 심신은 동시에 정신이 육화하는 토대다. 다시 말해서 정신에 참여를 보장해주는 이 심신의 힘으로 인간은 다시금 속세 안의 실존을 초월한다. 이 초월을 이루어주는 근본 행위의 하나가 희망이다.

인간 안에 자리 잡은 희망은 분명 줄어든다. 우리가 믿듯 완전히 줄어들지는 않을지라도, 희망은 계속해서 쪼그라든다. 그러나 앞서도 말했지만 이 쪼그라듦은 절망이라는 상태로 이르지 않는다. 인간이 나는 희망이라고는 없어 하고 말한다고 해서 근원적인 희망을 잃는 것은 아니다. 절망도 마찬가지다. 내면의 가장 깊숙한 곳에 자리 잡은 절망은 개인의 절망이 아니다. 가장 심오한 절망은 개인의 주관적 절망이 아니라, 공허함이라는 상태, 정체된 기다림, 음울하기 짝이 없는 지루함으로 규명된다.

이 기다림은 세속화한 근원적 희망이다. 실존을 초월하며 무한함을 갈망하던 근원적 희망은 세속화하면서 인내심이 아니라, 목적 없는 기다림이 된다. 이 지루한 기다림에서 시간은 사라진다. 기다림은 생장이 멎어버린 정체다. 근본적으로 이 기다림은 창조를 되돌리는 행위, 곧 시간 속에서 항상 진행되던 생장을 거꾸로 되돌리는 행위다. 파스칼은 단편 글 72번에서 창조를 아름답게 묘사했다. "모든 사물은 아무것도 없음에서 생겨나 무한함에 이른다." 창조는 이처럼 늘 진행형이다. 공허함에서 출발해 실존을 거쳐 무한함으로 나아간다. 그러나 지루함, 근원적 희망의 상실, 공허함으로 빠져드는 기다림에서 실존은 해체되어 없음으로 되돌아간다.

인간학은 이 기다림이 거부할 수 없는 파괴 강박 혹은 만남 능력의 상실로 이루어진다고 본다. 이 문제는 나중에 다시 다루기로 하자.

왜 어떤 사람은 공허함의 소용돌이에 휘말리는 반면, 다른 사람은 그렇지 않은지 하는 물음은 여전히 풀리지 않은 채 남는

다. 지금껏 이 문제의 답을 찾아보려는 성찰은 자살이 지루함, 공
허함에 사로잡힘 그리고 실존을 초월하는 희망의 상실로 일어난
다고 확인했을 뿐이다. 왜 누구는 이런 지루함에 사로잡히는지,
다른 사람은 그렇지 않은지 하는 본래의 물음은 답을 찾지 못하
고 유예된 채 남을 뿐이다.

자기 파괴와 자아실현이라는 역설

생각의 실마리를 다른 곳에서 찾아보자. 자살 시도는 어쨌거나
실존을 끝내려는, 자아를 포기하려는 시도라는 점을 환기할 때
이 실마리가 찾아진다. 자아를 버리겠다는 이 정황만 따로 떼어
생각한다면, 자신의 전체를 포기하겠다는 성급한 결정의 알 수
없는 속내는 마치 신에게 제물을 바치는 의식을 떠올리게 한다.
신의 차원을 끌어들이는 위험을 감수하고라도 나는 자살 시도가
신께 바치는 제물 의식과 어떤 공통점을 가지는지 묻고자 한다.

　인간의 본질은 신에게 부름을 받아 응답해야 하는 존재라는
점이다. 그러나 신은 '메타노이아',* 곧 참회를 요구한다. 신은 참
회를 통해 인간의 자아에서 변화가 일어나야 한다고 요구한다.
역사에서 선지자들은 인간이 받는 이런 요구가 정신적 변화의 성
격을 가진다고 가르쳤다. 참회를 통해 정신이 거듭나야 한다는
것이 이 요구의 내용이다. 이 요구는 철저한 강제의 성격을 지닌
다. 인간은 이 요구로부터 도망갈 수 없다. 인간은, 인간의 궁극

---

* 　Metanoia. 그리스어 메타meta(바꾸다)와 노에인noein(생각하다)의 합성
　어로 '고쳐 생각하다', '뉘우치다'라는 뜻을 지닌 말이다. 『신약성경』
　에서는 '참회'로 옮겨졌다. 자신의 죄를 인정하고 신에게 귀의하는 자
　세를 의미한다.

적인 자아는 자신이 참회를 요구받음을 안다. 인간은 이 요구를 부정할 수는 있다. 그러나 이 부정은 인간이 세상에 태어나면서 정신이 몸이라는 감옥에 갇히는 바람에 피할 수 없이 짊어진 원죄의 부정이다. 그렇다, 인간은 태어나는 순간 정신을 몸 안에 가두는 원죄를 저질렀다. 인간이 '엑스페리멘툼 수아에 메디에타티스'experimentum suae medietatis, 곧 '자기 실존의 중심으로서 자신에 대한 실험'이라는 모험을 통해 원죄를 '죄책감'과 '노이로제'로 바꾸어버리려 시도할 수는 있다. 이 시도는 심리학을 동원해 원죄의 깨달음을 막아보려 한다. 그러나 인간은 참회의 요구를 부정할 수 없다. 인간은 이 요구를 따르도록 강제받는다. 이런 요구를 받는다는 점, 이 요구로부터 도망갈 수 없다는 점이 인간의 본질을 이룬다. 이런 본질이 없다면 인간은 자아가 아니다. 이 강제된 요구에 눈을 질끈 감아버리고, 원죄와 희망을 보지 않으려 하는 인간은 요구의 의미(메타노이아)를 깨닫지 못하고, 그저 맹목적으로 자아 포기의 요구에 굴복한다. 수많은 자살 시도가 망설이지 않고 주저함이 없이 이루어지는 이유는 바로 요구받음의 강제성에 있다. 원죄의 깨달음에 눈을 감아버리는 맹목성은 심리학으로 동기를 꾸며낸다. 자살 시도가 성공하지 못한 환자에게 흔히 보는, 자신은 죄가 없다는 의식은 곧 자신을 제물로 바쳐 원죄를 씻어냈다는 확신이다. 환자는 자살 시도로 신의 심판을 요구했다. 적어도 자신은 제물을 바쳐 죄의식을 떨치려 노력했다고 환자는 말한다. 자살이 실패로 돌아간 것은 신이 죄 없음을 인정해주고 그대로 살아가게 내버려둔 것이라고 환자는 수장

자신을 파괴하면서도 자아실현의 희망은 놓지 않는 것이 자살 시도의 역설이다.

레오나르도 알렌사, 〈자살의 알레고리〉, 1845년 이전, 로만티코 미술관, 마드리드.

한다.

　자살 시도를 제물 바치는 일에 견준 비유는 상당한 설득력을 지닌다. 근원적 희망이 완전히 사라져서 자살을 시도하지는 않는다는 것이 이 비유로 설명되기 때문이다. 자살을 감행할 당시 '기분'이 어땠냐고 물었을 때 어떤 여성 환자가 한 대답은 이런 사정을 그림처럼 보여준다. 나는 편안한 마음으로 대답할 수 있게 유도하려고 아무래도 '절망'이나 '우울함'에 사로잡히지 않았느냐고 물었다. 아니라고, 그렇지 않았다고 그 환자는 대답했다. 그저 피할 수 없는 강제를 받았다고 했다. 그녀의 육성을 들어보자. "저는 그냥 저 자신을 포함해 모든 것을 망가뜨려야만 했어요. 그런 다음에 무엇이 남는지 보고 싶었죠."

　참으로 놀라운 이 말에는 우리가 자살 시도를 설명하는 모든 내용이 담겨 있다. 이 여성 환자의 말은 파괴 강박, 역설, 자아를 희생하는 제물 의식 등을 한꺼번에 설명할 수 있는 발언이다. 모든 것을 바수고야 말겠다는 파괴 강박은 깊은 절망이 쓴 가면일 뿐이다. 자신을 파괴하면서도 자아실현의 희망은 놓지 않는 것이 자살 시도의 역설이다. 자신을 제물로 바치고 궁극적으로 무엇이 남는지 보겠다는 말은 갈망한 '메타노이아'가 신으로부터 주어지기 바라는 에두른 표현이다.

　또 한 가지 우리의 주목을 끄는 점은 자신을 희생하며 제물로 바치는 의식에 담겨진 비난의 의미이다. 나는 나 자신을 버림으로써 일이 이처럼 비틀린 책임은 너에게 있다고 분명하게 말하는 거야! 너에게 가장 확실하고 분명하게 복수하는 방법이 곧

나의 자살이야. 진부하기는 하지만 실제 자주 환자는 이런 말을
한다. 심지어 아빠가 장갑을 사주지 않아 손이 얼어버렸다며 복
수한다고 자살을 감행한 청소년도 있다! 또 자살 시도에는 은밀
한 비난이 담기기도 한다. 나를 자살까지 내몬 저 인간은 정말이
지 추악해!

　　나는 참회의 요구를 느끼고 자신을 제물로 바치는 인간이
혹시 참회의 의미는 부정하는 게 아닌지 하는 물음도 가졌다.
'메타노이아'의 의미를 부정함으로써 아예 공허함에 빠져버리는
자살 시도도 있었기 때문이다.

　　그러나 지금까지의 확인이 모두 맞는다 할지라도, 왜 지금
바로 이 순간에 개별적인 자살 시도가 결행되었는지 하는 물음
의 답은 여전히 주어지지 않았다. 매우 다양하게 이루어진 자살
시도가 공통적으로 가진 본질적 요소를 확인하며, 희망의 쪼그
라듦, 지루함, 제물 의식이 그 배경임은 분명했다. 그러나 왜 이
사람이 하필 오늘 이 시간에 자살을 결심했는지(또는 자살 시도에
사로잡혔는지) 하는 물음의 답은 지금까지 말한 것에서 얻어지지
않는다.

먹고살 만해졌을 때 인생은 왜 무료하게 느껴질까

내가 보기에 이 물음의 답은 당사자의 인생 전력을 살펴야 찾아
진다. 나는 앞서 파스칼의 상상력 개념을 해석하면서 기만적인

동기 부여를 언급한 바 있다.[3]

자살에서 상상력이 어떤 역할을 하는지 분명히 하기 위해 몇 가지 사례를 살펴보자.

먼저 앞서 세웠던 작업 가설을 다시 상기해보자. 나는 대부분의 자살 시도에서 결정적인 것은 허무함이 작용하는 양식인 지루함이라고 했다. 그러나 지루함이라는 상태는 내가 보기에 자살의 일반적인 정황일 뿐, 지금 여기서 개인이 결행하는 자살의 동기를 설명해주지는 않는다. 나는 지금 여기서 결행되는 자살 시도의 원인이 개인의 인생 전력에서 찾아지리라 짐작했다. 그러나 개인의 이 인생 전력이라는 것에서 두드러지는 점은 바로 곤궁함, 활력 넘쳤던 삶의 결여, 즉 공허함이다.

지금 바로 여기서 자살을 감행한 원인을 묻는 질문에 우리는 두 개의 부분적인 답, 곧 전모는 설명하지 못하고 부분만 밝히는 답을 가졌을 뿐이다. 이 두 개의 부분적인 답은 이렇다.

① 관찰 대상으로 삼은 대다수 자살 시도에서 두드러지는 점은 개인의 심리적 곤궁함, 관계를 이루고 갈등을 겪으며 문제를 해결하는 능력의 부족, 한마디로 관계 능력의 결손이다.

② 관찰한 사례들에서 자살 시도 배경의 특징은 허무함이 작용하는 표현인 지루함, 공허함에 사로잡힘, 쪼그라드는 희망이다.

3   이 책 37~41쪽 참조.

첫 번째 부분적인 답은 개인의 심리에 해당한다. 곧 심리학의 차원에서 찾아진 답이다. 두 번째 부분적인 답은 인간학이 알려주는 사실이다. 이 답은 인격체로서의 인간이 지닌 면모를 말해준다.

우리에게 필요한 것은 두 가지를 포괄하는 답이다. 그러나 이 답을 얻어내기 위해서는 두 영역을 결합해주는 관계가 어떤 것인지 분명해져야 한다. 심리학 차원에서 관찰하는 정황은 인간이 세계와 씨름하는 과정에서 겪는 사실과 과정이다. 과제, 직업, 타인들, 규범, 집단 등과 씨름하며 자아실현을 도모하는 과정에서 만들어지는 인생 전력은 심리학으로 풀어볼 수 있다.

인간학 분야의 정황은 인격의 성장, 경우에 따라서는 성장 장애를 보여준다. 인간학은 인간의 만남 능력, 신과 독대할 수 있는 능력을 말해준다. 인간은 신의 부름을 받는 존재, 곧 세계 안의 살아감을 초월하는 존재다. 인간을 인격체로 만들어주는 정신의 힘은 심리학이 다룰 수 없는 것이다.

그럼 다시금 우리에게 중요한 물음을 되짚어보자. 두 가지 답변 영역, 곧 심리학과 인간학 영역은 서로 어떤 관계를 이룰까? 심리학과 인간학은 어떻게 결합할까? 어느 것이 우선하는 과정일까? 인격적 영역의 사건이 심리적 정황을 결정할까, 아니면 거꾸로 심리가 인격을 지배할까? 우리의 구체적 주제에 걸맞게 표현하자면, 개인 심리 생활의 곤궁함이 '제1원인'primum movens일까, 아니면 공허함의 작용으로 지루함과 희망의 퇴색으로 빚어지는 인격의 위축이 '제1원인'일까?

나는 1차와 2차 원인의 구분을 당연하게 보는 관찰 방식 자체가 잘못된 전제에서 출발했다고 확신한다. 심리 단계의 현상과 인격 단계의 현상이 맺는 관계는 변증법적이다. 심리와 인격의 관계는 서로 '상응'함이다. 내가 보기에 심리와 인격은 근본적으로 두 개의 서로 다른 작용이 아니라, 인간이 가지는 두 가지 측면일 뿐이다. 엄밀한 의미에서 심리적 사실과 인격적 사실은 별개의 두 영역이 아니다. 오히려 인간은 심리적 측면과 인격적 측면을 함께 가진다. 이에 맞게 두 영역의 관찰 역시 상응해야 한다.

그렇지만 먼저 몇몇 환자의 병력부터 살펴보자.

첫 번째 사례(순서는 내가 매긴 것임)는 어떤 커다란 공장 공동 창업주의 병력이다. 그는 18년째 매우 심한 관절염을 앓았다. 10년 전부터 그는 이 병 탓에 몸을 움직이기가 대단히 힘들 정도이며, 늘 통증에 시달렸다. 그래도 그는 공장의 업무를 소홀히 하고 싶지 않았다. 아침 일찍 공장에 출근했지만, 조금만 일이 어려워도 감당할 수 없었다. 그러던 어느 날 한밤중에, 가족이 그런 일을 전혀 짐작도 못한 가운데, 자살하려는 의도로 다량의 루미날*을 복용했다. 이 약은 다량일 때 심각한 독성을 가진다.

그는 개인적으로 매우 어려운 위기를 이겨냈다. 제3제국에서 정치적 모함을 받아 적대자로 내몰려 1945년에 암울한 상황을 이겨내지 못하고 공장을 떠나야 했다. 폭격으로 집까지 잃었다. 그러나 좌절하지 않았고 갖은 노력을 기울인 끝에 다시 공장

---

* 루미날Luminal은 페노바르비탈Phenobarbital이라는 성분을 가진 수면제의 상품명이다. 본래 간질병 치료와 마취 효과를 위해 쓰는 물질인데, 20세기 후반에 이르기까지 수면제로 널리 쓰였다.

으로 돌아와 옛 지위를 회복했으며, 경제력도 복구했다. 재혼을 했으며 안정된 가정을 꾸렸다. 그런데 어느 날 약사로부터 더는 오이코달**을 줄 수 없다는 말을 들었다. 처방전 없이 벌써 열 번이나 약을 주어, 더는 안 된다고 약사는 난색을 표했다. 관절염 통증을 잊으려 처방 없이 오이코달을 몰래 구입해오던 공장주는 이제 어떻게 통증을 다스려야 좋을지 몰라 낙심한 나머지 루미날을 먹고 자살을 기도했다. 그는 이런 생각을 했다고 털어놓았다. "끝장이거나 어떤 탈출구가 열리겠지." 그는 두려움, 불안, 약간 과시하고픈 욕구, 될 대로 되라는 어느 정도의 장난기 그리고 오이코달 오용의 결과로 자살을 시도한 것이다. 그런데 그보다는 벌써 18년째 관절염을 앓은 것이 훨씬 더 설득력 있는 동기가 아니었을까? 게슈타포에게 모진 박해를 받으면서도 견뎌냈던 그가 아닌가? 공장에서 쫓겨났을 때도 자살은 생각지도 않았던 사람이 환각제를 얻을 수 없어 자살한다? 그 어떤 모진 운명의 시련도 끄떡없이 이겨냈던 남자, 이제 개인적으로 복권이 되고 경제적 안정을 누리는 남자가 약을 주지 않는다고 자살을 시도했다.

약품의 오용도 왜 하필 지금 여기서 자살을 감행했는지 설명하지는 못한다(물론 그는 이 경우 '지루함'에 사로잡혔던 것이 분명하다). 그는 벌써 8년째 매일 같은 양의 오이코달을 복용하지 않았던가! 그런데 약사와의 사소한 언쟁, 창피하기는 하지만 별다른 어려움 없이 해결할 수 있었을 상황임에도 그는 자살을 시도했다.

•• 　오이코달Eukodal은 아편 비슷한 작용을 하는 합성 진통 마취제 오피오이드Opioid(옥시코돈)의 상품명이다.

18년 동안 그는 모든 어려움, 갈등, 싸움을 이겨왔다. 적으로 내몰려 박해를 받고 해고까지 당하면서도 참아냈다. 관절염은 18년째 앓았으며, 오이코달은 8년째 오용했다. 모든 것을 참아냈던 그는 이제 비교적 사소한 일로 낙담한 나머지 자신을 독살하려 시도했다.

이후 나와 가진 면담에서 환자는 언제부터 자살할 생각을 했느냐는 물음에 비교적 최근, 한두 해 정도였다고 대답했다. 최악의 먹고살 걱정은 털어버린 지금, 도대체 이런 인생을 살아야 할 이유가 뭔지 하는 회의가 갈수록 커졌다고 했다. 이렇게 시작된 고민은 날이 갈수록 깊어졌다. 그리고 이 고민의 과정에서, 곧바로 덧붙이자면, 그는 실존의 문제에 눈떴다. 그리고 답을 얻었다. 인생은 더 살아야 할 가치가 없다.

고민, 실존적 깨달음, 인생이 지닌 부조리의 인식으로 이어지는 생각의 흐름은 자살을 시도하는 사람에게서 자주 보이는 현상이다. 그리고 나는 이 현상이 정신적 성격을 가진다고 본다. 이 단계에 이른 사람은 무겁게 침묵하는 가운데 인생으로부터 달아날 궁리를 한다. 물론 이런 의도는 오랫동안 무의식에 잠복한 채 남는다. 그러다가 아주 사소한 일, 정말 아무것도 아닌 사건이 위기의 방아쇠를 당긴다. 마침내 의도를 행동으로 옮기기까지 해당 인물은 주변과의 관계를 점차 잃어가며, 가족에게도 예전처럼 신경 쓰지 않는다. 생활은 무척 단조로워진다. 당사자는 예전에 어떻게든 살아보고자 안간힘을 썼던 세상을 공허하게만 느낀다. 자신의 내면도 텅 빈 것 같아 괴로워한다. "의미 있는 일이 전혀 없구나." "사람에게 더는 흥미가 느껴지지 않아." 환자는 가족마저 심드렁하기만 했다. 공장에서도 자신은 필요 없는 사람이라고 느꼈다. 말하자면 세상과의 모든 연관이 깨끗이 끊어진 채 사는 인생이랄까. 잔인한 단조로움이 그의 나날을 물들였다. 관절염의 통증은 약물 중독이나 자살의 근거가 아니라고 그는 인정했다. 오이코달은 단조로움을 그나마 견딜 수 있게 해주었고, 시간의 무료함을 덜어주었으며, 고독함을 잠시 잊게 해줄 뿐이었다고 말했다. 공적으로나 사적으로 아무런 목표 의식이 없었고, 인생을 살아야 할 그 어떤 가치를 찾을 수 없었다. 예전에 그처럼 소중히 여겼던 도덕규범도 그림자처럼 허망하기만 했다.

이 사례를 보다 더 깊이 다루기 전에 두 번째 사례부터 살펴보기로 하자.

고위 공직자이자 유명한 작가(내가 존경하는 분이다)의 부인인 어떤 유대인 여성은 제3제국의 12년을 갖은 신고 끝에 간신히 살아남았다. 늘 위험에 시달리며, 끊임없이 도망을 다니던 끝에 결국 중추신경계에 심각한 질환이 생겨 전신이 마비되어 그녀는 침대에 묶여버리는 신세가 되었다. 남편은 1934년에 공직에서 쫓겨났다. 부부는 혹독한 생활고에 시달렸다. 12년 동안 그녀는 핸드백에 독약을 넣고 다녔으며, 잠자리에서조차 손에서 핸드백을 놓지 않았다. 1945년 남편은 공직에 복귀했다. 박해가 중지되었으며 모든 위협을 이겨냈다. 드디어 곤경은 사라졌다. 그런데 두 달 뒤 그녀는 자살을 시도했다. 오후에 남편과 마주앉아 커피를 마시던 자리에서 사건이 일어났다. 이런 의도를 짐작하게 해주는 조짐은 전혀 없었다. 혹독하기만 했던 위협, 전전긍긍하게 만들던 불안을 이겨내고 행복을 다시 찾은 시점에서 돌연 자살이 시도되었다. 1945년에서 자살 시도 사이의 석 달 동안 그녀는 몹시 불행해했다. 전신이 마비된 자신이 남편에게 짐이 될까 불안을 감추지 못했다. 충분히 수긍이 가는 걱정이다. 또 이제 다시 남편을 둘러싼 화려함과 명성에 그녀는 조금도 관심을 가지지 않았다. 회복했으면 하고 그처럼 간절히 원한 화려함과 명성이 아니던가. 거동조차 할 수 없는 자신의 처지가 분명 불행하기만 했으리라. 그러나 그 모든 어려움을 이겨내고 이제 간신히 안정을 되찾지 않았는가? 자살을 저지르기 전의 나날 동안 그녀는 침울해서 말이 없었고 몹시 지루해했다(남편은 이제 집을 비우는 날이 잦았다!). 그렇지만 앞서도 말했듯, 자살 의도를 짐작케 하는 조짐은 아무것도 없었다.

이 사례는 첫 번째 것과 놀라울 정도로 닮았다. 이 경우에도 위협과 고생을 이겨내자 공허함, 단조로움이 고개를 들었다. 이 경우에도 부조리함의 인식과 더불어 고민이 시작되었으며 환멸로 이어졌다. 이 경우에도 동기는 같았다. "인생은 더 살 가치가 없다." 또 이런 동기도 있다. "나는 불필요한 존재다." 게다가 되찾은 아름다움, 남편의 복권된 지위를 누리는 기쁨을 전신마비 탓에 맛보기가 불가능해졌다(예전에 그녀는 남편의 공식 행사에 기꺼이 동행하곤 했다!). 정신의 활력을 잃어, 모든 것이 그저 심드렁하기만 했다. 이제 그녀는 오로지 자신에게만 의존할 수 있을 뿐이다. 하루하루가 지루하기 짝이 없었다. 지루함은 그칠 줄을 몰랐다. 그녀는 매우 예민해졌고, 걸핏하면 짜증부터 냈다. 그녀는 남편과 서로 더는 잘 이해하지 못했다. 목숨을 위협하던 일이 멈춘 지금, 그녀는 세상을 참을 수가 없었다. 이미 오래전에 마비되었음에도 이제 와서야 자신이 무슨 병을 앓는지 속속들이 의식되었다. 박해받던 시절만 해도 그녀는 세계와의 끈을 놓지 않았다. 그런데 이제 세계는 낯설기만 했다. 위협과 위험에 노출되었던 시절, 긴장을 늦추지 않느라 겪었던 다양한 체험이 소중하게만 여겨졌다. 이제는 체험할 게 더 없다. 그저 자기 자신과 직면할 뿐이다. 이제는 자신의 손으로 시간을 채울 수밖에 달리 도리가 없다. 오로지 단조로움, 공허함만 남았다.

바꿔 말해서 위협과 박해와 극단적인 어려움이 일상이었던 시절에 그녀는 삶의 의지를 불태우며 놀라울 정도의 인내력을 보여주었다. 이 싸움을 이겨내야 한다는 각오가 그녀 존재의 의미가 되었다. 모든 것을 이겨내자, 그녀는 속절없이 공허함에 사로잡혔다. 어찌 보면 진부한 거부감이 그녀로 하여금 허청거리게 만들었다. 다시 말해서 위기, 갈등, 어려움은 그녀를 자살로 내몰지 않았다. 어떻게 해야 위험에서 빠져나갈지 길이 보이지 않는다는 막막함이 자살을 부르지는 않았다. 그녀를 바로 지금 여기에서 자살로 이끈 것은 '공허함이라는 원인', 곧 인생을 압박하던 문제들이 돌연 사라져버리고 만들어낸 허무함이다.

바깥으로부터 위협을 받지 않는다면, 자발적으로 자신을 위험에 빠뜨리는 것은 분명 인간의 본질 가운데 하나다. 상황에 따라 이런 선택은 자살로 이끌기도 한다. 외부의 조건이 유리한 쪽으로 인생을 만들어주면, 인간은 이제 '어떻게 살아야 좋을지' 모르겠다고 되묻는다. 이런 정황은 인간에게서만 볼 수 있는 특수함이다. 자신의 인생을 의문시하는 것은 인간이라는 정신적 존재가 보여주는 특징이다. 세계가 들볶는 위험이 힘을 잃으면 이런 자기 회의는 특히 절박해지고 간절해진다. 삶이 안정을 찾으면 이런 회의가 아주 심각한 위협이 될 수 있다는 점은 오늘날 우리가 놀랍게도 흔히 보는 현상이다. 이 현상에서 나타나는 것은 일종의 분열이다. 생물적 존재로 살아가는 데 필요한 안정적 조건이 확보되면, 인간은 오히려 무료함과 의미의 갈증을 느낀다. 그저 먹고사는 생물적 존재일 뿐, 정신적 의미로 충만한 인생을 살아가는 것이 불가능하다면, 인간은 자살의 충동을 느낄 수 있는 것이다. 이처럼 생물적 삶과 의미 있는 인생을 따로 떼어놓는 분열이 자살을 부른다. 어느 모로 보나 인간은, 자연과학과 기술이 생물적 존재로서의 삶을 풍요하게 만들어줄수록, 자신의 '본격적인 인생'이 더 곤궁하고 무료하다고 여긴다. 그만큼 자살의 위험이 커진다. 생물적인 조건이 극단적으로 만족되면, 반대의 극단으로 인간은 자신을 이해하지 못하는 무기력함, 어찌 하면 좋을지 모르겠다는 황망한 절망감을 보인다. 그래서 오래 생각할 거 없이 자신의 인생을 문제 삼는 태도가 나온다.

심리학의 문제인가, 인간학의 문제인가

지금껏 살핀 사례들의 증상을 다시금 확인하고 그 내용을 검토
해보자.

이 모든 환자들은 갈등과 위협과 위험이 그치자마자 고민을
시작했다. 돌연 자아와 독대하고 그것이 도대체 무슨 의미가 있
는지 생각하기 시작했다. 이런 정황은 널리 회자되는 데카르트
René Descartes(1596~1650)의 "나는 생각한다, 그러므로 존재한다"
cogito ergo sum라는 말에 아주 특별한 방식으로 내용을 채워준다.

실존적 깨달음의 이런 과정에서 인식되는 것은 존재의 부
조리함, 모든 행위의 부질없음이다. 다시 말해서 인생을 살아야
할 이유가 없다고 인간은 깨닫는다. 인간으로 맺어온 모든 관계
는 불확실하기만 하며, 아예 허황된 꿈처럼 스러진다. 인간은 더
는 새로운 관계를 맺으려 하지 않는다. 그렇다, 아예 관계를 추구
하지 않는다. 해야 할 일이 전혀 없다고 본다. 예전에 인생의 표
준이자 내용이 되어주었던 가치와 규범은 허망해 보이기만 한다.
아무튼 예전처럼 강력하지 않다.

내가 경험한 환자들은 시간과 아주 특징적인 관계를 가졌다.
시간, 곧 '살아낸 시간'temps vécu과 예전에는 사건과 사고로 넘쳐
나는 시간이 환자를 떠받들어줬다. 이제는 환자 자신이 이 시간
을 떠받들어야 한다. 곧 시간에 내용을 채워줘야 하는 쪽은 본인
이다.

세계와 맺는 관계 역시 독특하다. 세계는 단조롭고 낯설어

졌다. 환자는 세계 안에서 더는 편안하지 않다(역설적이게도 박해하고 위협하던 세계가 편안했다!). 더는 세계가 고향으로 여겨지지 않는다. 세계는 완강해졌으며, 좀체 품을 내어주지 않는다. 결국 세계는 적이 된다(세계는 환자를 평안하게 내버려둠에도!). 세계 안에서 예전에 누리는 편안함은 기만으로 느껴진다. 환자는 세계와의 관계에서도 홀로 자신에게만 의존할 수 있을 뿐이다.

나는 타자와의 만남 능력 상실, 대인 관계를 꾸려갈 능력의 상실이야말로 특히 심각한 문제라고 생각한다. 이 환자들은 타인을 믿을 줄 모르며, 헌신하려 하지 않는다. 환자의 고독함은 피할 수 없다. 이 고독함이 너무도 싫은 나머지 환자는 이미 누렸거나 거부당했거나 혹은 적어도 갈망했던 만남을 떠올려가며 그 상대와 갈등을 일으키려 든다. 그러나 과거의 만남이 이런 욕구를 만족시켜줄 수는 없다. 바로 그래서 인간과의 결속은 더욱 궁핍해진다. 너와의 싸움이라는 것이 아예 성립하지 않는다. 이런 정황은 개인의 심리 차원에서 설명되지 않는다.

오히려 이런 환자에게서 두드러지게 나타나는 것은 지루함, 고독, 단조로움, 정체다. 곧, 모두 가면을 쓴 공허함이다. 다시금 지적하자면 이 공허함은 개인의 차원이 아닌 인간 일반의 문제, 심리학이 다룰 수 없는 인간학의 문제다.

더불어 나눌 인간 관계가 지극히 궁핍하다면, 지루함이 개인 체험의 곤궁함을 꿰뚫어버린다면, 당사자는 공허함에 사로잡힌다. 공허함을 가장 분명하게 드러내는, 체험의 빈곤이 자살이라는 파국을 부른다. 바로 지금 여기서 결행하는 자살의 원인을 개인의 인생 전력에서 찾아보면, 결국 체험의 결여, 활력 넘치는 삶의 빈곤이 결정적임을 알 수 있다.*

앞서 살펴본 두 사례가 그랬고, 서두에 언급한 수많은 젊은 이들도 정확히 이런 이유로 자살을 시도했다. 젊은이들의 경우에서도 마음을 괴롭히는 문제들과의 갈등, 본능적인 것과 요구된 것 사이의 긴장, 요컨대 인간 실존의 복잡다단함이 빚어내는 피하기 힘든 갈등이 아니라, 체험의 부족이 자살의 결정적 동기였다. 체험된 것이 적고 얕을수록, 공허함이 그만큼 더 강력하게 인간을 사로잡았다. 이런 인간의 인생 전력이라는 것이 빈곤할 수밖에 없는 이유가 달리 있지 않았다. 바로 그래서 심리보다는 지루함이라는 인간학의 진단, 내가 이렇게 표현해도 좋다면, 지루함이라는 인간학의 진단이 자살 시도의 결정적 원인이다.

지금껏 시도한 사례들의 묘사에는 심리학과 인간학이 여전히 무질서하게 뒤섞여 있다. 몇 가지 증상은 개인의 생물학적이고 심리학적인 생명 영역에 그 뿌리를 둔다. 다시 말해서 이 증상은 오로지 이 개인의 것이다. 구체적으로 짚어보자면 세계, 집단, 가족과 화합을 이루지 못하는 장애가 그런 증상이다. 대인 관계가 원활하지 못해 직업을 감당하지 못하며, 갈수록 낯설어지는 세계로부터 고립되는 소외를 겪는다. 규범은 갈수록 흐릿해지고, 이로써 회의가 깊어진다. 고민이 시작된다. 세계는 부조리하며, 이런 깨달음으로부터 숙명론이 만들어진다. 갖가지 이념을 끌어다가 어떻게든 자신을 정당화하려는 시도가 이어진다. 정리하자면 이 모든 증상은 인성의 개인적 변화 과정, 즉 심리학이 '개체

---

* 체험을 뜻하는 독일어 'Erleben'은 글자 그대로 풀면 'Er+leben', 즉 생명력을 마음껏 펼친다는 의미이기도 하다.

자살 충동이라는 심리학의 질병은 인간학에서 살펴야 올바로 이해될 수 있다. 병이 든 것은 인격체, 다시 말해서 공허함과 무한함 사이에서 인격적 관계로 고뇌하는 인간이다.

빈센트 반 고흐, 〈펠트 모자를 쓴 자화상〉, 1887년, 반 고흐 미술관, 암스테르담.

화'*라고 부르는 것의 장애다. 그리고 모든 이 증상의 공통된 특
징은 결손, 결여, 부족이다.

그러나 개인의 생활 영역에 국한된 묘사는 모든 것을 설명
할 수 없다. 자살을 시도한 환자들에게서 두드러지게 나타난 만
남 능력의 상실은 카를 구스타프 융이 말하는 개체화 장애이기
는 하지만, 더 나아가 인간이 가지는 초월적 관계의 빈곤이라는
점이 훨씬 더 중요하다. 다시 말해서 인성의 개인적 변화 과정에
서 빚어지는 장애는 더 크게 보면 인격체의 성장 장애이다. 내가
연구한 환자들 사례는 심리학만으로 설명되지 않으며, 인간학을
함께 고려해야 그 원인이 분명하게 드러난다. 이런 원인은 1차적
으로 지루함, 단조로움이다. 공허함에 강력하게 사로잡힌 나머지
생겨나는 고독, 무한함과 관련해 쪼그라드는 희망이 인간학적 장
애다. 다시 말해서 신의 부름을 받고 요구받는 자로 살아갈 능력
의 상실이 인간학적 장애다. 나는 앞서 이를 두고 만남 능력의 상
실이라 불렀다. 앞서 살펴본 자살 사례들은 이처럼 인격적 단계
의 장애 분석을 통해서야 비로소 그 원인을 드러낸다. 이처럼 자
살 충동이라는 심리학의 질병은 인간학에서 살펴야 올바로 이해
될 수 있다. 병이 든 것은 인격체, 다시 말해서 공허함과 무한함
사이에서 인격적 관계로 고뇌하는 인간이다.

그러나 이런 확인이 생물학과 심리학의 단계가 부차적이며
비본질적이라는 뜻은 아니다. 인격체가 꾸준히 성장을 지속하
지 못하고 일으키는 분열은 개체화의 과정도 포함하기 때문이
다. 개인이 세계, 집단, 일상에서 타인과 더불어 살아가며 경험하

• 　스위스의 심리학자 카를 구스타프 융Carl Gustav Jung(1875~1961)이
　도입한 개념으로, 무의식에 내재한 자아를 찾아가는 과정을 '개체화'
　individuation라고 한다.

는 개체화 역시 중요한 문제다. 그래야 사회의 규범과 가치와 관계하는 인간이 설명되기 때문이다. 그리고 바로 규범과 가치라는 층위에서 인간은 이데올로기라는 체계를 만들어낸다. 환자에게서 확인한 숙명론적 세계관, 부도덕한 가치관이 그 예이다. 내가 보기에는 빅토어 폰 바이츠제커*가 말한 도덕적 불감증도 그좋은 예이다. 또 이런 모든 환자들을 지배하는 병적인 회의도 마찬가지다. 빈곤과 결손, 결함, 부족으로 나타나는 심리 영역의 장애는 특히 지루함이라는 근본 장애로 드러나는 인격체 장애에 상응한다. '상응함'이라는 표현은 심리 영역과 인격체 영역이 보이는 변증법적 관계를 나타낸다. 심리적 관계의 공허함과 빈곤은 인격체의 지루함과 만남 능력 상실에 상응한다. 인격적 존재의 쪼그라듦은 개체화 장애에 상응한다. 다시 말해서 인간이 사회에서 타인, 세계, 규범, 가치와 씨름하며 자아를 실현하는 과정에서 겪는 장애는 곧 인격적 존재의 장애다. 만남 능력의 상실은 세계 안에서 활동하는 인간을 빈곤하게 만들어 대인 관계를 위축시킨다.

이런저런 사례에서 심리 영역의 질환이 어느 정도 1차적이며, 인격 단계의 장애를 이끌고 오는지 하는 문제는 확실하게 판단하기 어렵다. 개체화 장애는 과연 인격 장애와 원인과 결과라는 인과적 연관을 맺을까? 아쉽게도 나는 이 문제를 확실히 판단할 수 없다. 지금까지의 경험으로 미루어 오히려 인격체 장애가 개체화 장애를 부르는 것으로 보아야 하지 않을까. 아무튼 원칙적으로 인격체와 심리 영역을 구분한 것은 두 영역이 인간의 상

• Viktor von Weizsäcker(1886~1957). 독일의 의학자로 이른바 '정신신체 의학'을 창시했다.

이한 측면이기 때문이다. 하나의 동일한 것을 각기 다른 관점에서 본 측면이라는 바로 이 특징 때문에 나는 둘 사이의 관계가 상응함이라는 변증법적 관계를 이룬다고 보았다. 우리는 둘 사이의 관계를 오로지 변증법으로 파악해야 한다. 물론 실제 사례에서 심리 영역의 병리적 현상이 선행할 수는 있다. 예를 들어 외부로부터 만들어진 특정 병리적 체험이 심리 영역을 장악해 자살이라는 질병의 과정이 시작될 수는 있다. 그러나 이 병의 전체 구조는 환자의 인격적 층위를 개체화 층위와 변증법적으로 상응하는 것으로 살피지 않으면 절대 드러나지 않는다.

지금 바로 여기서 결행되는 자살 시도의 원인을 묻는 물음은 그 원인이 변증법적 성격을 가진다는 것까지만 대답할 수 있을 따름이다. 이 대답이 만족스럽지 않다는 점은 나 자신이 너무도 잘 안다. 다만 불만족한 답이기는 하지만, 앞으로 계속 이뤄질 고찰과 경험을 가로막을 그 어떤 어려움도 피하려 하지 않았기만 간절히 바란다.

희망에 대하여

»

세속의 희망이 가져다주는 환멸은 분명 그 자체 안에 세속적인 것으로

이끌리는 환상으로부터 우리를 해방시켜주는 가능성을 품는다. 세속적

희망의 완전한 무너짐에서 역설적이게도 하나의 새 희망이 경험된다.

«

살아가게 하는 힘인가, 위험한 환상인가

그 근본 구조가 '지루함'ennui과 본질적으로 매우 비슷한 권태와 그 병적 증상을 연구하려는 시도는 우리를 '허무함의 경험'으로 이끌었다.[1] 여러 가지 질환을 계속 연구하면서 이 경험은 거듭 같은 양상을 보여주는 것으로 확인되었다. 더 나아가 나는 이런 경험만으로는 인간을 일면적으로만 이해하는 관점이 굳어질 수 있다는 확신에 이르렀다. 우리가 누구나 이 순간에서 다음 순간으로 계속 살아간다는 단순한 사실, 지금 이 순간 우리 자신을 파괴하지 않는다는 단순한 사실은 허무함에 맞서 작용하는 어떤 긍정적인 힘이 존재한다는 증명이다. 이 힘의 원천은 마찬가지로 우리 바깥에 있으며, 우리 인간을 구성해준다. 이 원천이 없다면 생명은, 단순한 생물로서의 생명조차 가능하지 않다. 이런 종류의 고찰은 물론 나의 독창적인 것은 아니며, 아주 다양한 단초들로 긍정적이고 순수한 생명 원칙을 짐작하게 한다. 우리는 흔히 이 원칙을 '생명력' 혹은 '생동감'이라고 부른다. 그러나 다른 한편으로 이 긍정적인 원칙이 생물적 존재로서의 생명을 허락해주고 바탕을 이뤄주기는 하지만, 이런 원칙을 짐작하는 것만으로는 턱없이 부족한 것이 사실이다. 허무함과 마찬가지로 우리 바깥에, 생명을 초월해서 이 생명을 가능하게 하는 이 원칙은 대체 무엇이며, 어떻게 이해해야 좋을까?

앞선 연구에서 나는 허무함이 그 자체로 파악되지 않는다는 해묵은 경험을 다시금 확인했다. 말 그대로 없음, 무화, 파괴됨이

---

1   이 책 앞의 두 글과 또 다음 글도 참조할 것. 헤르베르트 플뤼게, 「허무함의 작용」, 『프시케』Psyche 4호, 1950, 321쪽.

라는 사건은 무엇으로도 파악되지 않기 때문이다. 곧 보게 될 것이듯, 우리가 상정한 긍정적인 힘, 생명을 구성하고 허락해주며 계속 이끄는 힘을 두고도 형식적으로 비슷한 확인을 할 수 있다. 이 긍정적인 힘은 무어라 정의될 수 없다. 그러나 경험은 할 수 있다. 묘사도 가능하다. 그러니까 이 힘은 작용으로만 파악된다. 그리고 이 힘은 인간의 생명이 그 자체로 펼쳐지며 꾸준히 앞으로 나아가는 생명으로 파악되는 만큼, 애초부터 눈으로 볼 수 있는 것이기도 하다.

허무함의 작용을 그 몇몇 위장과 변장에서 감지할 수 있었듯, 우리는 생명을 가능하게 해주는 이 힘도 그 특별한 위장 속에서 발견해야 한다. 그리고 나는 이 위장 가운데 하나, 겉으로 드러난 모습 가운데 하나가 희망이라고 짐작한다.

얼핏 보기에 부차적이고, 거의 진부하며, 안개처럼 애매해 보이는 희망을 철학과 심리학은 계모처럼 다루었다. 철학자와 심리학자는 수백 년 동안 희망을 거의 돌보지 않았다. 희망이 대체 무엇인지 규정해보려면 우리가 난처함에 빠질 수밖에 없는 이유가 달리 있는 게 아니다. 우리는 희망에서 어떤 분위기 같은 것을 읽어낸다. 카뮈는 희망이란 위험한 환상이라고 말했다.[2] 폴 발레리는 희망을 두고 '정확한 예견을 할 인간의 정신적 능력에 대한 불신'이라고 정리했다.[3] 오로지 가브리엘 마르셀만이 희망의 본질을 탐색하려는 진지한 노력을 기울였다.[4]

희망 연구의 이런 곤궁함은 희망이라는 현상을 거의 다루지 않아, 혹은 지나치게 홀대해서 빚어진 것이 결코 아니다. 이런 곤

---

2   알베르 카뮈, 『시지프 신화』, 파리, 1942.

3   폴 발레리, 『바리에테』Variété, 파리, 1924, 16쪽. 폴 발레리Paul Valéry(1871~1945)는 프랑스의 시인이자 평론가이며 사상가이다(―옮긴이).

4   가브리엘 마르셀, 『호모 비아토르』Homo Viator, 파리. 독일어판: 뒤셀도르프, 1949. 가브리엘 마르셀Gabriel Marcel(1889~1973)은 프랑스의 철학자이자 극작가이며 비평가다. 이른바 '유신론적 실존주의'를 대표한다(―옮긴이).

궁함이 생겨난 이유는 달리 있다. 희망이라는 현상은 실제로 개념 정의가 어렵기 때문이다. 현실로 드러난 희망의 효과, 구체적인 물질로 나타난 희망만이 그런 개념 정의를 가능하게 만들어 준다. 그렇다고 해서 희망이 안개와 같은 것이라고 말할 수도 없다. '인생'과 '죽음' 역시 개념 정의가 되지 않지만, 그렇다고 안개 같은 것은 아니다. 이 딜레마에서 가장 까다로운 문제는 도대체 희망의 '현실'이라는 것이 무엇이냐 하는 점이다. 그래서 우리는 이렇게 물어야 한다. 희망은 어디서 구체적이 되는가? 어느 때 희망은 명료한 사실이 되는가? 어떤 경우에 희망은 그 온전한 힘을 가장 분명하게 발휘하는가?

답은 다른 것일 수 없다. 어려움과 절망의 경험에 비추어 우리는 자의적이라 할지라도 이렇게 말할 수밖에 없다. 예를 들어 병든 인간의 어려움과 절망에서 희망은 온전히 구체적이 된다. 이게 무슨 말인지 분명히 하기 위해 나는 두 환자의 병력을 골랐다.

미래의 시간이 지속되리라는 믿음

44세의 여인 M은 1949년 왼쪽 가슴에 결절이 생긴 것을 발견했다. 의사는 당장 그것이 악성 종양이라는 진단을 내렸다. 환자는 왼쪽 가슴을 절단하는 수술을 받았다. 그러나 방사선 치료를 받아야 한다는 의사의 절박한 처방은 거부했다. 의사는 방사선 치료를 받게 하려는 생각에서 환자에게 종양의 심각함을 자세히 설명했지만, 환자의 저항을 이겨낼 수 없었다. 그녀는 방사선 치료가 지나치게 해를 입힐 것이며, 그럼 자신이 '비자연적인 존재'가 될 것이라 굳게 믿었다. 방사선이 해당 부분뿐만 아니라 전신을 망가뜨려 자신이 흉측한 모습이 될까 여인은 두려워했다. 그녀는 대증요법對症療法을 깊이 불신했다. 당시 의사는 그녀에게 아주 분명하게 전이의 위험을 설명해주어, 암 질환이 가지는 사실의 복잡성을 온전히 알아볼 수 있게 해주었으나 그녀의 고집을 꺾지 못했다.

1년 뒤 척추에 격심한 통증을 느낀 여인은 곧장 이 통증이 척수 전이의 결과가 아닌지 짐작했다. 완전히 절망에 빠져 그녀는 나를 찾아왔다. M은 매우 지혜롭고 박식하며 감성이 풍부한, 교양 있는 인물이었다. 이런 인물에게 의사는 진부한 핑계나 변명을 늘어놓지 않고 분명한 사실을 말해줄 수 있다. 앞서 말했듯, 여인은 척수로 암이 전이되었다는 확신에 사로잡혔다. 그렇지만 나는 환자의 단호한 물음에도 암이 아니라고 부인하면서, 다만 뼈에 미네랄 성분이 부족해서 일어나는 병(골다공증)으로 보인다고 하면서 오래 걸리기는 하지만 치료가 가능하다고 말해주었다. 그리고 수술한 유방암과는 전혀 관계가 없다고 덧붙이기도 했다.

환자는 처음에는 반신반의하는 눈치였으나, 이후 갈수록 나의 진단을 받아들였다. 5개월 동안 나의 치료를 받으면서 환자는 결국 나중에는 진단을 거의 확신했다. 물론 환자는 이따금씩 무어라 설명하기 힘든 불합리한 태도를 보여주기는 했다. 상담을 하면서 그 어떤 의심이나 비판 없이 의사의 설명, 곧 병이 갈수록 차도를 보이며 좋아지고 있다는 설명을 받아들이면서도, 이내 한숨을 쉬면서 자신은 암 환자이며 가망이 없음을 잘 알고 있다고 울먹였다. 말하자면 이 여성 환자는 두 가지 서로 다른 의식의 차원 사이를 이리저리 오가며 헤맸다. 한쪽 차원에서는 그리 심각하지 않은 골다공증이 완전히 치유될 것이라는 희망에 부풀어 몇 년 뒤를 내다보는 미래의 계획을 자랑스럽게 이야기하다가도, 돌연 암과 관련한 두려움을 털어놓으며 절망에 빠져 제발 도와달라고 애원했다. 그렇지만 이 두 차원 가운데 결정적인 것은 상태가 호전되고 있음에도 거듭 암과 그로 말미암은 운명 걱정에 오랜 시간 절망에 사로잡히는 태도였다. 무어라 논리적으로 설명하기는 어렵지만, 이런 절망을 환자는 희망의 차원으로 뛰어넘으며 이 희망을 확인받는 것으로 견뎌냈다. 아무튼 합리적인 입장에서 보면 무의미하기 짝이 없는 태도였다. 치료 초기에 환자는 불안해하고 운명 걱정으로 고통스러워했지만, 날이 갈수록 희망 덕에 안정과 인내심을 되찾았다. 안색이 눈에 띄게 좋아진 환자는 다시금 명랑하게 대화를 나누었으며, 예전에 중요하고 필요하다고 여겼던 모든 것에 관심을 회복했다. 결코 좋아졌다고 말할 수 없는 통증도 더는 그녀를 괴롭히지 못했다. 통증 탓에 행동을 자유롭게 할 수 없어 불편했음에도 그녀는 희망으로 이겨냈다. 처음에는 두려움 탓에 절망에 빠졌던 반면, 그녀는 자기 걱정에 골몰했던 상태에서 빠져나와 새롭게 인생을 계획할 줄 알았다.

나는 환자와 상담을 나누며 이 희망의 목표가 정확히 어떤 것인지 가늠해보는 일은 되도록 피하려 노력했다. 본래 그녀의 희망은 언제나 암으로 죽고 싶지 않다는 점을 분명하게 드러냈다. 그러니까 희망의 목표는 엄밀하게 합리적인 의미에서 오로지 부정적으로만 말해질 수 있을 뿐이다. 완전한 회복은 단 한 번도 거론되지 않았다. 그녀의 희망은 근본적으로 부정형不定形, 그 어떤 윤곽도 가지지 않는 대상이었다. 이 부정형은 어떤 식으로든 자신의 인격이 지금처럼 보존되리라는 막연한 희망을 드러낼 뿐이다. 희망은 목표라기보다는 그저 미래라는 시간을 향해 꾸준히 나아가는 것에 가까웠다.

물론 의사는 이런 상황에서 환자에게 어떤 형태로든 증상을 정확하게 진단해주어야 한다. 이 경우 진단은 골다공증 혹은 호전이다. 그러나 진단은 환자가 희망을 가질 수 있을 정도의 선에서 제한하는 것만으로도 충분하다. 이제 나는 환자 M뿐만 아니라, 다른 암 환자와 그 밖에 불치병 환자를 치료하며 얻은 경험으로 다음과 같은 깨달음을 얻었다. 환자는 무의식적으로 희망을 가지려 노력한다. 그리고 이 희망의 목표는 정확히 할 게 아니라, 열린 그대로 그냥 놓아두어야 한다. 의사는 되도록 이런 방향에 맞춰주어야 한다. 현재 상태와 그 해석을 의사는 말해주기는 해야 한다(골다공증). 그러나 환자가 가진 희망의 목표는 되도록 언급하지 않거나, 기껏해야 환자의 직접적인 물음에 애매한 답을 주어야 한다. 아무튼 이 문제는 나중에 다시 한번 더 다루겠다.

여인 M은 몇 달에 걸쳐 호르몬 치료를 받은 끝에 퇴원했다. 완치되지는 않고 약간 나아졌지만 그런대로 견딜 수 있는 상태였다. 1년 뒤 나는 그녀가 입원한 병원을 잠시 방문해 그녀를 만났다. 환자는 이제 사색이 완연했다. 암이 척수 전체로 전이되어 뇌까지 퍼졌다. 몇 분 혹은 심지어 몇 시간 동안 의식을 잃고 헤맸으나, 의사는 언제나 알아보았다. 그녀는 정신이 혼미할 때든 깨어 있을 때든 희망을 놓지 않았다. "잠시만 제 곁에 머물러주신다면, 제가 다시 일어나 집으로 돌아가는 것을 보실 거예요. 나를 약하게 만든 빈혈 상태만 좀 나아지면 돼요. 정말이지 얼마 걸리지 않을 거예요."

이 말은 물론 여러 가지로 해석될 수 있다. 어쨌거나 희망이 지니는 환상이라는 특징을 확실하게 보여주는 가장 중요한 증명이 환자의 이 발언이다. 그러나 환자의 전체 상태는 이런 희망을 여지없이 무너뜨린다. 그녀에게 회복이냐 아니냐는 더는 중요한 문제가 아니다. 회복은 이미 오래전에 극복된 문제일 따름이다. 환자는 미래를 확신했다. 이 미래는 회복의 가능성에 더는 묶이지 않는 희망이다. 이 미래의 내용은 우리가 일반적으로 이해하는 일상의 재건이라는 차원이 아니다. 이 미래로부터 곧 희망의 목표에 이를 수 있다는 확신이 나왔다. 아쉽지만 의사인 나는 그 이후의 일은 경험하지 못했다. 그러나 그녀의 확신만큼은 공감할 수 있었다. 주변에서 아무런 선입견을 가지지 않고 지켜본 모든 이들은 이 여성 환자가 임박한 목표를 진정으로 확신한다는 점을 조금도 의심하지 않았다. 아마도 환자는 이 목표를 실제 목도하며, 자신의 자아실현으로 그 내용을 채웠을 것이다. 이른바 심각한 '착란 상태'가 오히려 환자에게 온전한 희망을 품게 해준다는 것은 나에게 매우 인상 깊은 체험이었다. 착란 상태는 경우에 따라 의식이라는 차원을 완전히 벗어나, 희망을 가로막는 합리적인 지식과 지적인 반성에 구속되지 않게 해준다.

며칠 뒤 이 여성 환자는 사망했다.

여인 B는 늑막염 진단을 받고 내 병원에 이송되어 왔다. 진찰 결과 그녀의 정확한 병명은 악성의 폐문 임파선 암이었다. 이 환자는 매우 예민한 편이었으며, 무어라 말할 수 없을 정도로 남편에게 나쁜 버릇이 든 여인이었다. 아무튼 겉보기로는 대단히 유치했으며, 어리석었다. 그녀는 주변의 모든 것이 자신이 원하는 대로 꾸며지기를 바랐다. 돈만 있으면 무엇이든 살 수 있다는 사고방식을 아무렇지도 않게 자랑해댔다. 또 그래서 이제 남편이 "세상에서 가장 비싼 약을 사올 것이기 때문에" 오래 걸리지 않아 병이 나을 것이라고 굳게 믿었다.

그러나 병이 차도를 보이기는커녕 갈수록 더 심해지자, 처음에는 짜증부터 내는 반응을 보였다. 주변에 폭군처럼 행세하는 바람에 의사와 간호사는 그녀를 다루기가 무척 힘들었다. 이 여성 환자는 자제심을 잃었으며 조바심을 냈다. 병세가 갈수록 악화하자 완전히 절망했다. 그때까지 의사와 상담을 나누며 병이 몇 주 만에 나을 수 있는 단순한 늑막염이 아닐 수 있으며, 병이 훨씬 더 오래갈 수 있다는 의사의 암시를 한사코 무시했다. 완전히 절망하고 나서야 비로소 솔직한 상담이 가능해졌다. 환자는 처음에는 두려움 탓에 완전히 얼이 나간 모습이었으나, 이내 운명이 자신이 원한 방향으로 가지 않는다는 점을 순순히 인정했다. 우리는 환자에게 병이 심각한 상태이며, 치료에 오랜 시간이 걸릴 수 있음을 말해주었다. 합병증의 가능성도 언급하면서, 그러나 분명하게 돕겠다는 약속도 해주었다. 우리는 시간과 관련해 분명한 예견은 해줄 수 없었지만, 조력을 아끼지 않을 것이며, 병이 견딜 수 없을 정도로 심해지지 않도록 노력하겠다고 다짐했다.

이로써 그녀는 희망을 품었다. 우리는 그녀가 완전히 좌절한 뒤에야 비로소 자신의 병을 받아들이고 자립적으로 대처하려는 자세를 갖추게 되었다는 강한 인상을 받았다. 그때부터 환자는 사람이 완전히 달라졌다. 짜증부터 내고 주변을 공격하는 일이 깨끗이 사라졌다. 발작처럼 찾아와 갈수록 심해지던 호흡곤란도 더는 느끼지 않았다. 일주일 내내 과일 외에는 아무것도 먹지 않던 까다로운 식성도 자취를 감추었다. 그녀는 통증을 늠름하게 이겨냈으며, 인내심을 보였고, 간호사를 친절한 태도로 대했다. 더불어 용감함과 사려 깊은 통찰력도 보여줬다. 그녀의 전체 인품은 이전에는 볼 수 없던 사랑스러움을 빛냈다. 예전 같으면 염두에조차 두지 않던 일도 주의해서 처리했다. 처음으로 주변의 세상과 사람들에게 의무감을 보이기도 했다. 판단도 신중하게 양심적으로 내렸다. 이따금씩 두려움이 엄습하기는 했지만, 두려움 탓에 좌절하지는 않았다. 호흡곤란과 통증에도 그녀는 갈수록 병의 근심과 절망에서 벗어나 거의 기꺼운 마음과 확신, 즉 우리가 말해준 것처럼 이제 이 마지막 위기만 넘기면 모든 것이 깔끔하게 정리된다는 확신으로 죽음을 맞이했다.

죽기 이틀 전 저녁 그녀는 회진을 돌던 의사에게 이렇게 말했다. "모든 것을 다시 처음부터 시작할 수 있다면 얼마나 아름다울까요."

그러나 이 경우에도 그녀는 의사에게 희망이 명확히 정의된 목표를 달라고 요구하지 않았다. 그런 의문을 품는 것이 아무 의미가 없다고 생각하는 게 분명했다. 우리는 그저 회복을 약속해달라는 요구나 은근한 강제를 받았을 뿐이다. 아마도 이 환자는 회복 불가능함을 건강한 사람보다 더 잘 아는 모양이었다. 희망을 품은 환자들에게 중요한 것은 미래, 어떻게든 미래로 나아간다는 확신, 그냥 나락이자 허무함인 끝은 임박하지 않았다는 확신이다. 이런 환자들에게는 '계속되리라는 것', 병을 이겨내고 나면 새로운 출발이 찾아오리라고 하는 믿음만으로 충분하다. 의사는 이런 심리를 잘 파악하고 환자에게 계속될 수 있다는 믿음을 심어주는 태도를 반드시 가져야 한다. 그리고 의사는 환자가 이런 믿음을 가질 수 있게 도와야 한다.

세속적 희망의 환멸 뒤에 찾아오는 새 희망

이 두 환자의 이야기는 희망이라는 주제에 접근할 맞춤한 기회를 제공해준다. 나는 특히 불치의 병, 죽을 수밖에 없는 병을 앓는 환자를 다루는 의사는 되도록 이런 이야기를 많이 기억해두는 편이 좋다고 본다. 두 이야기에서 우리가 확인한 희망의 자세는 원칙적으로 모든 불치병 사례에서 체험할 수 있는 것이기 때문이다. 두 이야기는 특별히 고른 것이 결코 아니며, 무수한 사례에서 임의적으로 고른 사례일 뿐이다.

그럼 불치병을 앓으며 죽어가는 환자에게서 확인하는 이 희망은 도대체 어떤 것인가? 자신이 처한 현실을 냉철한 이성으로 받아들이지 않게 만드는 희망은 어디에서 비롯될까? 이 희망은 우리가 일상에서 보는 희망, 무엇인가 원하고 의지하며, 매일 가졌다가 잃어버리고 다시 얻는 희망과 같은 것인가?

나는 앞서 살펴본 두 이야기에서 불치병 환자의 희망이 일상의 희망과 확연히 다른 특징을 보인다고 생각한다. 막다른 지경에 이른 사람의 희망은 분명 '희망 없음'에서 생겨나는 희망이다. 그리고 이 희망은 상황이 절박할수록 더욱더 강해진다. 환자는 모든 힘을 이 희망 덕에 얻는다. 아니, 절망적일수록 환자는 이 희망에 모든 힘을 쏟아붓는다. 환자는 이 희망으로 비판과 의심과 합리적인 걱정을 버린다. 그렇다, 불치병 환자의 희망은, 일상의 희망이 무너지는 바로 그 순간에 생겨난다. 일상의 희망을 잃어버려야 진정한 희망이 생겨난다.

두 번째 특징도 나타난다. 일상의 희망, 우리가 흔히 입에 올리는 희망은 이런저런 것이 나타나리라고, 이런저런 것이 우리에게 유리한 쪽으로 이뤄지리라고, 세상의 이런저런 것이 우리 몫이 되리라고 여기게 한다. 일상의 희망은 세속적인 것, 필연적이지 않은 것, 외부에서 우리에게 다가오는 사건을 겨눈 희망이다. 이 희망은 얼마든지 바뀔 수 있는 목표를 가진다. 그러나 이 목표는 언제나 하나의 목표, 윤곽이 분명하고 말로 정의할 수 있는 목표다. 일상의 희망은 언제나 대상과 관계된다. 그리고 바로 그래서 일상의 희망은 피할 수 없이 허망한 성격을 지닌다. 이런 저런 것이 실제로 나타날지 의심스럽다. 그리고 허망한 환상이 그러하듯 일상의 희망은 환멸을 안겨준다. 희망은 항상 세계를, 심지어 대개 그 본질상 우연이자 우발일 수밖에 없는 소원의 세계를 목표로 하기 때문이다.

그런데 바로 이 환멸에서, 세속의 허망한 희망이 완전히 무너져버려 맛보는 쓰라린 환멸에서 신비롭게도 다른 희망이 생겨난다. 세속의 희망이 가져다주는 환멸은 분명 그 자체 안에 세속적인 것으로 이끌리는 환상으로부터 우리를 해방시켜주는 가능성을 품는다. 세속적 희망의 완전한 무너짐에서 역설적이게도 하나의 새 희망이 경험된다. 이 희망의 특징은, 우리의 환자 이야기에서 보았듯, 규정되지 않은 것, 안개처럼 흐릿한 것, 윤곽이 없는 무형이라는 점이다. 그러나 이 '규정되지 않은 것'은 마찬가지로 환자의 이야기에서 보았듯, 무형이며 무어라 이름 붙일 수 없는 것이기는 하지만, 환자의 인격과 관계한다. 이 규정되지 않은 것은, 이 미래가 규정될 수 없는 것일지라도, 환자의 미래인 것이다. 이 희망은 세속적인 것과 이 세상에 속하는 대상을 원하지 않으며, 환자가 잃어버렸던 의미와 무너짐에서 모습을 드러내며 미래를 확보해주는 의미를 지닌다. 이 미래는 이러저러하게 꾸며진 미래가 아니며, 미래 일반이다. 규정될 수 없는 것이라 할지라도 이 희망은 내실, 이 희망 안에 내재하는 내실, 다른 어떤 것으로도 대체될 수 없는 내실을 가진다. 이 희망은 인격체의 분명한 존립을 원한다. 미래에 자아실현을 이루는, 무어라 규정할 수 없지만, 어떤 식으로든 확보해야 하는 새로움을 원한다.

이 희망은 결코 질병의 사라짐, 회복이라는 목표에 국한되지 않는다. 물론 회복은 희망된 것 안에 포함되기는 한다. 그러나 이 희망은 아픔을, 허약함을, 증상을 털어버리는 것에 그치지 않는다. 건강의 회복을 얼마든지 말할 수 있었음에도 이 환자들은 실제로 기이할 정도로 그런 말을 하지 않았다. 환자들은 더 포괄적인 것을 원한다. 환자는 이 포괄적인 것을 항상 무의식에 무형의 것으로, 그러나 신중하게 놓아둔다. 볼노브의 표현을 빌리자면, 아마도 구원받음 혹은 다시 구원됨이라고 말할 수 있다.[5]

이 희망이 오로지 건강의 회복, 재활, 병의 지워버림만 원했다면, 그것은 그냥 환상이다. 그러나 환상이 아니라는 점은 이 희망이 발휘하는 힘에서 분명하게 드러난다. 환자는 환상으로 병을 감당해가며 죽음을 받아들이지 않았기 때문이다. 세속의 희망이 무너지면서 얻어진 새로운 희망의 힘은 환자에게 근본적인 변화, 말하자면 '승화'라 부를 수 있는 변화를 불러일으킨다. 이 희망은 지금까지 아집에 사로잡혔던 태도에서 벗어나 전혀 다른 시각으로 인생을 바라보는 힘을 선물한다. 새로운 희망은 인생을 다르게 바라보는 안목과 의무감을 설정해준다. 희망은 내적인 자립성과 증상으로부터의 해방, 질병이라는 감옥으로부터 풀려나는 자유를 선물한다. 이런 자유는 무너짐 이전에 맛보지 못한 것이다. 승화는 인내심으로 분명해진다. 희망이 가져다준 인내심은 이제 극복된 두려움의 자리를 차지한다.

---

5   오토 프리드리히 볼노브, 「구원의 개념」, 『상황 I: 현상학적 심리학과 정신병리학 연구』Situation I. Beiträge zur phänomenologischen Psychologie und Psychopathologie, 위트레흐트/안트베르펜, 1954, 15~25쪽.

우리는 희망한다, 그러므로 존재한다

이 희망의 내실은 인격의 구원받음이다. 이런 내실로 희망은 개방성이라는 형식을 지닌다. 동시에 희망은 초월적이라는 특징을 얻는다. 이 희망은 바로 우리의 실존을 넘어서는 관계, 초월적 관계의 경험이기 때문이다. 인격의 존립, 구원받음을 갈구하는 희망은 세속에 매달리던 실존의 차원을 벗어나 온전한 인격으로 실존을 긍정하고 자아를 실현하며 완전해지기를 추구하는 인격적 작용이다. 주체의 한계 안에서 이런 완성은 이룰 수 없다. 이한계를 초월할 때에만 인격의 결정적인 바탕이 경험된다.

　세속의 희망을 놓아버림으로써 얻어지는 초월적 희망은 내가 보기에 자살 시도가 수포로 돌아간 사람과의 대화에서도 확인할 수 있는 것이다. 자살에 실패한 사람의 입에서 자살로써 없음을, 존재의 지워버림을 얻으려 했다는 말은 결코 들을 수 없다. 자살을 시도하는 사람은 자살로 자신을 없애버리려는 게 아니라, 무엇인가 이루려 했다는 말을 흔히 한다. 이런 말이 비합리적으로 들리기는 하지만, 이들은 한사코 절망이나 존재의 부조리함을 깨닫고 내면세계에 붙들려 있음에서 벗어나고자 그 마지막수단으로, 그러나 미래의 무엇인가를 바라보며, 인생이라는 현실에서는 볼 수 없던 의미를 알아보게 해줄 현실을 바라며 자살하려 했다고 주장한다. 자살에 실패한 어떤 환자는 구체적으로이렇게 말했다. "어찌해야 좋을지 몰랐어요. 인생의 무의미함으로 저는 절망에 빠졌습니다. 저는 이제 마지막 수단을 시도해보고, 주변의 모든 것이 망가져버리면 혹시라도 의미를 경험할 수 있는지 보고 싶었습니다." 이런 자살 시도가 그 가장 깊은 저의에서 일종의 뒤섞임이라 할지라도, 그 안에 담긴 희망만큼은 간과할 수 없이 분명하다. 비틀린 희망이라 할지라도 이것은 분명 희망이다. 그러나 인격의 진정한 완성을 갈망하는 희망은 주체의 한계를 넘어서야 실현된다. 자살을 시도하기는 했지만 이 사람의 희망은 미래를 향해 열려 있다. 그렇다, 이 미래적인 것을 자살 시도로 강제하고 싶었던 것이 환자의 본심이다. 보들레르*가 1845년 6월 30일, 그러니까 자살을 시도하기 전날 저녁에 쓴 편지도 같은 분위기를 물씬 풍긴다. "내가 나를 죽이는 것은 나는 죽지 않을 거라고 믿기에, 그렇게 희망하기 때문이다."[6]

또 진정한 희망은 환상을 품지 않으며 환멸을 이끌지 않는다는 점도 분명해진다. 환멸은 환상이 깨지면서 생겨나는 것일 뿐이다. 그리고 환상은 세속이라는 영역과 맞물려 있는데, 진정한 희망은 이 영역을 초월한다. 그러나 세속적 희망으로 빚어지는 환멸은, 우리가 보았듯, 역설이라는 포장을 쓰고 진정한 희망을 경험하게 한다. 마지막 환멸에서, 부조리함과 속세에서 우리가 하는 일의 허망함을 마지막으로 경험하면서 역설이라는 비약을 통해 진정한 희망이 빛난다는 점은 우리가 그런 상황에서 자살하지는 '않는다'는 널리 퍼진 사실을 확인해준다. 레옹 블루아가 어느 글에서 신의 입을 빌려 한 말도 이런 맥락에서 이해해야 한다. "내가 너를 절망케 하리니, 나는 희망이기 때문이다."[7]

가브리엘 마르셀은 희망이라는 현상을 설명하는 근본 토대

●   Charles Baudelaire(1821~1867). 프랑스의 시인이자 비평가. 현대문학의 선구자로 평가된다.

6   파울 루트비히 란츠베르크, 『죽음의 경험』Die Erfahrung des Todes, 루체른, 1937, 122쪽에서 재인용. 파울 루트비히 란츠베르크Paul Ludwig Landsberg(1901~1944)는 독일의 철학자다. 후설에게 현상학을 배웠으며, 나치스에 저항했으나 강제수용소에서 사망했다(―옮긴이).

7   위의 책, 122쪽에서 재인용. 레옹 블루아Léon Bloy(1846~1917)는 프랑스의 작가이자 언어철학자이다(―옮긴이).

로 절망과 희망이라는 대립을 이용한다.[8] 그는 무엇보다도 이렇게 강조한다. "희망은 절망을 이겨내려는 적극적인 싸움, 바로 그것이다." 나는 희망의 그런 묘사가 적절치 않다고 생각한다. 희망은 부정으로 이끌어내어질 수 없다. 마르셀의 정의는 절망이라는 사실을 전제하고, 이 절망에 희망을 대립시키는 부정적인 정의다. 이 정의가 맞다면 희망은 오로지 혐오스러운 절망을 이겨내려는 싸움일 뿐이다. 내가 보기에 이 정의는 희망의 본질을 파악하지 못한다. 오히려 우리는 이렇게 말해야 한다. "우리는 절망에 사로잡히기에 앞서 희망이다."[9]

이 말은 진정한 희망이 우리 실존의 바탕이라는 뜻이다. 그리고 마르셀이 다른 대목에서 이렇게 말한 것에 나는 전적으로 동의한다. "희망은 아마도 우리 영혼을 만드는 재료일 것이다."[10]

이렇게 속세의 일상적인 희망을 초월적인 혹은 진정한 희망과 떼어내어 구분한 뒤에 우리는 이런 철저한 구분이 정당한지 다시금 물어야 한다. 앞서 말한 것처럼, 진정한 희망이 전 인격적인 차원이라면, 우리가 절망에 사로잡히기에 앞서 희망하는 존재라고 한다면, 이 피상적이고도 진부한 일상의 희망은 그 어디에선가 진정한 희망이 이 속세의 희망을 떠받들어주지 않는 한 전혀 있을 수 없기 때문이다. 그래서 나는 진정한 희망이 일상의 속세적 희망을 떠받들어준다고 생각한다. 인격적 존재와 더불어 진정한 희망이 성립할 때야 비로소 속세의 희망은 있을 수 있다. 아마도 이렇게 말한다면 그 차이가 좀 더 잘 묘사될 수 있지 않을까. 속세의 희망은 진정한 희망이라는 토대 위에서 가능하다. 그

8   가브리엘 마르셀, 『호모 비아토르』.
9   파울 루트비히 란즈베르크, 앞의 책, 76쪽.
10   가브리엘 마르셀, 『존재와 소유』Être et Avoir, 파리, 1935, 117쪽.

러나 속세의 희망은 그 본질을 망각하고, 몇 푼의 동전에 매달려 세속적인 것으로 일탈한다. 속세의 희망은 진정한 희망을 잘못 쓴 결과물이다. 그러나 어쨌든 '진정한 희망'은 모든 희망함의 근본 바탕이다.

희망은 인간학이 다루어야 할 근본 문제다. 희망은 인간 존재 일반을 규정하는 구조의 일부다. 희망의 존재론적 토대를 탐색해보면, 희망이 존재의 근본 본질이라는 점, 여전히 '견뎌야 함', 가능성이기는 하지만 아직 실현되지 못한 것을 갈구함이 그 근본 토대임을 알 수 있다. 이 끊임없는 비완결성(하이데거)이 존재의 근본이다. 언제나 우리 앞에 놓여 있는 것, 가능성의 지평으로 우리에게 주어지는 것이다. 이 가능함을 인간 존재는 기대한다(하이데거). 그러나 기대함이란 아직 희망함이 아니다. 모든 희망함은 기대함이지만, 모든 기대함이 희망함은 아니다. 기대함은 희망함이 아직 아니다. 보다 더 포괄적인 태도인 기대함에서 출발해 희망에 이르기 위해서는 아직 더 많은 것이 필요하다. 희망은 항상 '구원의 손길을 기대함'이다. 구원의 손길은 필연적으로 그 윤곽이 불투명하다. 아직 규정되지 않았다. 그냥 기대된 구원의 손길은 어떤 식으로든 구원되어야 할 상황에 맞아야 한다는 정도만 우리는 말할 수 있다. 구원의 손길이 나타난다면, 이 손길은 완전히 자의적인 것일 수는 없다.

구원의 손길은 희망하는 사람이 내몰린 궁지, 위협받는 상황에 맞아야 한다. 열쇠가 열쇠구멍에 맞듯 딱 맞아야 한다. 그래야 희망하는 구원자는 충족, 계시의 특징을 얻는다. 그러나 이

희망은 인간학이 다루어야 할 근본 문제다. 희망은 인간 존재 일반을 규정하는 구조이 일부다. 희망의 존재론적 토대를 탐색해보면, 희망이 존재의 근본 본질이라는 점, 여전히 '견뎌야 함', 가능성이기는 하지만 아직 실현되지 못한 것을 갈구함이 그 근본 토대임을 알 수 있다.

조지 프레드릭 와츠, 〈희망〉, 1885년, 테이트 갤러리, 런던.

런 사실은 다시금 먼저 궁지 혹은 최소한 위협의 상황에 빠진 희망함을 먼저 거론해야 함을 뜻한다. 상황의 '위협'이라는 특징은 희망의 정의에 꼭 필요하다. 정확히 말해서 '위협'을 무릅쓰고 희망한다고 말할 수 있어야 한다.

그러나 구원의 손길을 기대함이라는 희망의 존재론적 토대는 지금 우리 논의의 핵심을 온전히 담아내지 못한다. 희망함은 미래적인 것과의 관계에만 그치는 게 아니다. 보다 더 본질적인 것은, 앞서 살펴본 환자 이야기가 보여주듯, 희망은 온전히 현재적인 것으로도 인간을 떠받든다는 점이다. 미래적인 것은 독특하게도 희망함에 이미 현재적인 것으로 존재하는 것, 이 현재적인 것에서 그 힘을 발현하는 것이다. 어쨌든 희망의 존재론적 바탕은 미래와의 긴장 관계만이 아니다. 현재의 존재를 견뎌내게 하는 것의 기대함이 보여주듯 희망은 현재 속의 미래를 갈망한다.

결국 희망의 규정에는 그 본질상 인내, 즉 기대하며 희망하는 인내가 속한다. 희망은 우리의 가장 본래적인 본질이기에, 희망함이라는 확신은 어떤 사변, 생각 놀음에서 오는 것이 아니라, 희망의 재료와 맞물린 것으로 미리 주어져 있다. 이런 확신이 다시금 인내를 이끌어낸다. 희망은, 진정한 희망은 인내로 수행된다. 희망이 있어야 인내할 수 있다. 희망과 인내는 서로 상호관계를 이룬다.[11]

희망은 그 목표에서 바라볼 때에 이해된다. 희망은 미래적인 것으로, 물론 현재적인 것이기도 한 미래적인 것으로 그 생명력을 얻는다. 물론 그 윤곽은 불투명하며 알려지지 않았으나, 그

---

11   오토 프리드리히 볼노브, 『인내라는 덕성』Die Tugend der Geduld, 전집 7
      권, 1952, 296~304쪽. 이 글에서 논의되는 인내와 무관심, 순전히 수
      동적인 태도인 무관심의 구분, 그리고 인내와 참음, 참아낼 수 있음의
      관계도 볼 것.

실체에서는 인격의 구원받음으로 이 미래적이며 현재적인 것이 주어진다. 인간의 존재는 그 본질상 '무엇으로 향해 나아감'이다. 이 나아감이 인격의 '~이 되어감'이라는 역동적인 계기이다.[12]

이런 의미에서 희망은 인격적 존재의 근본 규정이다. 희망은 모든 인간을 구성하는 존립 근거다. 누구나 살아 있는 한, 희망의 힘으로 살아간다. 우리는 의식적으로, 그리스도교도뿐만 아니라, 누구나 그렇다고 말할 수 있다. 다시 말해서 희망은, 우리가 지금껏 살펴보았듯, 그리스도교가 말하는 '희망이라는 덕목'을 말하는 것이 아니다. 희망은 그리스도교에 앞서는 '자연적 선先형식'이다.[13] 18세기 후반에 활동한 프랑스 철학자, 부당하게 잊혀버린 철학자 멘 드 비랑은 그의 성찰에서 이런 말을 했다. "우리의 뿌리 깊은 불행함에서 희망을 주는 자연은 우리를 이 불행함이라는 감옥에 잡아두려 하지 않는다. 이 자연은 우리로 하여금 희망으로써 겉보기에 지극한 종말까지 넘어서게 한다. (……) 자연이 우리에게 선물한 이 현세적인 희망이 진정한 희망으로 바뀌도록 믿음이 우리에게 주어진다."[14]

진정한 희망은 인간이 본성으로 타고나는 것이다. 그러니까 인간 본성으로서의 진정한 희망은 그리스도교가 말하는 희망에 근본적으로 앞서는 '선先형식'이다. 말하자면 그리스도교의 희망이 빚어지는 원료가 '진정한 희망'이다. 인간이라면 누구나 그리스도교 신앙에 앞서는 믿음이라는 자연적인 선先형식이 있는 것과 마찬가지로, 그리스도교의 희망보다도 '진정한 희망'이 앞선다. 그리스도교를 몰랐던 이교도 세계인 고대 세계는 이 믿음을

---

12   미래를 선취하는 인간 존재의 구조적 특징은 마찬가지로 존재의 근본인 '되돌아감'과 상응한다. 인간 존재는 기대하고 희망하는 동시에 기억하는 존재다. 존재는 기억과 희망으로 비로소 존재가 된다. 우리는 기억하고 희망함으로써만 존재한다. 존재의 선취하며 희망하는 그리고 되돌이켜 기억하는 이중의 운동에서 비로소 시간의 '~이 되어짐'이 이루어진다(아우구스티누스의 『고백록』Confessiones 참조).

13   '자연적 선형식'이라는 개념에 대해서는 오토 프리드리히 볼노브, 『위로받음의 덕성』Von der Tugend des Getrostseins, 전집 7권, 1952, 174쪽과

'피스티스'pistis(πιστις)라 불렀다. 진정한 희망이라는 자연의 선先 형식은 인격의 완성을 약속해주는 목표로 우리의 인격적 미래, 우리의 인격적 실현이라는 확신을 마련해준다. 그러나 이 확신은 예나 지금이나 위협받는다. 우리 인간은 본질적으로 현존의 불안함에 시달리며 이 확신에 기대기 때문이다. 그러나 그리스도교의 희망이라는 확신은 원칙적으로, 또 이상적인 경우 절망이나 회의에 공격받지 않는다. 절망이나 의심에 흔들리는 희망은 그리스도교의 희망으로 존재할 수 없다.

진정한 희망의 근본 구조가 그리스도교의 희망의 그것과 딱 맞아떨어진다는 점은 『신약성경』의 「로마서」가 증명해준다. "우리가 소망으로 구원을 얻었으매 보이는 소망이 소망이 아니니 보는 것을 누가 바라리요 / 만일 우리가 보지 못하는 것을 바라면 참음으로 기다릴지니라"(「로마서」 8장 24~25절). 이 문장 안에는, 비록 암시일 뿐이라 할지라도, 그리스도교의 희망의 목표가 언급되었다. 그리스도교의 희망은 언제나 부활의 소망이다. 자연적으로 앞서 주어진 진정한 희망에서 인격의 구원받음, 지속적 존재, 성장과 새로워짐으로 나타나는 것은 그리스도교에서 부활의 의미로 정확히 다듬어진다.

주 18 참조.

14 멘 드 비랑, 「죽음의 성찰: 누이 빅투와르의 임종을 지켜보며」, 『전집』Oeuvres, 파리, 1927, 41쪽. 멘 드 비랑Maine de Biran(1766~1824)은 프랑스의 철학자로 그리스도교적 신비주의를 주장했다(― 옮긴이).

II

몸과 병듦
그리고 행복과 불행

몸과 병듦은 어떻게
내면의 의미와 관련되는가

》

몸의 병, 병듦이라고 하는 것은 결코 자연의 사건이 아니며, 오히려 병

든 장기가 몸 안에서 체험되는 역사적 사건이다.

《

병을 몰랐을 때와 알았을 때

45세의 어떤 사업가가 진료를 받으러 와서 왼쪽 어깨에 통증이 심하다고 호소했다. 통증은 때때로 왼팔 그리고 왼쪽 가슴으로도 번진다고 했다. 이런 증상이 시작된 것은 한두 해 전부터라고 그는 덧붙였다. 지금까지 그는 통증이 류머티즘 탓에 생겨나는 것으로 여겨왔다. 또 진찰해본 의사들도 같은 생각이었단다. 류머티즘을 낫게 해준다는 여러 치료를 받아보았지만, 성과는 없었다.

환자는 활기 차 보였으며, 아마도 젊게 보이려 은근히 애쓰는 모양이었다. 아무튼 경쾌해 보였다. 아니면 그렇게 보이고 싶어 노력했거나. 사업가는 이른바 성공한 사람의 전형이었다.

환자는 일단 자신의 통증이 류머티즘의 특성임을 의심하지 않았다. "이런 사소함" 탓에 의사를 찾아와 미안하다는 말을 했다. 자신은 기본적으로 건강하고 어떤 일이든 감당할 수 있으며, 운동을 좋아하고 또 많이 하며, 바쁜 사업가로 살아간다고 강조했다. 그리 심각한 통증은 아니지만, 이따금 부담되는 것이 걸린다고 했다. 또 어떤 좋은 일이 생겨 즐기려 하면 통증이 나타나는 통에 기분이 상한다고도 했다.

그러나 상담을 계속 나누면서 환자는 자신이 류머티즘 탓에 통증을 느끼는 것을 확신하지 못한다는 점이 두드러지게 나타났다. 이야기를 나누면서 그는 알고 싶다는 눈빛으로 내 얼굴을 간절히 바라보았다. 마침내 그는 최근 자신을 엄습하곤 하는 의심을 솔직히 털어놓았다. 몇 주 전부터 조금만 흥분해도 통증이 나타나는 것이 묘하다고 했다. 힘든 회의를 하거나 어려운 협상을 할 때마다 통증이 엄습한다고 했다. 그럴 때면 왼쪽 가슴이 답답해지며, 무어라 특정하기 힘든 두려운 느낌이 괴롭기만 하다고 실토했다.

그러나 이야기를 나누며 받은 인상을 전반적으로 종합해보면, 환자는 자신이 느끼는 불편을 오랫동안 어떤 질병의 신호로 받아들이지 않았음이 확인되었다. 그는 자신의 불편을 오로지 이따금 행복함을 방해하는 잡념쯤으로 여겼을 뿐이다. 그는 오늘날에도 여전히 이런 사소한 것을 가지고 의사를 찾아왔다고 부끄러워한다. 그러나 얼마 전부터 자신을 사로잡은 불안함을 떨칠 수가 없었다. 이제 그는 자신이 은근히 품었던 생각이 맞는지 확인하고 싶어했다.

진단을 해본 결과, 그가 느끼는 통증은 류머티즘 때문이 아니라, 분명한 협심증 증상이었다. 환자는 협심증을 앓는 게 분명했다. 심장의 조직이 유기적인 손상을 입어 나타나는 증상이 틀림없었다. 그가 느끼는 어깨 통증은 그리 심각하지 않은 류머티즘이 아니라, 심장 근육의 심각한 손상을 암시하는 협심증 증상이다. 의사로서 나는 이런 사실을 환자에게 조심스레 알려줄 수밖에 없었다. 사업가는 처음에는 믿기 어렵다는 표정을 보이며 격심한 충격을 받았다. 그러나 이내 그는 자신을 추스르며 의젓한 태도를 지키려 했다. 그렇지만 돌연 '환자'가 의사와 마주 앉았다는 점은 숨길 수 없는 사실이었다. 그 순간부터 사업가를 짓누르는 것은 심장 통증이다. 사업가는 정확히 그 순간부터 '심장병 환자'가 되었다. 두 주 뒤에 다시 찾아온 그는 확연히 늙어버렸다. 머뭇거리는 태도는 예전의 당당함을 보여주지 않았다. 그는 이제 절제하는 생활을 한다. 건강을 걱정하는 마음에 금연했으며, 운전기사를 고용했다. 심장을 '의식'한 나머지 우울해했다.

통증은 내면 깊은 곳으로부터 비롯한다

이 환자에게서 뭐가 변했을까? 이런 변화는 어디서 비롯되었을까? 유기적으로 볼 때 모든 것은 예전 그대로다. 해부학으로나 생리학의 관점에서 병의 진행이 근본적으로 심해졌다고 볼 징후는 전혀 없다. 환자와 그의 병상病狀이 변화한 이유는 그가 보이는 반응이라는 것이 일반적인 견해다. 어떤 '상관적인 것', 곧 '심리적 부담'이 환자의 모습을 확 바꿔놓았다. 이제 환자는 자신이 심장병을 앓고 있음을 알고 나서 자신의 불편에 민감하게 반응한다.

　실제로 그럴까? 일단 일체의 가설을 배제하고, 관찰해야 하는 현상에만 주목해보자. 이 경우에 '유기적인 것' 혹은 '신경적인 것'이 작용하는지, 한다면 어느 정도인지 하는 모든 해석은 삼가도록 하자. 먼저 우리가 관심을 가져야 하는 현상은 자신이 앓는 병의 진상을 경험한 환자가 나타내는 반응이다. 현상만을 주목하자는 이런 전제로써 환자가 보이는 변화와 병상의 변화에 어떤 바탕이 숨어 있는지 살피도록 하자.

정확한 진단 이전에 오랫동안 환자는 이따금 나타나는 어깨 통증을 느꼈을 뿐이다. 그에게 이 아픔, 부담스러운 불편함은 그냥 류머티즘이었을 뿐이다. 그때만 해도 불편함은 병이라 부르기에 부족한 것이었다. 통증은 어깨에서 나타났다. 환자는 경험상 이 부위가 팔, 곧 어깨의 주변인 팔과 연결된다고 여겼다. 그러나 어느 날 불현듯 의심이 들었다. 통증이 나타나는 부위는 예나 지금이나 어깨와 주변 부위로 같았다. 그러나 통증의 느낌은 돌연 변했다. 아무래도 흥분 혹은 정신적 긴장 때문에 나타난 변화일 것이다. 이 변화는 질적인 변화(뉘앙스가 달라지는 변화)이기도 하다. 환자는 가슴 안쪽 어딘가가 좁아진 것만 같은 답답함을 호소하기 시작했다. 두려움에 사로잡힌 그는 이대로 둬도 별 탈이 없는지 걱정에 사로잡혔다. 나름 절제하느라 이런 의심이 본격적으로 들끓지는 않았지만, 두려움은 지울 수가 없었다. 류머티즘이 아니라, 심장 질환임을 의사가 어쩔 수 없이 확인해주고 나자, 그는 갑자기 자신이 중병 환자인 것으로 느꼈다. 갑작스러운 이런 느낌의 변화는 통증을 심장의 질환으로 해석한 진단 이후에야 비로소 생겨났을까? 그러나 환자 체험의 본래적인 전환점은 진단 시점 이전에 이미 있었다. 전환점은 환자가 그 통증의 정체를 아직 알지 못했을 때, 처음으로 내면의 어떤 것이 통증과 더불어 나타난다는 느낌이 들기 시작했을 때, 가슴의 답답함으로 통증이 '내면에서' 비롯된다는 섬뜩한 느낌이 들었을 때 찾아왔다. 이 전환점은 의심이 본래 시작된 순간일 뿐만 아니라, 무엇보다도 다른 아픔, 새로운 아픔의 체험이 탄생한 순간이기도 하다. 환자는 이런 아픔의 체험을 인정하지 않으려 했지만, 피할 수 없이 변화는 시작되었다. 그때부터 어깨는 팔의 부분이 아니었다. 오히려 어깨는 내면과 관계하는 것이었다. 어깨가 내면과 엮이면서 뭔가 '중심적인 것'이 되었다. 예전의 통증은 환자가 보기에 부수적인 위치에서 생겨났을 뿐이다. 말하자면 어깨는 건강한 몸에 달린, 별로 신경 쓰지 않아도 되는 부록으로 느껴졌다. '류머티즘으로 아픈 팔'은 내면, 몸의 본질적인 것과는 거리가 있는 것일 따름이었다. 다시 말해서 아픈 팔에도 불구하고 몸 전체는 멀쩡했다. 그러나 이제, 겉으로 보면 여전히 통증이 나타나는 부위는 같았지만, 뭔가 이상하다는 섬뜩한 느낌이 긴장과 흥분을 불러일으켰다. 환자는 내면에서, 마음 깊숙한 곳, 인간의 중심 그 자체라 할 수 있는 곳에서 솟아나는 본격적으로 아프다는 느낌을 떨칠 수 없었다. 이런 중심은 더는 무시할 수 없는 것이다.

서로 다른 의미가 부여되는 신체 부위

지금 우리가 살펴보고자 하는 차이는 일단 체험에 따라 서로 다르게 느껴진 신체 부위의 차이다. 환자가 보인 병세의 두 가지 종류는 그 통증의 진원지를 어디로 보느냐에 따라 나뉜다. 이른바 해부학에서 말하는 객관적인 인체 기관 위치라고까지 말할 수는 없으나, 통증의 진원지가 다르게 느껴지는 것은 사실이다. 이미 분명하게 드러나는 점은 통증의 진원지 확인이 '객관적'일 수는 없다는 것, 해부학의 위치 확인일 수는 없다는 것이다. 지금이 문제에서 진원지 확인은 태도의 다름, 당사자가 한번은 어깨에, 다른 한번은 심장에 가지는 태도의 다름일 뿐이다. 그리고 앞서의 묘사에서도 분명하게 드러나듯, 신체 부위, 즉 어깨는 한번은 팔에, 다른 한번은 심장 곧 내면과 연결되었다. 이런 전위는 통증의 '성격'에 따라 일어나지만, 환자가 지니는 서로 다른 '태도' 때문에 일어나기도 한다.

그러나 '태도'라는 말을 사용하면서 애초부터 주의해야 하는 점은 어떤 이성적인 것 혹은 그저 심리적인 것으로 이해해서는 곤란하다는 사실이다. 태도의 이런 이해는 앞서 살펴본 환자의 경우에 단지 일부만 설명할 수 있을 뿐이다. 어쨌거나 환자는 다른 환자가 되었으며, 병도 그 성격이 달라졌다. 이런 변화는 환자가 '반성하면서' 태도를 취하기 이전에 이루어졌다. 병세의 이런 변화는, 앞으로 보게 될 것이듯, 의심이나 고민 혹은 병을 받아들이는 '신경적인 처리'의 결과에 그치는 것이 아니다. 병을 받아들이는 느낌의 변화는 어느 신체 부위가 아프게 느껴지느냐에 따라 달라진다. 결정적인 점은 환자가 이런저런 부위에 어떤 의미를 부여하느냐 하는 점이다. 의미 부여는 몸의 이런저런 장기가 생명에 어떤 객관적인 의미를 지니는지 알아서 의미를 인정한다는 합리적인 사유를 뜻하지 않는다. 의미 부여는 훨씬 더 근본적인 것이다. 중요한 점은 이런저런 신체 부위가 '몸에서 어떻게 체험되는지', 다시 말해서 내가 '거의 혹은 전혀 의식하거나 평가하는 설명이나 상상을 하지 않고 나에게 선천적으로 주어진 그대로 받아들이는지' 하는 물음이다. 그 어떤 지식도 없이 그저 본래 주어진 순수한 현상으로 받아들이는 신체 부위는 그 주인인 나에게 어떤 느낌을 가져다줄까.[1]

나의 본래적인 체험은 심장을 팔과는 전혀 다른 것으로 받아들인다. 내 몸을 내 것으로 체험하면서 나는 애초부터 심장을 팔이나 머리와는 다른 위치와 가치를 지니는 것으로 여긴다. 반성 혹은 어떤 신경적인 또는 우울한 반응으로 몸을 바라보기 전에 나는 특정 신체 부위마다 그 독특한 체험 방식을 연결짓는다. 나는 내 발을 등과는 다르게, 내 배를 코와는 다르게 가진다.

소유 또는 존재로서의 몸

이런 '가짐'은 대체 어떤 것일까? 우선 고개를 드는 물음은 이 가짐은 경우에 따라 매우 다른 모습을 지니는 게 아닐까 하는 것이다. 내가 선천적으로 체험한 몸이라는 틀 안에서 심장이 차지하는 위치 혹은 가치는 개인에 따라 편차가 심한 현상이 아닐까? 그렇기도, 아니기도 하다. 개인마다 다른 것은 의심의 여지가 없는 사실이다. 지극히 개인적인 인생사가 분명 인간이 자신의 몸을 체험하고 가지는 방식을 형성한다. 몸과 그 부분들의 가짐은 자신이 인생을 살아오며 써온 역사의 산물이기도 하다. 그러나 개인마다 다른 편차는 인간학이 말하는 인간 일반이라는 틀 안

1 드 벨랭, 「신체의 현상학」, 『루뱅 철학 고찰』Rev. Philos. de Louvain 48호, 루뱅, 1950 참조. 알퐁스 드 벨랭Alphonse de Waelhens(1911~1981)은 벨기에의 철학자로 루뱅 대학교 교수를 역임했다. 프랑스어권 학자로는 처음으로 마르틴 하이데거의 저작을 번역했다(─옮긴이).

에서만 생겨날 뿐, 이 틀을 벗어나지는 않는다. 개인이 각기 심장을 체험하는 방식이 다양할지라도, 이 다양함에는 누구나 자신의 심장을 체험하는 근본적인 공통점이 있다. 근본적인 공통점이란 신경학과 대뇌 병리학에서 흔히 말하는 신체 도식이라는 것을 염두에 두면 이해가 쉬울 것이다.[2] 신체 도식은 나에게(그리고 모든 사람에게) 팔과 다리와 머리와 심장이 주어지는 방식을 말한다. 다시 말해서 내가 이 신체 부위를 체험하면서 '가지는' 방식이 신체 도식이다.

나는 내 손을 어떤 방식으로 가지는가? 발은? 머리는? 이 '가짐'은 무엇을 뜻하는가? 이런 물음의 답을 곰곰이 생각해보노라면 우리는 몸으로 '존재'하는 동시에 같은 몸을 '소유'하기도 한다는 사실의 독특함이 분명해진다. 인간은 몸으로 '존재'할 뿐만 아니라, 동일한 몸을 '소유'하기도 한다. 인간은 자신이 소유한 물건과 마찬가지로 몸을 쓰며, 몸과 거리를 두면서, 어느 정도 한계는 있지만 몸을 객체화하기도 한다. 인간은 몸을 '소유'하면서 몸으로 '존재'하고, 어떤 방식으로든 몸을 '자신 앞에 놓인 대상'으로 바라본다. 나는 비록 내 몸이기는 하지만, 몸으로만 그치지는 않는다. 다시 말해서 나는 내 몸과 그냥 동일하지만은 않다. '가짐'이라는 말은 이 모든 것을 아우르는 표현이다.[3]

이런 맥락에서 지금 우리가 이야기하는 몸은 해부학과 생리학으로 정의된 몸과 공통점이 없다는 것은 굳이 말할 필요가 없다. 현상학이 관심을 갖는 영혼을 가진 몸, 이 몸으로서 나는 생명체일 뿐만 아니라, 내 인생의 주체이기도 하다. 물론 해부학과

---

2   프린츠 아우어스페르크, 「신체 그림과 신체 도식」, 『신경과 의사』Der Nervenarzt 31호, 1960, 19~24쪽.

3   우리가 몸과 맺는 이런 이중의 관계를 다룬 자료에는 다음과 같은 것이 있다. 헬무트 플레스너, 『웃음과 울음』Lachen und Weinen 2판, 뮌헨/베른, 1950, 45쪽. 헬무트 플레스너Helmuth Plessner(1892~1985)는 철학적 인간학을 대표하는 독일의 철학자이다(―옮긴이); 가브리엘 마르셀, 『존재와 소유』Sein und Haben, 파더보른, 1954; 보이텐디크, 「고유한 심장」, 『심장학』Cardiologia 16호, 1950, 256쪽; 보이텐디크, 『인간

생리학의 실체가 분명 존재하나, 이 실체는 인간으로 살아가는 현실에 비추어 오로지 '조건'(폰 바이츠제커)이라는 역할만 한다. 해부학과 생리학은 우리에게 무엇이 '가능한지' 가르쳐준다(보이텐디크). 이런 점에서 사르트르와 메를로-퐁티가 몸은 원칙적으로 언제나 '상황'일 뿐이라는 것, 궁극적으로 미리 주어진 것일 뿐이라고 한 표현이 무슨 뜻인지 이해가 된다.[4] 건강한 사람이든 병자든 이 '상황' 안에서, '상황'과 마주하며 '의미'를 부여한다. 의미 부여라는 행동은, 앞서 말했듯, 반성과 결부된 것이 아니다. 의미 부여 행위는 언제나 반성의 의식이 없이 이루어진다.

물론 병세의 위중함 정도에 따라 1차적인 '태도 취함', 의미 부여라는 자유로운 행동의 여지가 남아 있지 않을 수는 있다. 그러나 원칙적으로 주체 자신이 몸에, 병든 심장에 의미를 부여할 여지는 언제나 성립한다. 그래서 몸의 병, 병듦이라고 하는 것은 결코 자연의 사건이 아니며, 오히려 병든 장기가 몸 안에서 체험되는 역사적 사건이다. 다시 말해서 병은 언제나 우리의 지향적 의식이 바라보는 대상이다(후설, 보이텐디크: 114쪽 역주를 보라).* 이런 자아 체험, 몸의 체험, 건강하거나 병든 몸의 체험은 몸의 '소유'가 몸의 '존재'로 들어오는 근본 사건이다. 나는 오로지 내 의식의 대상인 것만 가질 수 있다(의식은 '몰두의 의식'conscience engagée이다. 메를로-퐁티).

팔의 가짐 혹은 심장의 가짐은 이 '소유'가 곧 우리의 '존재'이기도 하다는 통찰에 눈뜨게 해준다. 우리는 몸의 일부를 물건 (가방, 집)과는 다르게 가진다. 우리는 몸을 가짐으로써 존재하기

적임: 그 이해의 길』Das Menschliche. Wege zu seinem Verständnis, 슈투트가르트, 1958, 159쪽.

4   장 폴 사르트르, 『존재와 무』L'Être et le Néant, 파리, 1943, 372쪽. 우리가 숭시하는 봄 놀 나눈 상은 H. 바ᅳ니Wagner과 A. 비그니기 득 일어로 옮겼다. 장 폴 사르트르, 『몸: 섹스 연구 논고』Der Leib. Beitr. z. Sexualforschung 9권, 슈투트가르트, 1956. 이 자료들에서 다루어지지 않은 사르트르의 개념과 표현은 다음 자료에서 인용했다. 모리스 메를로-퐁티, 『지각의 현상학』Phénoménologie de la perception, 파리, 1945.

도 한다. 다시 말해서 소유의 체험은 소유된 것이 바로 우리 자신이기도 하다는 체험과 떼려야 뗄 수 없이 맞물린다. 나는 '내' 손을 언제나 '나 자신의 존재'로 체험한다.[5] 나는 내 손을 몸이라는 내 상황의 일부이면서 동시에 내 존재의 일부로도 체험한다. 두 체험, 소유와 존재의 체험은 현상적으로 서로 분리될 수 없으며, 오로지 묘사를 위해서만 분리할 수 있을 따름이다. 몸 소유는 몸 존재의 인간적인 양상이라고 말해야 할 정도로 서로 불가분의 것이다.

환자의 관찰은 물론이고 우리의 고찰도 다음과 같은 결론을 이끌어낸다. 환자가 자신의 존재를 병든 신체 부위와 연결시키는 관계는 그 병의 진원지를 어디로 보느냐에 따라 달라진다. 병든 장기가 내 체험의 대상이 되는 방식은 그게 어느 신체 부위의 것이냐에 따라 달라진다. 증상이 나타나는 부위와 함께 병든 신체 부위 체험의 성격이 변한다. 내 손은 분명 나에게 내 머리와는 다르게 주어진다. 손을 소유하는 방식은 움켜잡음, 만짐, 만져짐이라는 자기 운동으로 결정된다. 내가 움직이며 어떤 것을 만짐으로써 내 손의 소유가 특별하게 체험된다. 나의 걸음걸이는 내 다리의 소유를 매개해주는 운동 방식이다. 그러나 자율성을 지니는 내부 장기와 맺는 우리의 관계는 성격이 전혀 다르다. 예를 들어 위장을 우리는 평소 전혀 의식하지 못하다가 위장의 활동에 장애가 일어난다거나 질병의 증상이 나타날 때에야 비로소 소유한다(보이텐디크). 또 심장을 우리는 극단적인 경우에야 '소유'한다. 강한 흥분이나 지나친 과로로 심장이 뻐근하거나 불규칙하

* Das intentionale Bewußtsein. 후설 현상학의 근본을 이루는 개념. 인간의 의식은 항상 '무엇의 의식'이며, 이 무엇에 의미를 부여하는 지향성이라는 특징을 지닌다.

5 보이텐디크, 『인간적임』, 160쪽.

게 뛰어야 우리는 비로소 심장을 의식한다. 별 문제가 없는 평소에 심장은 우리의 체험에 아예 없는 것, 의식되지 않는 것이다. 그러니까 심장이 존재한다는 경험은 곧 심장이 나의 것, 나의 소유라는 경험을 이끌어낸다. 그러나 심장이 나의 것이라는 이 경험은 상당히 애매한 나머지 극단적인 경우에는 내가 느끼는 통증이 심장에서 비롯되는 것이 아니라고 여기게 만들 수 있다. 이런 애매함은 심장의 존재와 관련한 게 아니라, 통증을 심장에 관련시킬 것인가 하는 문제에서 생겨난다. 바로 그래서 우리의 환자는 자신의 통증을 류머티즘으로 비롯된 어깨 통증으로 해석했다.

　그러나 이 상대적인 애매함, 정확히 생각할 수 없는 불분명함, 몸의 내부를 떠올릴 수 없는 불가능함은 우리에게 강제력을 행사한다. 이 강제는 자꾸 부풀려지는 통에 이겨내기가 거의 힘들다. 의식해서든, 반쯤 의식해서든, 또는 명확하게 의식해서든 이 강제는 통증이 일어나는 진원지를 확인하고 통증의 의미를 알아내라고 몰아세운다. 심장의 경우 우리는 왜 아픈지 물어보고 그 답을 얻어내라고 요구하는 끊임없는 강제로부터 거의 벗어날 수 없다. 그만큼 나와 아픈 내 심장 사이의 관계는 독특하다. 한편으로 나는 심장을 자율적인, 스스로 운동하는, 저절로 뛰는 장기, 내가 구체적으로 파악하기 어려운 독자적인 생명을 가진 장기로 경험한다. 그러나 다른 한편으로 심장은 그 객관적이고도 위협적인 특징에도 나의 고유한 심장이다. 심장은 그 독립성으로 나에게 "차가운 등을 보일지라도", 나와 심장 사이에는 긴장 관계(마르셀, 『존재와 소유』, 174쪽), 소속감이라는 감정, 내밀한 관계(사르트르, 『존재와 무』, 401쪽)를 맺는다. 이런 내밀한 관계는 한쪽에, 이 경우에는 환자가 심장에 속절없이 내맡겨짐으로써 이루어진다. 이 '내맡겨짐'은 가브리엘 마르셀이 보여주었듯 신체 부위의 소유라는 사실을 상정하게 하는 특별한 관계 방식이다. 이런 관계 방식은 나와 내가 가진 몸 사이의 가능한 관계를 떠올리지 않는다면 이해가 되지 않는 것이다.

지배하고 지배당하는 나와 몸의 변증법

나와 내가 소유한 몸 사이의 관계는 매우 다양한 빛깔을 자랑한다. 어쨌거나 이 관계는 외적인 결합은 절대 아니다. 오히려 나와 내 팔 사이에는 일종의 긴장 관계, 즉 내가 나의 팔을 나 자신과 동일시하려는 끊임없는 시도로 긴장이 빚어지지만 이 동일시가 완전히 성공하는 일은 결코 없는 긴장 관계가 성립한다. 이런 상황은 주인과 노예 사이에 만들어지는 변증법적 관계의 성격을 갖는다(마르셀, 『존재와 소유』, 176쪽). 게다가 나와 내 팔의 결속이 커져갈수록 팔은 결국 나를 지배하는 권력을 행사할 수 있다. 이런 극단은 '소유된 것'이 나, 곧 소유하는 자를 지배하는 독재와 비견될 수 있다. "우리의 소유물이 경우에 따라서는 우리를 갉아먹는다." 반대의 극단은 내가 소유한 것을 절대적으로 휘두르는 권력을 성취하려는 경우다(그러나 이런 권력욕은 몸에 적용해서 성취될 수 없다. 오로지 자살이라는 행동으로만 이런 권력욕은 실현될 수 있으나, 자살은 다시금 몸의 지배력을 스스로 버리는 것이다!). 내가 내 몸을 상대로 추구하는 절대적인 지배와 몸이 나를 장악하는 독재 사이에 나와 몸 사이의 긴장 관계가 펼쳐지는 공간이 성립한다. 그러나 이 말은 곧 내가 내 몸을 가지는 정도에 따라 몸 역시 나를 가진다는 뜻이다. 나와 몸 사이에 성립하는 관계는 결코 어느 한쪽의 일방적인 것일 수가 없다. 이 관계의 상호성, 몸이 나에게 행사하는 권력은 나와 몸 사이에 성립하는 특별한 친밀함의 제약을 받는다. 이 친밀함의 종류는 다양하다. 선의를 베푸는 주인의 친밀성일 수도, 어머니와 아기 사이의 친밀성일 수도 있다. 흔히 근심에 빠진 나머지 어찌할 바를 모르는 어머니와 못된 아기 사이의 관계가 나타나기도 한다. 그러나 관계의 친밀성은 실질적으로 빠져나올 수 없는 것이다. 친밀성은 다름이 아니라 내가 가진 것(곧 나의 몸)이 나 자신이기도 하다는 것을 뜻하기 때문이다.

내 몸에 '태도 취함', 즉 신체의 이런저런 부위에 '태도 취함'이 무엇을 의미하는지 파악하고자 한다면, 소유함의 이 특별한 구조는 그 속내를 얼마든지 헤아릴 수 있다. '태도 취함'이라는 행동은 소유함이라는 현상에 이미 포함된 것이다. 의미의 인정은 소유함의 내면에서 더불어 이루어진다. 나는 몸에 동시에 이런저런 의미를 부여하지 않고는 몸을 소유할 수 없다. 이런 의미에서 소유함은 의미 부여라는 행동을 선천적으로 포함하는 현상이다. 폰 바이츠제커가 환자는 자신의 병을 가질 뿐만 아니라, 또한 '만들기도' 한다고 표현한 말은 바로 이 의미 부여를 염두에 둔 것이다.

의미의 인정이 건강하거나 병든 몸의 체험 안에 이미 선험적으로a priori 함께 이뤄지는 것이라 할지라도, 이 체험은 특히 병든 심장의 경우 격심한 변화를 겪는다. 보이텐디크는 심장 통증의 반복됨 혹은 거듭 되풀이되는 불규칙한 심장 박동의 느낌이 심장 체험의 특징적인 변화를 이룬다는 점에 주목했다.[6] 심장이 자신의 깃이라는 체험은 심화한다. 그러나 동시에 심장이 자율적이라는 체험, 병이 어떻게 진행될지 알 수 없음, 심장이 지니는 놀라운 독자성의 체험도 강해진다. 이제 심장병 환자는 "무슨 기적이 일어나기를", 심장이 그냥 장난친 것이기를 기대한다. 그러나 심장의 독자성은 줄어들지 않는다. 물론 이 독자적인 심장은 '소외됨'이라는 상태이다(보이텐디크). 소외의 체험이 풀리지 않고 독자적 존재로 휘말리는 상황은 명암이 교차하는 분위기로 물든다. 병든 심장이 곧 나의 심장이라는 관계의 친밀함은 더욱 깊어지면서 두려움, 곧 부차적인 두려움을 키운다. 이제 두려움에 가득차서 환자는 자율적인 심장이 나를 엄습하지 않을까 예상한다. 그러나 이 자율적인 심장은 다시금 전혀 낯선 어떤 것이 아니라, 나에게 속하는 것, 나의 실체를 이루는 어떤 것이다.

자신의 병든 심장을 바라보는 이 친밀한 관계로부터 빠져나갈 수 있는 사람은 아무도 없다. 심장의 홀대할 수 없는 독자성으로 위협받는 체험과 이 심장이라는 장기가 나에게 속한다는 사실의 이 떼어낼 수 없는 맞물림은 내가 심장을 '가지듯', 병든 심장이 나를 '가진다'는 특징을 보이는 결합이다. 이 얽힘은 워낙

6   보이텐디크, 「고유한 심장」, 『심장학』.

밀접하고 촘촘해서 병든 심장이 환자 각각의 세상에 중심이 된다. 다른 내용에는 여지를 남기지 않고 심장은 환자의 세계를 확실히 차지한다.

몸의 체험이 증상에 부여하는 의미

주관과 그의 병든 심장 사이의 관계는 물론 환자가 통증을 심장의 통증으로, 내면에서 일어나는 통증으로 체험해야 한다는 전제를 갖는다. 서두에서 살펴본 경우처럼 환자가 통증을 류머티즘의 어깨 통증으로 체험한다면, 환자와 짐작된 류머티즘 사이의 관계는 전혀 다른 성격을 띤다. 이런 경우에는 인간이 자신의 어깨 혹은 팔과 맺는 관계의 방식이 결정적이다. 자신의 몸을 체험하면서 수족手足 가운데 어떤 것이 갖는 가치는 환자가 자신이 느끼는 불편함에 부여하는 의미에 따라 결정된다. 수족과 내가 맺는 관계는 심장과는 전혀 다른 자유를 준다. 이 경우에 소유 관계는 나와 내 병든 심장 사이의 친밀함에 견줄 수 있는 것이 아니다. 물론 내 심장과 마찬가지로 내 어깨, 내 팔이기는 하지만, 이 관계는 심장에 비해 훨씬 더 잘 알 수 있는 것이다. 다시 말해서 병든 어깨 내지 팔의 체험에는 심장이 보이는 상대적인 자율성이 없다. 팔의 체험은 근본적으로 뻗어보고 만져보며, 외부의 물건과 접촉하면서 느끼는 공간성이다. 이 영역에서 일어나는 모든 일은 내 눈이 지켜보는 가운데, 지각 작용의 통제를 받으며 이루어진다. 그런 점에서 전체를 환히 조망하는 것이 보장된다. 내 팔과 상대적으로 거리를 두며 차분한 마음가짐을 가질 수 있는 이유는 바로 이것이다.

그러나 병든 심장의 체험은 전혀 다르다. 심장은 언제나 나에게 숨겨진 것이다. 상황에 따라 심장은 다른 누구도 아닌 바로 나의 것으로 느껴진다 할지라도 항상 숨겨진 채로 남는다. 숨어서 자율적으로 활동하며, 현재 어떤 상황인지 나는 절대 들여다볼 수 없는 것이 심장이다. 바로 그래서 나는 심장이 언제 어떻게 위험을 불러올지 알 수 없어 전전긍긍한다. 심장은 나에게 알 수 없는 나 자신의 내면으로 주어진다. 심장과의 관계는 그만큼 밀접하지만, 그 상대적인 자율성 탓에 나는 심장에 속절없이 내맡겨질 뿐이다.

이 글은 일상에서 보는 질병 사례로 자기 몸의 체험이 병의 증상에 얼마나 영향을 미치는지 알아보고자 했다. 다시 말해서 인간이 자기 몸을 체험하며 증상에 어떤 의미를 부여하는지 알아보려 했던 것이 이 글의 의도였다. 현상학의 관점에서 볼 때 인간 존재는 의미로 존재함이다.[7] 신체를 가진다는 것은 단순한 물체가 아닌, 의미와 의의를 부여한 바로 나의 몸을 가진다는 뜻이다.

인간 몸의 이런 구조를 고려할 때에만 현실의 질병에서, 그 모든 증상에서 바로 나의 몸이라는 체험의 방식이 오롯하게 밝혀진다. 그리고 또 바로 그래서, 내 생각이지만, '기능적으로 중

7   보이텐디크, 『인간적임』, 154쪽.

첩되어 있다'거나 '노이로제'라는 식의 의학 개념이 몸의 '원초
적인' 체험이라는 진정한 현상의 설명에 적절치 않다는 점도 분
명해진다.

환자의 침묵

» 죽을병에 걸린 환자의 현상이 우리에게 보여주는 이 침묵이라는 그림은 활달하고 건강한 사람과 또 가벼운 병에 걸린 사람의 그림과 확연한 대비를 이룬다. (……) 이런 환자는 묻는 법이 없다. 어떤 진단이 나왔는지 놀라울 정도로 묻지 않는다. 앞으로 어찌되느냐고 물어보지도 않는다. «

중병 환자의 몸에서는 무슨 일이 일어나는 걸까

52세의 환자 M은 1953년 봄에 처음으로 내 병원을 찾아왔다. 그는 최근 들어 부쩍 탈진감이 자주 나타난다고 호소하면서, 이로 말미암아 자신보다는 아내가 더 걱정을 한다고 털어놓았다. 그 자신은 병들었다는 느낌은 들지 않는다고 했다. 통증도, 어디라고 특정할 수 있는 불편함도 없다고 했다. 아마도 오랫동안 휴가를 가지 못해 피로가 누적된 모양이라고도 했다. 의사를 찾아온 것은 자신이 예전처럼 활달하지 않다고 걱정하는 가족을 안심시키기 위해서라고 M은 말했다.

처음에는 환자의 판단이 옳은 것처럼 보였다. 여전히 '건강한 모습'이었으며, 나이에 맞는 생동감이 자연스러웠다. 말과 행동도 건강한 사람과 다를 바 없었으며, 외모에서 어떤 심각한 질환을 암시하는 징후는 나타나지 않았다. 장기의 진단에서도 이상한 증상은 찾아볼 수 없었다. 다만 전기영동법電氣泳動法의 조사 결과는 놀라웠다. 지나치게 높은 감마(γ) 성분과 더불어 극단적으로 빨라진 적혈구 침강속도(106/122)는 골수종의 의심을 굳히게 만들었다. 그럼에도 이상한 것은 혈액성분과 흉곽 임파선에서 별다른 증상이 나타나지 않았다는 점이다.

환자는 석 달 뒤에야 비로소 다시 나를 찾아왔다. 그는 완전히 달라진 모습이었다. 이제는 어느 모로 보나 중병 환자였다. 허리가 구부정했으며, 피부는 윤기를, 근육은 탄력을 잃었다. 몸무게도 상당히 줄었다. 눈빛에 생기라고는 찾아볼 수 없었다. 의사를 표현하기 위한 동작은 최소한에 그쳤다. 말 한마디 하는 것조차 힘겨워했다. 아무튼 모든 면에서 자발성을 잃은 것이 확연했다. 입원해서 관찰해보자는 나의 설득에 환자는 이내 동의했다. 입원한 뒤 그는 대부분의 시간을 병상에서 아무 말도 하지 않고 침묵하며 보냈다. 많은 경우 무감각한 모습을 보여주었다. 환자가 이런 모든 신체 변화를 어느 정도 의식하고 있는지는 확실하지 않았다. 어디가 아프다고 호소하는 일도 별로 없었다. 아무튼 그는 눈에 띄게 허약해졌으며, 어떤 일에도 관심을 보이지 않았다. 모든 것을 힘겨워하기만 했다.

정확한 진단은 신속하게 나왔다. 실제로 골수종이었다. 혈액성분, 흉곽 임파선 그리고 단백질 검사는 의심의 여지를 남기지 않았다.

그러나 나는 이 글에서 골수종이라는 악성 종양을 다루려는 것이 아니다. 내가 관심을 가지는 주제는 이 경우처럼 암 환자는 물론이고 불치병을 앓는 모든 환자에게서 볼 수 있는 일반적인 상태, 중증 질환이라 부를 수 있는 경우의 일반적인 상태다. 우리 의사들은 첫 눈에 이런 상황 자체를 알아보며, 워낙 분명하기 때문에 자세히 묘사하지 않고도 단 한마디로 나타낼 수 있다. 그러나 이런 상황을 자세히 묘사할 강제를 받지 않기 때문에 올바로 묘사하지 못하는 경우가 생겨날 수 있음이 종종 무시되곤 한다. 도대체 어떤 징후로 위중한 병세를 알아보았는지 의사는 속 시원히 해명히는 일이 기의 없다. 그래도 설명을 요구받는다면 예를 들어 병자의 태도, 행동과 몸짓, 눈빛, 피부 상태, 근육의 형태로 미루어 중환자임을 알아보았다는 좀 애매한 답이 나올 뿐이다. 솔직히 매우 불만족스러운 설명이다. 비슷한 태도, 마찬가지로 공허한 눈빛, 체념한 듯 팔짱을 낀 자세, 축 늘어진 근육 등은 건강한 사람에게서도 볼 수 있다는 점을 염두에 둔다면, 이런 애매한 징후로 '중병'이라는 판단을 내리는 것은 성급하지 않은가. 사진으로 찍은 관상을 보며 중환자를 알아보려는 지금까지의 알려진 시도가 매우 불만족스러웠던 것도 애매함을 거든다. 바로 그래서 드는 생각은 몸을 일종의 물체로 취급하면서 사진이나 말로 그 형태를 묘사하려는 시도는 중환자의 일반적인 신체 상태를 파악하려는 우리를 곤혹스럽게 만들 뿐이다. 현상으로 나타난 형태를 분석적으로 다루는 진단은 바로 그래서 질병이라는 온전한 현상에 잘못 접근하는 게 아닐까 하는 의혹은 짙기만 하다.

앞서 살펴본 환자의 경우에 집중해보자. 먼저 확실하게 말할 수 있는 것은 우리의 골수종 환자가 불과 몇 달 사이에 몸의 확연한 변화를 보였다는 점이다. 워낙 심각한 변화여서 의사의 눈은(물론 의사가 아닌 일반인의 눈도 흔히 알아보기는 한다) 곧장 이 환자가 사색이 완연함을 알아보았다.

그러나 이 몸의 변화는 어떤 종류일까? 환자의 몸에서 정확히 무엇이 바뀌었기에 우리는 중병이라고 알아볼까?

묘사를 위한 우리의 시도는 신체를 관찰하는 우리의 익숙한 방식이 지금 주제인 중병에서 나타나는 몸의 변화를 개념으로

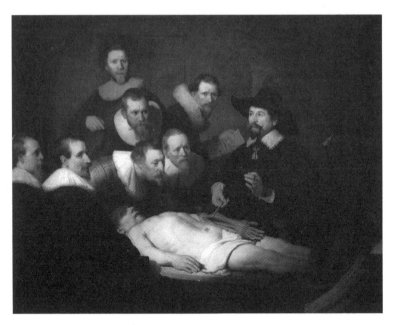

과학을 지배하는 가설은 환자의 몸이 객체, 연장 실체, 복잡한 자연 현상이며, 형태의 기능적인 분석만으로 남김없이 설명될 수 있다고 본다.

하르먼스 판 레인 렘브란트, 〈니콜라스 튈프 박사의 해부학 강의〉, 1632년, 마우리츠하이스 왕립미술관, 헤이그.

파악할 수단을 주지 못한다는 점에서 곤궁하기만 하다. 정확히 묘사할 수 없는 우리의 무력함은 어느 모로 보나 인식의 무능력 탓은 아니다(우리는 첫 눈에 이런 상태를 알아보지 않았는가!). 오히려 문제는 우리가 흔히 쓰는 개념의 불충분함이다. 우리의 익숙한 과학적 관찰방식으로는 몸의 그런 '일반적 변화'를 포착할 개념을 제공하지 못하는 게 아닐까 하는 짐작이 자연스레 고개를 든다. 우리 의사의 눈은 일반적 변화를 오래 생각할 거 없이 알아본다. 그러나 '몸'이라는 객체에서 '중병'의 구속력 있는 징후를 잡아내라면 우리는 거듭 실패만 되풀이한다. 다시 말해서 우리는 인상과 느낌의 대략적인 전달에만 의존할 뿐이다. 그러나 경험으로 훈련된 우리의 눈이 체계적인 진단을 수행하고자 한다면, 그 전제 조건을 비판적으로 정확하게 문제 삼아야만 한다. 그러나 과학적 관찰은 한 가지 전제 조건에만 충실하다. 곧 과학을 지배하는 가설은 환자의 몸이 객체, 연장 실체res extensa, 복잡한 자연 현상이며, 형태의 기능적인 분석만으로 남김없이 설명될 수 있다고 본다. 다시 말해서 피부, 근육, 호흡, 혈액순환 등 객체의 일부가 환자의 일반적인 정황을 만족스럽게 알려준다는 것이 과학이 믿는 전제 조건이다.

환자는 병든 몸과 관계를 맺는다

분명 몸은 객체이자 자연 현상이기는 하다. 예를 들어 나는 몸의 신진대사를 생화학으로 연구할 수 있다. 또는 심장의 이첨판(좌심실과 좌심방 사이의 판막) 상태를 청진기로 알아볼 수도 있다. 그러나 중병이라는 몸의 현상을 자연과학의 몸 객체 분석은 충분히 파악하지 못한다. 이 맥락에서 '중병'이라는 것은 인간이 심한 병을 앓는 자신의 몸과 주변 세계와 어떤 관계를 가져야, 아저 사람이 중병이구나 하고 알아볼 수 있는지 그 정황을 뜻한다.

이제 돌연 몸을 객체로만 볼 수 없음이 분명해진다. 다시 말해서 중병에 걸린 몸을 '가진' 인간은 동시에 바로 이 몸 자체로 '존재'하기도 한다. 인간은 그 병든 몸과 떼어서 생각할 수 없는 존재이지만, 그렇다고 이 몸과 완전히 동일하지도 않다. 병자라 할지라도 건강한 사람과 마찬가지로 자신의 몸에만 속박되지 않는 자유를 누리기 때문이다. 반면 병든 몸은 인간에게 우리가 당장 "중병이구나" 하고 알아볼 태도를 강제한다. 이처럼 객체인 몸, 순전히 자연의 현상, 어떤 객관적인 상관 관계의 체계가 아니라, 병자가 자신의 병든 몸과 맺는 고도로 복잡한 관계가 문제의 핵심이다. 그러나 관계는 객체가 아니다. 관계는 오로지 그 자체의 역동성, 의미와 의의의 조합으로만 말해질 수 있다. 인간과 몸과 그의 세계는 함께 어우러져 의미 체계를 형성한다. 인간은 무의식으로든 반쯤 의식해서든 의미를 그려내고 체험하며 변화시키고 긍정하거나 부정한다. 몸과 외부세계는 주체, 물론 병자도 포함하는 주체가 그때그때 처하는 '상황'을 이룬다.

질병은 병든 장기와 그 기능의 장애라는 사실이 상황으로 주어진 것으로서, 인간에게 무엇이 '가능한지' 결정하는 체험된 상황이다. 이 가능성의 경계 안에서 우리는 몸과 우리의 세계와 관계하며, 의미를 인식하고 의미를 부여한다. 결국 이 의미가 우리에게는 결정적인 유일한 것이다. 비록 병든 몸이 가능한 것과 불가능한 것의 경계를 분명히 함으로써 병든 몸이 이러저러한 태도를 가지도록 강제한다 할지라도, 의미는 강제를 이겨낼 힘을 준다. 근본적으로 병을 앓으며 보이는 것은 나의 행동, 나의 지각, 내 아픔이다. 이 모든 것은 상황이라는 의미 구조가 결정한다. 이 상황에서 나의 병든 몸은 그저 부분, 미리 주어진 틀일 따름이다.

그러나 내가 내 몸과 맺는 관계는 완전히 나 자신과 동일하지는 않다 할지라도 서로 분리되는 것이 아니다. 나는 몸을 가지기에 비로소 존재한다. 그런 한에서 나와 내 몸은 동일하다. 달리 보면 내 몸은 언제나 나와 세계 사이의 중개자이다. 내 몸은 매체라는 역할을 한다. 나는 실제로 오로지 내 몸으로 존재하지만, 내 세계 역시 내 몸으로만 존재한다. 다시 말해서 내 몸은 떼어낼 수 없이 동시에 나와 내 세계에 속한다.

병, 세계로부터 소외되는 몸

이런 매개의 역할에서 몸은 우리에게 결코 도구로 주어지지 않는다. 몸은 내가 가지는 것일 뿐만 아니라, 바로 나 자신이기도 하기 때문이다. 바로 그래서 메를로-퐁티, 드 밸랭 그리고 보이텐디크는 내가 존재하고 행동하며 지각하는 것은 '내 몸으로 이뤄지는 게'par mon corps 아니라, '내 몸을 통해서'à travers mon corps 가능하다고 썼다. '내 몸을 통해서'는 내 존재에서 몸이 맡는 매체로서의 역할을 나타내는 구속력을 가진 표현이다.[1]

그러나 이런 개념적 정리 역시, 그림처럼 선명하기는 할지라도, 내가 보기에는 신체를 연장 실체의 의미에서 어떤 객체적인 공간의 것으로 볼 위험을 완전히 막아주지 않는다. 몸을 주체인 나와 다른 어떤 것으로 보는 태도는 몸의 진정한 이해를 가로막을 뿐이다. 결국 나와 내 몸 사이의 관계는 논리적으로 정의가 불가능하다. 그러나 추상적인 개념 정리로 파악되지 않는 것은 (몸의 존재는 결국 진정한 비밀이기 때문에 개념으로 파악되지 않는다) 구체적인 현상의 기술로 살필 수밖에 없다. 몇 가지 예를 가지고 내 몸의 계속되는 변화, 그리고 내 몸과 나의 관계를 직관적으로 살피도록 하자.

"완전히 건강하게 살면서 나는 내 몸을 상황에 따라 내 존재를 무의식적으로 중개해주는 것으로 경험한다."[2] 이 말은 내 몸이 예를 들어 오롯이 집중한 상황에서 뭔가 하거나 지각할 때 전혀 의식되지 않거나, 지극히 일부로만 '존재함'을 뜻한다. 내가 지금 이 글을 쓰느라 집중하는 동안 글을 쓰는 내 손은 고작해야 체험상 존재하는 것으로 의식될 뿐이다. 이처럼 내가 의식하는 몸은 상황에 따라, 하는 일에 따라 지속적으로 변화하며 존재한다.

통증이 나타나면 이런 관계는 달라진다. 예를 들이 손을 댄

1   모리스 메를로-퐁티, 『행동의 구조』La Structure du Comportement 3판, 파리, 1953, 225, 260쪽. 드 밸랭은 이 책에 '애매성의 철학'Une Philosophie de l'Ambiguïté이라는 제목의 서문을 썼다. 보이텐디크, 『인간적임』. 이 '통해서'à travers를 '사유 실체'res cogitans와 '연장 실체'res extensa 사이의 중개자로 파악할 때, 오늘날 프랑스 철학에서 여전히 유효한 전통을 읽어낼 수 있다.

2   실라지W. Szilasi, 직접 나누어본 대화.

다면, 나는 아픈 손을 돌연 내 앞에서 본다. 데인 손은 중립적인 객체가 아니다(손은 바로 내 손이니까). 오히려 손은 "아픈 부분으로 내 존재가 환원되어 집약된 것이다".[3] 나는 아픔을 겪으며 기이하게도 "나와 몸이 이분화하는 것"을 경험한다.[4]

심장이 아파서 이분화하는 동시에 더욱 내 몸이 친밀해지는 관계는 더더욱 기이하다. 아픈 심장이 내 것인 동시에 자율적이어서 나의 통제로부터 벗어나는 체험은 심장 통증과 흔히 맞물리는 두려움으로 이끈다.

예를 들어 간이나 신장 질환 탓에 지속적인 팽만감으로 괴로울 때에 내 몸은 다시금 다르게 주어진다. 그럼 나는 말 그대로 뱃속으로 빠져버리는 느낌을 받는다. 이것은 내 중심, 내 자아의 경험이다. 이 경험에서 나는 뱃속으로 깊이 침잠한다. 어떤 무형의 것이 내 뱃속에 모이는 것 같은 체험이 이 경험을 동반한다. 팽만감에서 나는 우울한 기분으로 내 중심에 집중하며 세계로부터 등을 돌리고 외로워한다. 복통의 특징인 우울한 기분은 지금 우리가 살펴본 몸 체험의 변형으로 설명될 수 있다.

침묵의 의미

현상학의 몸 관찰방식이 어떤 것인지 감을 잡기 위해서는 이런 사례를 살피는 것만으로 충분하다. 이제 나는 현상학의 관찰방식으로 암 환자가 겪는 몸의 특별한 변화를 묘사해보고자 한다.

3   보이텐디크, 『인간적임』, 160쪽.
4   폰 겝자텔, 『의학적 인간학 서설』, 172쪽.

앞서 살펴본 환자와 관련해 말하자면, 가장 먼저 두드러지는 점은 그가 병상에서 보여준 침묵이다. 이 침묵이 어떤 성격을 지닌 것인지 알아보는 일은 매우 어렵다. 그의 침묵은 자신의 불행을 의젓하게 이겨내려는 다짐은 아니다. 무엇인가 기대하거나 두려워 긴장해서 보이는 숨죽임도 아니다. 그의 행동은 정신 질환의 특징인 억눌림을 보이지 않았으며, 그렇다고 여유나 자제력을 나타내지도 않았다. 무감각해진 나머지 속내를 드리내지 않는 침묵도 아니었다. 이런 모든 것은 내가 관찰한 현상과 맞지 않았다.

오히려 이 환자가 보여준 모습에는 슬픔의 그늘이 드리워져 있다고 말할 수 있다. 그렇지만 슬픔의 그늘이라는 표현은 오해의 소지가 다분하다. 환자가 우울한 기분에 사로잡힌 나머지 서글퍼했다는 뜻이 아니다. 그의 얼굴 표정과 태도는 슬픔을 드러내지 않았다. 슬픔의 그늘이란 예를 들어 어떤 풍경화를 보고 우리가 자발적으로 우울함을 맛본다는 의미이다. '슬픔'이라는 단어를 쓴 것은 주변 풍경의 어떤 특정한 측면이 그림으로 우리를 사로잡는다는 것, 어쩔 수 없이 말려드는 기분이라는 신비한 정황을 강조하기 위함이다(공기, 물, 불 혹은 흙이 어떤 형태를 이루며 움직이는 것이 결정적인 역할을 한다).[5] 우리는 이런 기분이 일깨워지는 것을 명료한 의식으로 주목하지 못하면서 풍경의 그림으로 빠져든다. 슬픔은 곧 우리를 둘러싼 외부의 분위기로 나타난다.

죽을병에 걸린 환자의 현상이 우리에게 보여주는 이 침묵이라는 그림은 활달하고 건강한 사람과 또 가벼운 병에 걸린 사람

---

5   가스통 바슐라르는 그림과 기분, 그림의 힘이라는 주제를 유례를 찾을 수 없는 독특한 연구로 다룬 바 있다. 가스통 바슐라르Gaston Bachelard(1884~1962)는 프랑스의 철학자로 인식론의 장애와 단절이라는 개념을 도입해 독특한 경지를 개척했다(―옮긴이).

의 그림과 확연한 대비를 이룬다. 건강하거나 가벼운 병에 걸린 사람은 '외부로 향해' 행동하고 지각하면서 존재한다. 다른 사람들과 어울리거나 부딪치면서 세계를 향해 끊임없이 자신을 표현한다. 심지어 많은 중환자도 외부를 향해 살아간다. 아프다고 호소하며 주변에 자신의 병을 알리려 한다. 자신에게 익숙한 세계와의 관계를 계속 유지하는 데 모든 것을 걸며, 주변 사람들과 계속 접촉하려 한다. 외부를 향한 이런 당연한 관심과 운동이 우리의 환자에게서는 사라졌다. 이 사라짐의 결과가 그가 보이는 침묵이다.

이런 환자를 자주 접하는 사람은 몸의 변화와 동시에 다른 변화도 일어난다는 것을 언제나 관찰한다.

이런 환자는 묻는 법이 없다. 어떤 진단이 나왔는지 놀라울 정도로 묻지 않는다. 앞으로 어찌되느냐고 물어보지도 않는다. 얼마나 오래 입원해야 하는지도, 심지어 가족도 궁금해하지 않는다. 묻지 않으며 더는 근심하지도 않는 현상이 그 침묵의 의미를 해석하게 해준다. 이런 환자는 점차적으로 그가 알던 옛 세계를 떠난다. 세계는 무의미해진 통에 물음의 대상이 되지 않는다. 옛 세계는 더는 관심의 대상이 되지 않는다. 이로써 세계와 접촉하려는 노력, 외부와 소통하며 관심을 가지려는 노력이 사라진다. 우리는 이런 경우에서 몸과 세계의 관계가 어떤 것인지 아주 인상적으로 확인한다. 세계와의 관계가 좁아들면서 환자는 자신의 몸으로부터 서서히 빠져나간다. 세계의 운명은 언제나 자기 몸의 운명이다. 세계는 몸을, 몸은 세계를 표현한다.

몸과 세계의 이런 관계가 지니는 독특함을 니추케는 젖먹이와 아동에게서도 확인했다.[6] 엄마 품, 말하자면 '고향'의 상실은 심각한 발육 이상을 초래하며, 결국 죽음에 이른다는 것이 니추케의 확인이다. 엄마 품을 맛보지 못하고(말하자면 고향을 잃고) 고아원에서 자란 아이는 위생상 나무랄 데 없는 환경에서도 발육 이상을 보인다. 아이의 발달은 정체되어 극단적인 경우에는 성장, 올바른 자세 취하기, 언어 습득에 현저하게 문제가 생긴다.

우리의 환자에게서도 특정한 의미에서 같은 일이 일어났다. 환자는 점차, 진행과정이 느려 잘 눈에 띄지는 않았지만, 자신의 몸을 떠나 '내면으로' 들어갔다. 자신을 추슬러 세상으로부터 물러섰다. 이런 과정에서 그의 몸은 말하자면 '껍데기'가 되었다. 환자는 옛 세계를 포기하면서, 마찬가지로 옛 집인 몸을 포기했다. 그래서 자기표현을 하는 것을 하찮게 여겼다. 세계를, 자신의 몸을 물어보는 일을 시들하게 생각했다.

이 환자의 속내를 명확하게 표현해보자. 환자는 세계가 자신에게 더는 아무 의미가 없기에, 몸에 관심을 잃고 말았다. 물론 몸은 계속 그를 괴롭힐 것이다. 그러나 몸은 그에게 거의 언제나 짐이었을 뿐이다. 정확히 이제 막 벗어던지려 하는 껍데기라는 의미에서 몸은 부담이자 화근이고 고통이었다. 이런 현상을 좀 더 면밀하게 살펴보면, 죽을병에 걸린 환자의 몸은 오래 입어 남루해진 옷과 같다. 이제 우리는 비로소 죽음의 그늘이 드리운 몸의 형태와 기능을 올바른 틀 안에서 본다. 피부의 광택이 사라진 것은 몸이 점차 껍데기로 변해가고 있음을 확인해준다. 탄력

6   알프레트 니추케, 「두려움과 믿음」, 『모음집』Sammlung 7호, 1952, 175쪽. 알프레트 니추케Alfred Nitschke(1898~1960)는 독일의 의학자로, 튀빙겐 대학 병원의 원장을 지냈다(―옮긴이).

을 잃은 근육은 인간이 갈수록 외부로 향한 운동과 거리를 두고 있다는 표시다. 자세의 흐트러짐은 세계가 환자에게 자세를 갖추라고 요구하는 일이 사라지기 때문에 생겨난다. 초점을 잃은 흐릿한 눈빛은 세상에 거리를 두고 그만큼 무심해졌음을 의미한다. 이런 모든 변화는 환자와 세계 사이에서 벌어지는 중립화 과정이라는 틀 안에서 이해된다.

지금 묘사한 몸의 변화를 우리는 암 환자에게서 가장 확연하게 볼 수 있다. 많은 암 환자는 경우에 따라 몇 년 정도 수명을 더 연장해주고 그럭저럭 인생을 살아갈 수 있게 해주는 성공적인 수술 이후에 이 죽을병에 걸린 몸을 그대로 유지해야 한다. 악성 종양이라는 병의 일반적 특징대로 암의 완치는 매우 드물기 때문이다. 대단히 성공적인 수술이라 할지라도 이 병을 온전히 제거하지는 못한다. 그리고 몸의 변화는 이런 중병에서만 일어나는 것이 아니다. 고령의 노인에게서도 우리는 비슷한 변화를 관찰한다. 이 경우에도 외부 세계로의 관심은 포기되며, 몸은 껍데기가 된다. 노인도 불치병 환자와 마찬가지로 몸을 떠나 내면으로 침잠한다.[7] 세상과 완전히 등지고 명상에만 몰두하거나 오랜 감옥 생활을 한 사람에게서도 비슷한 변화를 확인할 수 있다. 그러나 지금 이런 경우들을 자세히 살피지는 않겠다. 나는 그저 몸이 껍데기로 변화하는 것이 오로지 병리학적인 변화에 그치지 않음을 강조하고 싶다. 결국 외부 세계로 향한 운동을 거두어들이는 인간의 특별한 능력, 세상의 사물들에 최대한 거리를 두고 그냥 내버려두는 인간의 능력은 자연과학으로는 설명할 수 없는

---

7   물론 노인과 중환자 사이에는 중요한 차이가 있다. 그러나 이 글에서
     그 차이는 다루지 않기로 하겠다.

의미의 차원을 지닌다.

세계의 상실, 그리고 세계에 대한 새로운 태도

우리의 주제는 중병 환자가 보이는 몸의 변화를 현상학으로 기술하는 것이다. 이 주제는 병의 원인을 다뤄야 한다는 의무로부터 우리를 해방시켜준다. 그러나 내가 보기에 우리의 고찰은 적어도 하나의 방향에서 보충되어야 한다. 환자가 보이는 몸의 변화는 세계의 변화라는 틀 안에서야 비로소 이해될 수 있다는 확인, 그래서 묻고 걱정하는 게 중지한다는 확인은 이런 의문을 낳는다. 이런 침묵은 무엇을 의미할까? 그저 곤궁해지는 것에 지나지 않을까? 그냥 죽어가는 것일까? 존재의 망가짐? 앞서 우리는 자발성의 상실, 긴장의 상실, 세계의 상실 등을 이야기했다. 이런 확인으로 충분할까? 상실의 현상에는 뭔가 다른 것이 대비되지 않을까? 이 환자는 아마도 세계에 던지는 물음(세계를 향한 우리의 운동을 대표하는 행동)이 불필요해진 상황에 도달한 것이 아닐까?

　나는 그렇다고 짐작한다. 우리는 이 단계에서 다른 현상이 생겨나는 것을 보기 때문이다. 이 현상은 우리로 하여금 환자가 '희망'이라고 여겼던 것의 변화가 일어났다는 가정을 하게 한다. 우리가 거듭 관찰하는 것은 물음과 걱정을 그만두는 것과 동시에 환자는 그 환상에 가까운, 세속을 거눈 희망을 포기하며, 자아실현, 내면의 존재를 갈망하는 진정한 희망을 얻는다는 점이다. 희망을 거론함으로써 심리학의 문제로 빠져드는 게 아니냐는 반론은 성립할 수 없다. 사실이 전혀 그렇지 않기 때문이다. 우리는 앞서의 연구들에서 희망이 심리적인 현상이 아니라, 인간학의 근본 사실, 곧 인간 존재를 구성하는 근본 사실이며, 몸과 영혼을 분리하는 태도로는 이런 사실을 고찰할 수 없다는 많은 준거를 살핀 바 있다.

진정한 희망은 환상적이니 하는 모든 것을 버리며, 절망의 경험, 존재의 결정적인 위협인 죽을병이라는 절망의 경험에서 세속적인 모든 것을 깨끗이 씻어낸다. 이 절망의 경험은 중환자와 불치병 환자에게 물음의 대상이 사라지게 한다. 이런 경험에서 우리의 일상 세계는 무의미하다.

이제 우리는 분명히 말해야 할 시점에 도달했다. 이 글에서 우리는 '순수한' 현상, 근본적인 것만 기술할 수 있을 따름이다. 우리에게 중요한 것은 인간학의 대상인 공통점과 독특함이 가시적으로 드러나도록 하는 일이다. 이로써 우리는 몸이 껍데기로 변하는 중요한 현상을 '순수하게' 묘사하고자 한다.

현실은 중환자의 몸이 경우에 따라 매우 다른, 다채로운 모습을 보여주며, 우리가 그려본 그림과 사소하지 않은 차이를 보이기도 하기 때문에 이 모든 현실적 요소를 솎아낸 순수한 기술이 중요하다. 예를 들어 어떤 환자는 놀라울 정도로 활동적이며, 겉보기로는 세계를 향한 관심도 여전히 뜨겁다. 이런 환자는 더는 물어보지 않지만 행동은 한다. 유서를 쓰고 가족을 위해 이런

저런 일을 처리하며, 직업 문제도 신경 쓰면서 "책상을 깨끗이 정리한다". 혹은 다른 경우에서는 환자가 주변 사람들에게 여전히 질문을 하기도 한다. 그러나 이런 질문은 예의상 던지는 것일 뿐으로, 외부와의 관계가 이미 중립화했으며 차갑게 식었음을 눈치 채지 못하게 하려는 노력의 일환이다. 그런 다음 한동안 모든 것이 예전과 같은 것처럼 '연기'한다.

우리의 묘사가 틀리지 않았음을 보여주면시도 보다 더 구체적이었으면 하는 요구를 만족시키기 위해 주목할 것은 중환자나 불치병 환자 또는 노인에게서 일어나는 몸의 변화도 역시 다시금 하나의 '상황'을 만든다는 점이다. 이 상황에서 개인은 이러저러하게 행동하면서 체념하고 받아들이거나 반항한다. 애써 부정하려고 밀쳐내거나, 속으로 삭이거나 감정을 꾸며 보이기도 한다. 세계와의 관계 상실 그리고 껍데기로의 몸 변화가 항상 돌이킬 수 없는 결정적인 것, 항상 절대적인 사실인 것은 아니다. 상실과 변화는 결국 상황적일 뿐이다. 이 상황에서 인간은 자신의 마지막 말을 할 준비를 한다. 껍데기로 바뀌는 몸의 변화가 개인에 따라 어느 정도 진행되는지, 개인의 겉모습에서 얼마나 결정적인 역할을 하는지는 인간이 이 상실과 변화에 어떤 의미를 부여하느냐에 따라 달라진다.

변화라는 사실을 숙명으로 감수하는 사람이 있는가 하면, 어떻게든 몸을 새롭게 꾸며보려고 안간힘을 쓰는 사람도 있다. 몸은 죽는 그 순간까지 절대 정적인 것, 객체, 바뀔 수 없이 짜 맞추어 고정된 것이 아니라, 항상 변회히면서 주인에게 의지를 실현시킬 여지를 주는 것이다. "인간은 자신 안에서 숙명과 자유를 하나로 묶어낸다."[8]

당연하던 몸이 더 이상
당연하게 느껴지지 않을 때

》

심장의 존재를 의식하며 늘 압박감을 느끼는 환자는 이 심장을 주목하며 염려하는 통에 사회생활이 위축되는 상황을 맞이한다. 심장은 환자에게 자신을 주목해달라고, 몸을 염려해달라고 요구한다. 심장의 존재를 자각하는 체험으로 인해 세계를 향한 환자의 행동은 제한된다.

《

환자의 주관적 상태를 파악하는 일이 왜 중요한가

비록 모든 상담이 환자가 의사에게 자신의 상태를 말해주는 것으로 시작하며, 몸 체험의 현상이 의사와 환자 사이에서 꼭 다루어야 할 주제임에도, 의학에는 '상태'를 다루는 이론이 전혀 없다. 환자의 상태는 의사가 진단을 내릴 수 있는 중요한 정보이며, 특히 치료의 대상이다. 상태는 본래 의사와 객관적인 진단 사이의 중개자, 곧 환자에 이르는 길이지만, 흔히 의사와 환자 관계를 어렵게 만드는 훼방꾼이기도 하다. 인간의 상태가 매우 흥미롭고 중요한 역할을 함에도 의사는 상태, 곧 편안함이나 불편함과 관련한 모든 것을 의붓자식으로 취급할 뿐이다. 우리 의사는 기이하게도 상태의 이론, 즉 당연히 몸 체험의 이론인 상태의 이론에 관심을 가지지 않는다. 오늘날 의학의 성격이 그런 관심을 가지지 않게 하기 때문이다. 의사는 환자의 상태에 불필요하게 오래 머무르려 하지 않는다. 상태 뒤에 숨은 원인을 찾아 서둘러 '진단'을 내리려 하기 때문이다. 극단적으로 표현하자면 의사는 객관적인 진단을 '본래 중요한 것'으로 여기고 진단을 내리는 것을 의무로 생각한다. 객관적 진단은 이른바 '진리'다. 흔히 의사는 상태는 애매할 수 있지만, 진단은 그렇지 않다고 생각하는 경향을 보인다. 객관적인 진단이야말로 과학적 실체인 반면, 주관적 측면은 결정적인 의미를 가지지 않는 것, 그래서 살피지 않아도 되는 것으로 여겨질 뿐이다.

그러나 자연과학을 그처럼 신봉한다 할지라도 문제가 그처럼 간단한 것은 아니다! 몸 체험의 영역에서 얻어진 지각을 암묵적으로 끌어들이지 않는 의학은 그 물리적인 작업만으로 결코 환자를 치료할 수 없다. 환자에게 접근할 통로가 되는 상태를 알아야 객관적 진단이 이루어질 수 있다. 게다가 과학적으로 구속력을 가지는 규범의 정의는 상태를 도외시해서는 얻어지지 않는다. 도대체 간경변증의 병리학은 어디서부터 시작되며, 간이 보이는 병리학적으로 의미 없는 변화, 곧 이상이 있기는 하지만 건강한 간의 변화는 어디까지일까? 어떤 경우에 척추 상태는 정상이며, 무엇이 골연골증骨硬骨症인가? 아직 정상인 상황과 병리학이 다루어야 할 질환 사이에서 그 경계를 정해주는 것은 환자의 상태다. 다시 말해서 환자의 상태를 고려해야만 많은 경우 병리학적 진단의 정의가 비로소 가능해진다.

그러나 의학은 한사코 몸 체험의 이론을 상세히 다루려 하지 않는다. 이른바 '객관적인 것'만 선호하기 때문이다. 객관적인 것의 선호가 '절대적인 진리'에 접근할 유일한 옳은 방법이라는 맹신은 그러나 병을 오로지 자연과학에 한정된 측면으로만 바라보게 한다. 나는 이런 측면이 유용하다는 것을 부정하거나, 그 가치를 깎아내릴 생각은 전혀 없다. 그러나 내 눈에는 다른 측면을 올바로 살피는 것 역시 매우 중요해 보인다. 이런 다른 측면은 폰 바이츠제커가 "병리학에 주관을 도입하자"고 제안한 것과 맞아떨어지는 것이다.[1] 이런 제안이 불러온 결과는 다양하고도 흥미롭다. 그 하나의 귀결은 느끼고 행동하며 병을 함께 꾸려가는 주관을 진지하게 받아들이게 된 것이다. 이 작업 가설에 따르

1   폰 바이츠제커, 『질병 원인의 연구』Studien zur Pathogenese(1935) 2판, 비스바덴, 1946, 34쪽, 88쪽 등.

고자 한다면 당장 이런 물음이 중요한 것으로 부상한다. 대체 환자의 상태란 무엇인가?

이런 물음을 받은 우리는 무어라 대답해야 좋을지 몰라 당황한다. 당연하게만 여겨 별로 생각해보지 않았던 것을 말해야 할 때 느끼는 당황함이다. 인간은 누구나 항상 그 어떤 상태를 지닌다는 것은 당연한 말이다. 모든 인간은 항상 상황 속에서 살아가며, 그 상황마다 어떤 상태를 지닌다. 인간 존재는 상태를 선험적으로a priori 가진다. 다시 말해서 경험에 앞서 가지는 상태 덕에 비로소 우리는 경험을 하게 된다. 우리의 모든 표현, 의도, 가능성, 능력 등은 우리의 상태에 따라 달라진다. 우리의 상태는 특정 행동방식을 취하도록 도발하거나 가능하게 만들거나 제한하거나 불가능하게 한다. 이로써 분명해지는 것은 상태는 인간의 현실을 강력하게 규정한다는 점이다. 개인의 현실뿐만 아니라, 개인의 세계 현실도 상태의 지배를 받는다. 세계는 객관적으로 주어진 것이 아니라, 나의 세계, 너의 세계이기 때문이다. 인간 X의 오늘이라는 세계, 지금이라는 세상은 어제와 내일이 다르다. 호흡곤란이나 복통은 내 세계를 바꾼다. 이런 불편함이 없는 세계는 전혀 다른 것이다. 상태가 주어지는 방식들은 우리 인간의 '세계 내 존재'가 어떤 양상을 지니는지 밝혀준다. 일 처리, 대인관계, 자기 자신과의 관계, 몸을 다루는 것의 양상에 어떤 것이 있는지 상태는 보여준다. 이는 곧 상태와 태도는 하나를 이룬다는 뜻이다. 우리는 상태로 미루어 태도를, 태도를 가지고 상태를 유추한다. 태도는 상태를, 상태는 태도를 설명해준다. 아니 그 이상이다. 상태가 주어지는 방식들은 일반적으로 태도의 방식을 규정할 뿐만 아니라, 우리 몸의 생리적 작용을 정리해주기도 한다. 그때그때 우리가 처한 상황에 따라 특정 주제, 어떤 특정 작업에 맞춰 우리 몸의 생리적 조직을 규제하고 조화시키는 것이 상태다.[2] 라인델이 어떤 성과가 얻어질 것으로 기대하는 순간에 발견한 심장의 박동 변화만 생각해보아도 이게 무슨 이야기인지 잘 알 수 있다.[3] 또는 헤스가 실험으로 확인한 중간 뇌의 상태와 행태가 보이는 현상적인 동일성도 그 좋은 예다.[4] 이런 연구 결과들로 분명해지는 점은 상태가 주어지는 방식은 '주체'와 '객체'의 모든 구분에 선행하는 현실을 나타낸다는 것이다. 그러니까 주체와 객체가 아직 나뉘지 않고 통합되어 있는 지대가 상태이다. 주체와 객체를 나누는 방식은 본래 '영혼을 가진 몸'이라는 하나의 통일적인 생명체를 이원론적으로 설명하는 것일 뿐이다. 이 원론이 아닌 현상학으로 접근할 때 상태가 지닌 측면들이 자유롭게 이해되며 그 본모습을 드러낸다. 즉 상태는 현상의 세계, 현상적인 세계다. 그러므로 이 현상의 세계에 접근하는 방법은 필연적으로 현상학이다.

결국 상태를 반드시 돌봐야만 하는 세 번째 동기가 짧게나마 언급되어야 한다. 우리는 특정 질병이 어떤 특별한 '기분', 곧 '상태'를 거의 피할 수 없이 불러온다는 점만 기억해보도록 하자 (드 밸랭,「신체의 현상학」,『루뱅 철학 고찰』참조). 많은 심장 질환은 두려움과, 위장의 위쪽 부분인 상복부가 이상을 일으키는 대부분의 질환은 우울한 기분과 맞물린다. 앞으로 살펴보겠지만,

2 투레 폰 윅스퀼,「'상태 방식'이라는 문제와 이 문제가 의학 현상학에 지니는 의미」,『프시케』Psyche 5호, 1951/52, 401~432쪽. 투레 폰 윅스퀼Thure von Uexküll(1908~2004)은 독일의 의학자로, 이른바 '심신 의학'을 창설했다(─옮긴이).

3 H. 라인델Reindell, E. 실트게Schildge, H. 클레프치히Klepzig, H. W. 키르히호프Kirchhoff,『순환규제』Kreislaufregulation, 슈투트가르트, 1955, 224~253쪽. 헤르베르트 라인델Herbert Reindell(1908~1990)은 독일의 스포츠 의학자로, 운동선수의 과학적 관리법을 창안했다(─옮긴이).

이런 기분은 질병의 반응으로 생겨나지 않는다. 두려움은 원래가 심장 질환에 나타나는 반응이 아니다(비록 심장이나 다른 신체 부위의 질병에 의심할 바 없이 반응적인 두려움, 2차적인 두려움은 있다!). 또 우울한 기분 역시 간 질환에 따른 반응이 아니다. 이런 맥락에서 두려움과 우울함은 몸의 질병이라는 물리적 현상에 상응하는, 보다 더 엄밀한 의미에서 심리학적인 것이 아니다. 오히려 두려움은 심장병 환자가 자신의 몸을 체험하는 방식이다. 간경변 환자의 우울한 기분은 그가 자신의 배를 체험하는 방식이다. 두려움과 심장 질환, 간 질환과 우울한 기분은 인과적으로 서로 관련되는 것이 아니라, 서로 본질 맥락을 이루는 것으로 보아야 한다.

그러니까 의학은 상태를 알아야 한다. 우리는 이 상태를 모르고서는 질병의 현상을 충분히 다룰 수 없다. 상태를 무시하는 태도는 신진대사를 설명하면서 화학적 현상을 고려하지 않는 것과 다를 바 없다. 특정 병리 현상에는 특정 화학작용이 그 본질을 이루는 것과 마찬가지로, 특정 상태는 특정 질병의 본질이다. 상태는 부차적이거나 부수적인 현상이 아니라, 병의 본질적 구조를 이루는 부분이다.

기분 좋은 상태와 나쁜 상태

'상태'라는 단어는 내가 어떤 기분을 느끼는지 그 종류를 말해준

4   발터 루돌프 헤스, 『뇌간의 생리학 연구』Beiträge zur Physiologie des Hirnstammes 총3권, 슈투트가르트, 1932, 1938, 1956. 발터 루돌프 헤스Walter Rudolf Hess(1881~1973)는 스위스의 생리학자로, 1949년에 노벨의학상을 받았다(—옮긴이).

다. 나의 상태는 내 몸에 의존하지만, 또한 내가 나와 주변의 사람과 맺는 관계, 나와 내가 하는 일의 관계의 영향도 받는다. 이러저런 체험 혹은 사건에 따라 달라지기도 하는 것이 상태다. 다시 말해서 상태는 내 몸이 참여하는 상황, 내 세계가 처한 상황에 의존한다. 예를 들어 나의 상태는 위궤양의 영향을 받는다. 그러나 내가 위궤양으로 느끼는 통증은 가까운 사람과 담소를 나누면서, 곧 주의가 다른 곳으로 쏠리면서 잊힐 수 있다. 상태를 규정하는 상황은 서로 영향을 주고받는 가변적인 요소를 지닌다. 서로 분리해서 확인할 수 있는 이 요소는 세 가지다.

① 자아. 주체, 구체적 인간, 환자, 곧 몸과 영혼과 느낌을 가지는 인간(지금 우리의 논의에서 따로 다루어질 수는 없으며, 그냥 단순하게 현상학적 대상으로 만나는 것).
② 몸(자연과학적인 의미의 '몸'이 아니다!). 곧 내가 가지는 몸이지만 곧 나와 하나이기도 해서 나 자신과 결코 떼어서 생각될 수 없지만, 그렇다고 나와 완전히 동일시할 수는 없는 것이 바로 몸이다.
③ 세계. 곧 내가 다른 사람, 특정한 사물, 나의 일과 생활영역과 맺는 관계.

예를 들어 '기분 좋은 상태'를 정의하기 위해서는 내 몸의 느낌이라는 양상과 내 몸을 다루는 방식과 이 기분 좋은 상태가 나타나는 데 특징적인 세계를 모두 고려한 상황이 반드시 기술되어야 한다. 이런 기술은 불가능하다. 물론 내가 나와 내 몸 사이의 관계를 그 어떤 정해진 도식으로 억지로 정리하거나 짜 맞출 수는 있다. 하지만 내 세계가 어떤 영향을 주는지 하는 문제는 그 어떤 도식으로 결코 남김없이 정리되지 않는다.

이런 가능성의 덤불로부터 빠져나오고자 한다면, 결국 남는 것은 '세계'를 우리의 고찰에서 빼버리는 제한일 따름이다. '나, 내 몸, 내 세계'라는 삼각 관계를 우리는 세계를 빼버린 관계로 줄여놓는 셈이다. 우리의 의문을 풀기 위해 그 어떤 유용한 출발점을 찾고자 나와 내 몸의 관계에만 주목하는 것은 잘못이다. 그러나 우리가 잠정적으로 감수한 이 잘못은 처음 볼 때처럼 그리 큰 것은 아니다. 내 몸은 어떤 의미에서는 곧 내 세계이기도 하기 때문이다. 몸은 내 세계를 대표하는 일종의 체계다. 그렇다면 내 세계는 내 몸으로 환원된 세계다. 이 같은 과감한 세계의 줄여놓음은 전혀 추상적이지 않다. 많은 중환자에게 세계는 곧 자신의 몸이기 때문이다.

그럼 우리의 물음을 제한된 정황에서 다시 접근해보자. 기분 좋은 상태란 무엇인가? 그러나 내가 내 몸과의 관계만 주목할지라도, 기분 좋은 상태가 무엇인지 하는 물음의 답은 현상학적으로 볼 때 찾아지지 않는다.

일반적으로 몸에 아무 이상을 느끼지 않을 때 나는 "기분이 좋다"고 여긴다. 몸에서 느끼는 것이 적을수록, 나는 기분 좋음을 말한다! "느낌이 어때?" 하는 물음에 나는 대개 이 순간 되돌아보며 내 몸에서 아무것도 느끼지 않을 때, 내가 뜻한 일을 아무런 부담이 없이 몰두할 수 있을 때, "좋아" 하고 답한다.[5] 본래적인 의미에서 기분 좋음은 거의 항상 되돌아보면서 확인된다. "나는 기분이 좋아" 하는 확인은 대개 이미 지나간 상태(예를 들어 어떤 현상을 되돌아보는 확인)의 추인이거나, 사실과는 전혀 맞지 않는 억지 주장이다. 기분 좋음이라는 현상을 묘사하려는 모든 시도는 이런 막다른 골목의 벽에 부딪친다. 본래적이고 엄밀한 의미에서 우리는 되돌아보는 회상의 눈길에 포착되는 것이 무엇인지 현상 학적으로 기술할 수 없다. 바로 그래서 상태라는 것이 본래 무엇인지 밝혀보려는 우리의 시도는 필연적으로 장애를 일으키는 상태로부터 출발할 수밖에 없다.

"심장을 가졌다는 것을 전혀 모르고 살았는데, 이제는 알아요"

지금까지 살펴본 바로 내 상태는 대개의 경우 내 몸이나 몸의 일부가 이상하다고 '느낌'으로써 장애를 일으킨다. 기분 좋지 않음의 다양한 양상은 세계를 우리 몸으로 환원시킨다. 그러니까 몸이 좋지 않다는 체험이 곧 기분 나쁨이다. 그렇지만 이런 깨달음은 연구를 하는 우리에게 충격적이다. 얼핏 보기에도 몸의 감각이 보이는 반응은 우리를 압도할 정도로 많아, 이를 구분하고 정리할 수 없을 것처럼 보이기 때문이다.

그럼에도 과감히 시도해야 한다면, 가능한 방법은 단순화일

---

5 엄밀하게 볼 때 이 말은 정확하지 않다. 기분 좋음의 보다 정확한 분석은 우리 몸의 상태라는 것이 아주 애매한 현상임을 밝혀준다. 긍정적인 의미의 상태(곧 기분 좋은 상태)는 뭔가 이상하다는 가벼운 느낌이 의식될지라도, 가벼운 느낌 이상의 것이 감지될지라도, 그저 그러려니 여기기 때문이다. 이 글에서 이런 문제는 그저 언급만 하고 넘어가기로 한다. 이 현상의 자세한 연구는 다음 장에서 다룰 생각이다.

뿐이다. 그러나 단순화로 완벽함을 기대할 수는 없기에 그 신뢰
도는 문제가 될 수밖에 없다. 그 밖에도 우리는 단순화의 사례를
선택하면서 '몸 내부'라는 영역, 곧 내부 장기의 장애나 질병으
로 나타나는 기분 나쁨에만 주목해야 한다.

겉보기로 내 상태가 장애를 일으키는 가장 간단한 양상[6]은
내부 장기의 '있음'을 의식하는 것이다. '장기'라는 개념이 자연
과학이 말하는 형태라는 의미를 지니는 것이 아니라, 단적으로
몸 체험의 내용을 뜻한다는 점은 그저 짧게 언급해두는 것만으
로 충분하다. 환자는 아무 의식이 없이 직접 쓸개나 위장을 체험
하지 않기 때문이다. 환자는 고작해야 윗배, 오른쪽이나 중심부,
혹은 가슴 안에서 두근거리며 뛰는 어떤 것, 아 이게 심장이지
하는 식(드 뱅랭)으로 자신의 몸을 체험할 따름이다. '심장'이니
'쓸개'니 하는 말은 현상학이 본래는 허용하지 않는 표현이나, 용
어의 단순화를 위해 쓸 뿐이다.

내부 장기의 있음을 의식하는 순간, 나의 상태는 상당한, 매
우 혼란스러운 장애를 일으킨다. 심장과 혈관 질환이 있는 많은
환자는 의사를 찾아와 이렇게 불평한다. "심장을 가졌다는 것을
전혀 모르고 살았는데, 이제는 알아요." "내가 심장을 가졌다는
것을 알겠더라고요. 아픔이나 중압감이나 무슨 경련 같은 게 아
니라, 그냥 심장이 있다는 느낌이 불편합니다." 그러니까 장기의
있음이라는 자각만으로도 환자는 이미 불편해한다. 있음 그 자
체가 환자를 사로잡아 계속해서 있음을 확인하고 그 생각에 몰
두하도록 몰아붙인다. 마치 숨겨둔 파트너가 돌연 나타나 평소

---

6   몸 체험의 장애라는 또 다른 간단한 양상, 예를 들어 피로감, 탈진, 신
     경질, 자극 받음은 이 글에서 고려하지 않겠다.

일을 하지 못하게 방해하는 것과 마찬가지다. 이로써 평소 잊고 있던 몸이 의식의 전면으로 "불거져 나온다"(dépasser: 메를로-퐁티). 그렇지만 파트너의 등장이라는 비유는 부분적으로만 옳다. 이제 돌연 있는 것으로 불거져 나온 파트너는 엄밀히 말해 나 자신이기 때문이다. 심장은 어디까지나 나의 심장, 나의 고유한 심장이다. 그러나 이것은 다른 한편 단순하게 그냥 나의 고유한 심장이 아니라, 어떤 특별한 방식으로 나에게서 거리를 두고 떨어져나간 것, 말하자면 내 앞에 있는 것이다. 나의 단순하게 있음으로부터 빠져나와 나에게 거리를 둠으로써, 이 심장은 나에게 새삼 낯선 것으로 소외되었다. 나의 고유한 것인 동시에 이 심장은 상대적인 자율성을 가졌다.[7] 이제 나는 앞서는 전혀 의식하지 못했던 이 자율성을 의식한다. 예전에 장기는 내 단순한 인생 존재의 일부였으며, 그 존재는 나에게 숨겨져 있었다. 이제 장기는 그 상대적인 고유한 존재를 신고하며, 내 생명에 영향을 줄 수 있다는 암시를 흘리며 자신을 주목해주기를 요구한다. 말하자면 내 운명을 좌우할 수 있다는 으름장이 이 암시다. 이처럼 갑작스럽게 부각되는 장기의 존재로 나의 자유가 제한되는 결과가 생겨난다. 심장의 존재를 의식하며 늘 압박감을 느끼는 환자는 이 심장을 주목하며 염려하는 통에 사회생활이 위축되는 상황을 맞이한다. 심장은 환자에게 자신을 주목해달라고, 몸을 염려해달라고 요구한다. 심장의 존재를 자각하는 체험으로 인해 세계를 향한 환자의 행동은 제한된다. 그러니까 기분 좋음은, 지금 우리가 확인하듯, 나의 '장기'가 그 존재를 주목하게 만들지 않는 것이다.

7   이 책 115쪽도 참조.

장기 존재의 의식에 '압박'이나 '중압'의 요소가 덧붙여지
게 되면 환자가 자유를 제한당하는 체험의 밀도는 높아지는 동
시에 변화한다. 예를 들어 신장병을 앓는 사람은 "뱃속에서 신장
이 무겁게 짓누르는 것"만 같다고 불평한다. 이런 무게감이 환자
를 주저앉힌다. 마치 뱃속에서 뭔가 무거운 것이 잡아당기는 것
만 같기 때문이다. 이 경우 장기는 존재를 의식하게 할 뿐만 아니
라, 압박을 준다. 묵직한 무게감 탓에 뭔가 낯설기만 하다는 느낌
은 더욱 강해진다. 물론 장기는 여전히 나의 '신장', 나의 '심장',
나의 '위장'이다. 그러나 해당 신체 부위는 불분명하고 뭐가 뭔
지 확인할 수 없어 기묘하기만 한 방식으로 변화한 것처럼 보인
다. 뭐가 뭔지 알아볼 수 없어 나를 염려하게 하는 무슨 일이 장
기에게 일어났다. 이것은 더는 '내 옛 장기'가 아니다(비록 '내 옛
장기'라는 것은 없었음에도!). 내가 주목하지 못하고, 뭔가 더해준
것도 없는데, 나와는 무관한 일이 일어나 장기는 내가 알지 못하
는 것으로 변화하면서 낯설어지고 말았다. 말하자면 늘 한결같
을 것만 같았던 존재에서 장기는 빠져나갔다. 이로써 내 내면의
조화는 무너져버렸으며, 병에 걸린 장기는 마치 남의 몸인 것처
럼 변해버렸다.

몸의 한계, 자유의 가능성

장기의 질병이 내 내면 공간의 변화로 나타나는 경우, 기분 좋음

이라는 평소 주목받지 않던 조화는 다시 좀 더 다른 방식으로 방해를 받는다. 이런 변화가 복부의 포만감(이를테면 간경화의 경우)이나 쓸개의 이상 증상으로 나타나는, 공간을 차지한다는 주관적인 느낌은 우리의 고찰에서는 그리 중요하지 않다. 이런 경우 환자는 흔히 윗배에 뭔가 늘어나고, 부풀어 올라서 공간을 차지한다고 불평한다. "내 쓸개가 평소 내가 필요로 하는 공간을 빼앗아가요.""뱃속이 꽉 차서 거북하기 이를 데 없어요." 몸의 이런 충격적인 변화에서 환자가 중시하는 것은 언제나 병이 일어나는 과정이 공간을 요구하는 것으로 체험된다는 점이다. 평소 내가 '필요로 하는 공간'을 빼앗긴다는 표현을 주목해보라. 이 말에 담긴 역설은 내가 평소 건강하던 때에는 내가 '필요로 하는 공간'을 전혀 의식하지 않는다는 점이다. 예를 들어 포만감 탓에 빼앗기는 것처럼 보이는 공간은 평소 있는지조차 몰랐던 공간이다. 다시 말해서 평소 나는 이 공간을 텅 빈 어떤 것으로 감지하지 않았다. 나는 이 공간이 나에게 주어져 있다는 것조차 몰랐다. 내가 주목하는 것은 오로지 그 제한이다. 내 안의 공간적 자유가 제한되었다는 이 느낌은 병에 걸렸다는 감정을 불러일으킨다. 이런 사정을 고려한다면 기분 좋음이란 내면의 공간적 자유가 제한되지 않는다는 것을 뜻한다.

그러나 이런 내면 공간의 제한으로 흔들리는 것은 나의 기분 좋음뿐만이 아니다. 바깥을 향해 활동할 나의 가능성도 침해받는다. 몸의 내부 공간이 좁아진다는 체험은 원칙적으로 내 외부 공간, 곧 세계의 위축이기도 하다. 내부와 외부의 공간 달취가 서로 상응한다. 이런 상응 관계가 인과 관계인지 하는 물음은 사안의 본질과 어긋나는 한가로운 질문이다. 내부 공간의 자유 상실이 내 행동 공간의 결손을 결과로 불러오는 것은 아니다. 몸의 내면 자유와 외면의 행동 자유는 안과 밖을 반영하는 '한 가지' 사건이 현상하는 방식일 뿐이다.

포만감과 다른 배의 비슷한 감각으로 몸의 자유 공간이 제한되는 것은 우리가 내면의 자유 공간이 줄어든다고 체험하는 유일한 양상이 아니다. 못지않게 심각하며 위협적인 것은 (그리고 또 정말 다르기도 하다!) 흉곽에서 일어나는 질병으로 답답함, 압박감, 경련, 호흡곤란 등이다. 답답한 느낌을 받으면 우리는 툭 터진 시원함을 갈망한다. 호흡하기에 충분한 공기를 가지지 못한다고 믿는 느낌이다. 이제 우리는 호흡을 위한 공간을 필요로 함을 경험한다. 이런 공간 폭의 제한에서 우리는 두려움을 느낀다. 심장과 관련한 압박감, 호흡곤란, 천식과 같은 상태에서 자유의 상실은 원초적인 두려움으로 체험되는 반면, 복부의 포만감은 극단적인 상황일지라도 두려움이 언제나 부차적으로 나타나며, 그 대신 뱃속으로 가라앉는다는 느낌, 뱃속으로 빨려 들어가는 체험이 나타난다. 이런 느낌의 소용돌이는 흔히 아주 강력해서 환자가 떨쳐버리기 힘들다. 환자는 소용돌이에 휘말릴 수밖에 없다. 부른, 지나치게 부른 배와의 과도한 결속이 생겨난다. 이 결속은 오래 지속된다. 인간은 누구나 과도한 식사를 한 끝에 이런 기분을 맛보지만, 보통 얼마 가지 않아 이런 기분은 사라진다. 그래서 대수롭지 않게 여겨지는 것이 이런 기분이다. 물론 이내 사라지는 짧은 포만감만 그렇다. 복부 질병에서 이런 포만감은 지속적이 되거나 최소한 몸의 체험을 좌우하는 상태가 된다. 환자가 건강했던 때 곧 지나가는 것으로 알았던 것, 그래서 대수롭지 않게 여겼던 것은 지속적이거나 결정적인 현상이 되어 이제 환자의 자존감을 짓누른다. 환자는 포만감에 혐오를 느낀다. 포만감이 부담이 된 것이다. 복부의 포만감에서 환자는 자신을 짓누르는 중압감 때문에 생겨나는 우울한 기분을 선험적이게a priori 가진 것으로 여긴다. 마치 선천적으로 타고난 것처럼 생각한다는 뜻이다. 환자는 내면의 소용돌이에 휘말려버려 인간과 사물과 제대로 된 소통을 나눌 가능성이 확 줄어들었다고 느낀다. 이처럼 복부의 포만감은 특별한 방식으로 환자를 외로움에 빠뜨린다(드 밸랭). 위장, 대장, 간장, 신장 등에 이상이 생긴 환자가 가지는 우울한 감정은 나의 존재와 자존감을 결정하는 '윗배 체험'으로 설명될 수 있다.[8] 그러니까 기분 좋음은 평소 의식하지 않는 무제한적인 내면의 자유 공간을 가진다는 것을 전제한다. 기분 좋음에서 우리는 내면생활에 그 어떤 공간적 한계를 느끼지 않는다. 우리는 내적으로 전인미답의 경지를 맛본다. 결론적으로 행복하다는 감정은 그 어떤 한계도 가지지 않아야 한다는 원칙적인 가능성을 반드시 필요로 한다.

이 내부 공간의 자유는, 우리가 보듯, 따로 떼어내 볼 수 있는 고립된 현상이 아니다. 이 자유는 행동의 자유, 바깥 곧 세계로 향할 자유와 관련된다. 그렇다, 앞서 언급했듯, 아마도 인간에게는 오로지 '하나'의 자유만 있지 않을까(자유에는 수많은 측

---

8   윗배의 이상에서 원초적으로 나타나는 우울한 기분은 진짜 우울증의 몸 체험과 유사하다. 멜랑콜리 증상이 소화와 배설 기능과 관련한 장기에서 특히 잘 나타나는 이유도 이렇게 설명될 수 있다.

면이 있고, 또 자유 상실도 여러 가지이기는 할지라도!). 두려움으로, 압박감에, 포만감이나 우울함으로 잃어버리는 내면의 자유는 우리가 자신의 몸을 그 자체로 따로 관찰할 때 생겨나는 현상이다. 다시 말해서 우리는 몸(세계를 대표하는 체계로서의 몸), 곧 세계의 일부이기도 한 몸을 세계라는 전체로부터 떼어내 '파르스 프로 토토'pars pro toto,° 즉 전체를 대표하는 부분으로 받아들일 때, 내면의 자유를 잃고 만다.

영원한 우울증 환자

이런 정황은 우리가 더 나은 전문용어가 없어 우울증이라고밖에 달리 부를 수 없는 환자를 관찰할 때 새롭게 조명된다. 지금 우울증이라는 문제를 따로 다루기는 어렵다.[9] 이 우울증 환자를 우리는 의사가 흔히 보는 증상에 국한해 다루기로 하자. 말하자면 '영원한 우울증 환자'(의사끼리 흔히 쓰는 전문용어다)로서 이들에게는 흔히 불평할 정당한 근거가 없음에도('영원한 우울증 환자'는 정신과, 예를 들어 멜랑콜리 우울증과 같이 정신과 의학에서 다루는 것이 아니다), 오늘은 이것을 내일은 저것을 하는 식으로 끊임없이 무수한 불평을 쏟아낸다. 자율신경계 장애를 가진 수많은 환자, 또한 우울증 초기, 노이로제, 과중한 부담감, 외로움에 시달리는 사람도 이 그룹에 속한다.

이 '영원한 우울증 환자'의 특징은 한시라도 자기 몸을 잊지

- '파르스 프로 토토'는 라틴어 격언으로 "부분이 전체를 나타낸다"는 뜻이다. 어느 한 부분만 취해 그것이 전체인 양 꾸미는 것을 가리키는 말로, 철학에서는 이 말을 차용해 '파르스 프로 토토 오류'라는 개념을 만들어 쓰기도 한다.
- [9] 우울증의 문제에 대해서는 이 책 「아픔, 우울증, 세상의 심술궂음」을 참조.

못한다는 점이다. 머리가 지끈거리며, 가슴이 답답하고, 손이 간지럽다. 위장과 대장이 활동하는 것이 느껴지며, 심장이 두근거린다. 다시 말해서 자신의 심장 박동을 느낀다. 장기의 '있음'이 끊임없이 자각되며, 객관적으로 장애가 있든 아니든, 장기의 기능이 늘 염려된다. 무슨 일을 하든 나 여기 있다고 주목해달라는 몸을 무시할 수 없다고 환자는 하소연한다. 몸은 지속적으로 관심을 보여주기 요구하며, 환자로 하여금 다른 의도에 충실하지 못하게 한다. 그렇다, 극단적인 경우에 몸은 바로 환자의 세계 그 자체다. 좀 더 정확히 말한다면 몸은 환자와 세계를 이어주는 접점이다. 환자를 세계와 묶어주는 모든 것, 일체의 관계는 프리즘 같은 몸을 통해 분절된다. 몸은 환자로 하여금 오로지 자기 자신만 신경 쓰게 하며, 모든 가능성으로부터 멀리 떼어내, 이 가능성을 제한한다. 몸 안의 뭔가가 항상 이 사람, 이 사물, 이 일에 관심을 쏟을 수 없게 방해한다. 몸은 지속적으로 달갑지 않은, 그래서 더욱더 성가신 파트너로서 환자를 가로막는다. 환자는 무슨 일을 하든, 몸을 통해à travers son corps(메를로-퐁티) 방해를 받아 늪에 빠진 것만 같은 느낌을 떨치지 못한다. 또는 마지막 절정에 이르면, 환자가 자신의 몸과 맺는 관계는 일종의 나르시시즘이다.[10]

통증 또는 몸의 발견

지금껏 언급한 모든 시례에서 통증의 역할은 득히 기분 좋음을

---

10   에리히 불프, 「우울증의 몸 체험」, 『신경과 의사』 29호, 1958, 60쪽.
      에리히 불프Erich Wulff(1926~2010)는 독일의 정신과 전문의이자 사회
      심리학 교수이다(─옮긴이).

깨뜨리는 것임에도 고려되지 않았다. 통증은 그 발생 지점을 특정하기가 비교적 분명하다. 이를테면 손의 아픔, 두통, 배의 특정 부위 하는 식으로 우리는 어디가 아픈지 이야기한다. 통증의 두드러진 특징은 해당 부위가 몸 전체라는 닫힌 체계로부터 빠져나온다는 것이다. 나와 몸의 이런 상대적 분리는 폰 겝자텔이 처음으로 주목했다(「인격 상실의 문제」, 『의학적 인간학 서설』, 172쪽과 188쪽). 나는 아픈 손을, 말하자면, 내 앞에 가진다. 그렇지만 아픈 손은 엄밀한 의미에서 나와 마주하는 순수한 대상일 수가 결코 없다. 손은 예나 지금이나, 심지어 더욱더 절박하게 나의 손이다. 이 손이 나에게 테러를 저지른다. 경우에 따라서는 참을 수 없을 정도로. 내가 손을 가졌을 뿐만 아니라, 오히려 손이 나를 가졌다는 말도 얼마든지 가능하다. 나는 경우에 따라서는 내 아픈 손에게 괴롭힘을 당하는 노예가 된다(마르셀). 부위를 특정할 수 있으며, 이 특정적으로 정의되는 통증의 현상학은 이 정도만 이야기하기로 하자. 상태의 균형이 무너지는 양상은 이 정도의 고찰만으로도 분명해졌기 때문이다. 나중에 필요하면 다시 언급하기로 하겠다.

우리의 상태 고찰에 더욱 의미심장한 것은 사르트르가 처음으로 '순수한 통증'douleur pure이라고 묘사한 통증 종류이다.[11] 이 말이 뜻하는 바는 예를 가지고 살펴볼 때 가장 분명하게 드러난다. 나는 안락의자에 앉아 책을 읽는다. 독서가 나를 사로잡은 나머지, 나는 주변의 모든 것을 잊는다. 어느 정도 시간이 지나자 어떤 불편함이 나를 관통한다. 처음에 그 이상은 의식되지 않는다. 불편함이 갈수록 커지면서 비로소 나는 독서를 중단하고 이미 오랫동안 두통을 느꼈다고 확인을 한다. 그때까지 나는 그저 무어라 특정할 수 없는 불편함만 느꼈을 뿐이다. 아무것도 느끼지 않았다거나 확실히 통증이로구나 하는 말은 할 수 없다. 독서를 중단하고야 비로소 머리가 한동안 아팠다고 확실히 말할 수 있기 때문에, 나는 통증의 이 일반적인 불편함을 돌이켜보는 회상으로 확인했다고도 주장할 수 있다. 이 통증은 한동안 사라지지 않았다. 그러나 '순수한 통증'으로서의 통증을 나는 아직 인지하지 않았다. 그것은 인지될 때까지는 내 의식의 단순한 양상(비非지향적인 통증)이다. 그것은 주목받지 않았으며 인지되지 않은 채 존재했다. 그것은 그냥 그렇게 있었다(통증 경험douleur vécue). 독서에 몰두해 있는 동안 내가 주목하지 않았던 세계가 절대 완전히 사라지지 않고 항상 애매한 배경으로 남는 것처럼, 이 '통증 경험'도 그저 배경으로만 존재했다. 주목되지도, 인지되지도, 그 부위를 특정하지도 않았다. 무정형 혹은 적어도 거의 무정형으로 이 통증은 그저 '경험'vécue이다. 사르트르는 말한다. 나는 내가 인지하지 못한 애매한 통증이 함께 포함된 이 전체 배경으로 실존한다. 이런 실존이 내 상태이다. 그저 오로지 경험된 통증은 마찬가지로 그저 경험된 몸, 배경으로서의 몸 전체와 하나로 녹아든다. 통증은 거의 의식되지 않았으며, 그렇다고 무의식으로 남은 것도 아니다. 통증은 내 실존의 '부분'이다. 나의 실존적인 상태가 지니는 하나의 양상인 통증이 기분 좋지 않음이다.

이 지점, 곧 행복이 불행으로 거의 부지불식간에 넘어가는,

기분 좋음과 그렇지 않음의 접점에서 건강한 사람은 반성적이지 않은 의식의 차원에서 몸을 거의 의식하지 않는 것이 분명하다. 건강한 나는 내 몸을 전혀 혹은 거의 의식하지 않는다. 나는 내 상태조차 주목하지 않으며, 그저 '기분 좋은' 상태에 있다. 건강하게 활동하는 우리는 우리에게, 우리의 몸에 전혀 머무르지 않는다(현상학적으로!). 우리는 '저기', 곧 사물과 세상의 사건, 타자에게 있다. 심지어 아주 조용한 가운데서도 우리는 몸을 거의 의식하지 않는다. 하지만 몸은 우리에게 무엇인가 알려준다. "살아 있다"고, "존재한다"고, "나는 할 수 있다"고, "나는 해도 된다"고 몸은 나에게 알려준다. 그러면서도 몸은 우리에게 숨겨져 있다. 몸은 침묵한다. 몸은 그저 당연한 것이다. 사르트르는 이런 맥락에서 몸을 '무시된 것'le négligé이라 불렀다. 또는 '침묵 속에 묻어둔 것'passé sous silence(『존재와 무』, 368쪽)이라고도 했다. 이런 단순하게 살아지는 기분 좋음의 배경에서 갑자기 뭔가 불거진다. 불거지는 이것이 기분 좋음을 깨뜨린다. 이 불거짐은 (내 심장을 의식하든, 뱃속이라는 내부 공간이 거북하든, 또는 그래서 마침내 내가 이 통증을 확인하든) 언제나 인지함을 뜻한다. 나는 내 몸의 존재를 인지한다. 더 정확히는 내가 심장을 가졌음을 인지한다. 또는 내 배의 존재를 경험한다. 아무튼 나는 내 장기의 독자적인 생명력을 인지한다. 또는 통증을 특정 신체 부위로 확인한다. 그렇다, 나는 먼저 통증을 확인하고, 이로써 아픈 신체 부위를 확인한다. 통증의 대상이 생겨난다. 다시 말해서 이제 본래적인 의미의 통증이 생겨난다. 나에게는 특별한 의미에서 인지된 몸이 생겨난다. 이처럼 대화를 나누듯 나는 내 몸을 확인하며, 내 몸은 부분들로 분류되고, 신체 부위가 특정된다. 아픈 부위를 특정하는 인지 활동의 종류에 따라 상이한 몸 형태를 나는 구성한다. 이로써 동시에 내가 내 몸과 맺는 관계가 변한다. 답답하게 만들거나 아픔을 주는 신체 부위가 돌연 나에게 불거져 나왔다. 동시에 신체 부위는 나를 괴롭힌다. 이로써 몸은 그 어떤 때보다도 나의 것인 동시에 낯설기만 한 것이다. 아픔을 주면서 돌연 존재를 신고한 신체 부위는 독자적인 생명력을 얻는다. 그리고 이 독자성에서 아픔을 표현한다. 통증은 나타났다가 얼마 동안 홀연 사라지더니, 다시 나타난다. 마치 멜로디처럼 나타났다가 사라짐을 반복한다. 그러나 이 독자성에도 불구하고 그것은 나의 통증이다. 잠시 사라졌다가 다시 나타날 때마다 나는 통증을 나의 것으로 인지한다.

나의 것인 동시에 나에게 소외되었다는 이런 양면적인 상황에서 인간, 즉 인격체로서의 인간은 아픈 신체 부위로부터 어떻게든 빠져나와 거리를 두려 시도한다. 이 빠져나옴, 즉 통증에서 우리가 보이는 자기 운동에서 통증은 운동이라는 성격을 얻는다(통증의 운동 특징은 아헬리스와 보이텐디크가 거듭 강조한 것이다).[12] 그러나 거리를 두려는 시도는 수포로 돌아갈 수밖에 없다. 물론 손이 아픈 경우 극단적으로는 손목을 끊어낼 수는 있다(그러나 결코 올바른 방법이 아니다. 그럼 환각 손이 나타나기 때문이다). 나의 심장, 아픈 내부의 장기와의 결별은 절대 가능하지 않다. 우리는 내부의 장기를 버릴 수 없다. 장기를 가진다는 것은 외부 신

12　요한 다니엘 아헬리스, 「통증」, 『신경과 의사』 9호, 1936, 559쪽. 요한 다니엘 아헬리스Johann Daniel Achelis(1898~1963)는 독일의 심리학자이자, 의학 역사학자이다(―옮긴이). 보이텐디크, 『통증』Der Schmerz, 베른, 1948.

체, 예를 들어 손이나 발보다 더욱더 이 장기에 소유됨을 뜻한다 (마르셀). 아픈 심장은 언제나 이제 인지된, 나와는 뗄 수 없이 연관된 파트너라는 형태로 남는다. 내부의 장기는 결코 대상이 될 수 없다. 아픈 심장, 심지어 그 있음을 나에게 인지시키는 심장은 나와 뗄 수 없는 공생 관계에서 사는 파트너다. 나는 아픈 심장이 언제 나를 심각하게 위협할지 전혀 모른다. 나는 심장이라는 파트너의 태도를 결코 예측할 수 없다. 나는 이제 이 파트너가 나의 운명임을 경험한다. 다만 언제 이 파트너가 운명의 일격을 날릴지 알지 못한다. 그러나 분명한 것은 파트너가 언제라도 나를 파괴할 수 있다는 점, 언젠가는 틀림없이 그렇게 하리라는 점이다. 이 타자(이 파트너)는 나의 예상된 죽음이다. 나는 죽음이 나에게 실존적 가능성으로 다가왔음을 발견한다.

메스꺼움, 벗어던질 수 없는 몸의 부담

우리는 지금까지 상태의 교란이라는 관점에서 기분 좋은 행복감의 구조를 알아보려 시도했다. 이런 접근방식은 행복과 불행이 현실에서도 엄밀하게 구분되는 현상이라는 관점을 유도할 수 있다. 그러나 이런 관점이 전적으로 맞지는 않는다. 정확히 말해서 몸 체험의 저마다 독특한 방식이라는 심오한 근거에서 보자면, 어떤 식으로든 우리는 몸의 요구에 지속적으로, 대개는 거의 눈치 챌 수 없거나 단계적으로 분명하게 드러날지라도, 휘둘리게 마련이다(그러니까 행복감을 느낄 때에도 몸은 어떤 식으로든 그 있음을 알리게 마련이다). 이처럼 행복한 상태에서도 흔히, 비록 애매하거나 뭐가 뭔지 모를 정도이기는 할지라도, 어떤 불협화음, 몸의 이상이 감지된다. 이럴 때마다 우리 몸은 낯설게 여겨지며, 가벼운 속박, 부담, 압박감을 드러낸다.[13] 사람들은 대개 이 가벼운, 섬약한 불협화음을 감지하지 못한다. 그렇지만 어떤 이들은 이따금 느끼며, 또 다른 사람은 아주 자주 감지한다. 개인적으로 감지의 정도는 매우 큰 편차를 보인다. 또 이 불협화음은 얼마나 잘 들을 수 있는지 그 능력에 따라 새겨지는 정도가 달라지는 문제이기도 하다.

이런 가벼운 불협화음은 내 안에 꾸준히 연속적으로 존재한다. 불협화음은 나의 것, 내 몸의 것이다. 사라졌다가 다시 나타날 때 나는 곧장 예전의 것과 동일한 불협화음임을 알아본다. 불협화음은 마치 예전에 들었다가 잊었으나 다시 기억나는 멜로디와 같다.

내 짐작으로는 사르트르가 '메스꺼움'nausée이라 부른 현상이 같은 문제를 다루는 게 아닐까 싶다.[14] 이 단어의 의미(사르트르가 쓴 그대로의 의미)를 헤아려보고자 하는 사람은 무엇보다도 오늘날 의학이 말하는 '구토'로 받아들이지는 말아야 한다. 또 심리학이 다루는 혐오감이라는 현상도 아니다. '메스꺼움'은 환원할 수 없는, 곧 더는 지탱할 것이 없는 모든 실존이 우연을 경험하며 느끼는 감정이다. 사르트르가 자신의 소설에서 묘사한 것은 바로 이 감정이다. 사르트르는 인간에게 모든 실존은, 그 자신

13   루트비히 빈스방거, 『인간 존재의 근본 형식과 인식』Grundformen und
      Erkenntnis menschlichen Daseins, 취리히, 1953, 468쪽. 루트비히 빈스방거
      Ludwig Binswanger(1881~1966)는 스위스의 정신의학자이자 정신분석
      가이다(— 옮긴이).

14   장 폴 사르트르, 『메스꺼움』La Nausée, Paris, 1938. 'nausée'는 내가 보
      기에 독일어로 적절히 옮길 말이 없다. 가장 가깝게는 'überdruß'(막
      연한 싫음)라 할 수 있겠다. [국내에 사르트르의 이 소설은 『구토』로 옮
      겨지기는 했다. 그러나 어떤 격렬한 분위기라기보다는 인간 실존의 근

까지 포함해 정상치를 넘어서는 과도함이다de trop. 넘쳐날 정도
여서 짜증스러움을 유발하는 모든 실존은 우연이라는 결함을 가
진다. 몸을 가진 실존도 마찬가지다. 우리가 결코 벗어던질 수 없
는 몸이라는 실존은 정상치를 넘어서는 과도함이고de trop 부담스
럽고 압박감을 준다. 말하자면 '메스꺼움'은 인간이 피할 수 없
이 갖는 근본 감정이다. 우리가(빈스방거와 더불어) 몸이 부담과
압박을 준다고 한 것은 바로 이 '메스꺼움'이라는 배경에서만 생
각될 수 있다. 부담이라는 것이 곧 '메스꺼움'은 아니지만, 인간
실존의 짜증스러운 부담은 이 '메스꺼움'의 경험이 없이는 생각
될 수 없다. 물론 인간이 처한 여러 정황, 이를테면 황홀경, 절정,
행복에서 '메스꺼움'은 완전히 사라진 것처럼 보인다. 개인은 대
개 '메스꺼움'을 실질적으로 겪지 못할 수도 있다. 그러나 이것
은 인간학이 인간의 본질에서 확인하는 사실이다.

그처럼 애매하고 그림자 같은 현상, 우리가 의식하기보다는
그냥 그러려니 견디며 살아가는 이 현상은 항상 둔중하고 거칠며
왜곡되어 나타난다. 이 현상은 현실에서 궂은 날씨에 느끼는 우
리의 불쾌함 또는 자욱한 안개 속에 서 있는 것 같은 몽롱함에 지
나지 않을 수 있다. 이런 현상은 무어라 파악할 수는 없지만, 감
지되기는 한다. 무어라 이름 붙이려 하면 이 현상은 일종의 만화
처럼 엉뚱하게 그려진다. 그러나 이 현상의 문제는 꼭 짚고 넘어
가야 한다. 몸이 가진 가벼운 이런 부담스러움은 결국 모든 행복
감 안에 이미 들어 있다. 그 자체로 의식되는 일은 좀체 없다. 막
연한 배경으로만 남을 뿐이다. 우리는 실존의 막연함을 그냥 살

저에 깔린 막연한 불안감을 이야기한다는 점에서 '메스꺼움' 정도가
더 어울린다는 것이 옮긴이의 생각이다. 저자가 적당한 역어를 찾을
수 없다고 한 것도 같은 고민을 말한 것이다(─옮긴이).]

아간다.

몸과 세계의 경계에서

그렇지만 이제 우리는 관점을 바꿔야 한다. 바꾸지 않으면 우리의 묘사에 끼어든 부정확함이 숨겨진 채 남을 수 있다. 행복이 몸에서 아무것도 의식하지 않는 상태라는 가설은 몸이 편안해할 때 느끼는 쾌적함도 행복의 한 가지 양상이라는 논리에 의해 반박될 수 있는 것처럼 보인다. 몸의 편안함을 만끽하는 상황, 그래서 온몸을 의식하는 상황도 행복일 수 있지 않느냐는 반론은 그에 상응하는 경험을 가지기 때문이다. 이를테면 병을 깨끗이 이겨낸 쾌차의 상황, 고된 근무를 한 끝에 맛보는 꿀처럼 다디단 휴가, 평온한 일요일 오전 혹은 와인 한 병으로 기분 좋음을 누리는 저녁 시간이 그런 경험이다. 그러나 쾌적함은 행복이 아니라, 일종의 고양된 활동이다.

　우리의 일반적인 언어 사용은 쾌적함이 단순한 실존 상태 이상의 것임을 암시한다. 우리는 쾌적함을 '찾는다'. 우리는 자신을 편안하게 '만든다'. 다시 말해서 쾌적함은 어떤 특정한 배경에서 상황을 의도하고 만들어내려는 활동이다. 이를테면 통증을 이겨냈거나, 통증이 줄어든 배경에서 나는 나 자신을 더욱 편안하게 만들고자 노력한다. 고되게 일하고 탈진한 다음, 힘을 회복하며 나는 나 자신을 쾌적하게 만들 기회를 찾는다. 이처럼 어떤 것을 이겨내고 뒤로 흘려보냈을 때, 나는 편안해한다. 쾌적함은 고된 일을 멈추었다고 해서 그냥 생겨나지 않는다. 쾌적함에는 자신을 열어놓고, 긴장을 푸는 일에 몰두하며 휴식을 즐길 줄 아는 자세가 필요하다. 다시 말해서 내가 쾌적해한다는 것은 내가 나 자신에게 몸의 편안함을 만들어주어야만 한다는 것을 뜻한다. 내가 보기에 쾌적함이 지니는 이런 활동적 특징은 우리에게 생겨나며 엄습하고 감수하게 만드는 '상태'와는 다르다. 그러니까 우리 실존적 인간이 실존의 근본 조건으로 그 안에 내몰린 상태, 기분 좋음과 기분 나쁨이라는 상태, 행복과 불행이라는 상태에는 활동으로 이를 바꿀 가능성이 없다.

우리의 '상태'가 성립하는 조건의 묘사에는, 지금껏 우리가 살펴본 그대로 둔다면, 근본적인 오류가 포함되었다. 이 오류를 나는 의식해서 끌어들였으며, 이제 다시금 분명하게 언급함으로써 이를 제거할 방법을 찾아보고자 한다.

아픈 심장으로 경험하는 상태의 교란은 내가 내 몸을 다루는 방식에만 국한되는 게 결코 아니다. 이런 상태는 언제나 세계(나의 세계)가 배경(혹은 전경)으로 행사하는 영향력에 크든 작든 지배당한다. 나는 강의를 할 때에 거의 언제나 평소 나를 괴롭히던 팔의 류머티즘 통증을 잊는다. 진료 시간이 끝나갈 무렵 지치고 짜증스러울 때 내가 아직 그 아픔을 돌보아주지 못한 환자를 한 명 더 진찰해야 한다면, 복부의 은근했던 포만감은 더욱 커진다. 방문을 알리는 친구의 편지는 평소 나를 두렵게 하던 심장의 은근한 존재감을 잊게 만든다.

이는 곧 내 상태가 몸을 다루는 방식에서만 생겨나는 것이 아님을 뜻한다. 제3자, 곧 세계가 언제나 함께 끼어든다. 내 몸은 하나의 상황, 내가 맞닥뜨리는 상황이다. 이 상황에서 나는 무엇을 하거나, 상황을 부정하거나 긍정할 어떤 태도를 취한다. 그러나 몸만으로 상황 전체가 이뤄지는 것은 아니다. 몸과 나의 관계는 언제나 내 세계로 규정되며 변화한다. 내가 이 사람, 저 물건, 이 계획, 저 체험에 부여하는 의미는 세계로부터 만들어진다. 우리의 마음이라는 것은 우리 안에만 있는 것이 아니다. 우리의 영혼은 대개 '저 바깥'에, 세계에, '저곳'에 있다. 우리에게 혼을 불어넣어주는 것은 세계다. 우리 영혼은 대개 몸과 세계의 경계에 위치한다. 내가 몸을 다루는 방식에서 생겨나는 상태는 다시금 세계로부터 규정된다. 그러나 만남, 어떤 체험, 열광 따위로 몸의 불편한 상태가 뒤로 숨거나 아예 사라진다 할지라도, 곡해할 수 없는 분명한 사실은 심장의 고통 혹은 신장 주위의 짓누르는 느낌이 일정 정도에 이르면 내 소통의 가능성은 확연히 줄어든다는 점이다. 그리고 몸의 모든 불편함에는 일종의 등급skala이 성립한다. 내가 주변과 소통할 가능성은 외부의 몸의 불편함보다는 내부 장기의 문제로 인한 괴로움 탓에 더욱 줄어든다. 이를테면 뱃속의 불편한 느낌은 손이나 발의 그것보다 나를 더욱 움츠리게 한다. 두통이 등의 불편보다 더 짜증스럽다. 그러나 지금 이 문제는 자세히 다룰 수 없다. 몸의 체험이라는 광활한 영역을 담아내기에 이 글의 틀은 너무 비좁다.

이 글의 제목이 이미 암시하듯, '상태'의 방식을 다루는 우리의 묘사는 너무 허점이 많다.* 물론 영역을 죽 훑어보며 뭔가 새로운 측면을 발견했기를 우리는 바란다. 그러나 이 영역의 풍경을 우리는 너무 피상적으로 살폈다. 완전하고자 한다면, 배고픔, 추위, 탈진, 메스꺼움 등 위기의 성격을 지니는 모든 상태가 연구되어야 한다. 다시 말해서 몸 전체에서 일어나는 변화의 모든 느낌을 우리는 살펴야 한다. 그러나 이 모든 것을 남김없이 다루는 일은 불가능하다. 불완전하기는 하지만, 그럼에도 우리는 '상태'의 몇 가지 규정을 얻어낼 수 있었다. 이 규정에 따르면 기분 좋은 상태라는 행복감은 몸 전체가 의식되지 않고 무정형으로 남는 것이다. 몸으로 그저 살아감, 발견되지 않고 인지되지 않은 몸, 의식하지 못했거나 거의 의식하지 않은 배경으로서의 몸은 온전한 몰입의 경우 세계가 의식되지 않고 정리되지 않은 배경인 것과 마찬가지다. 행복한 상태는 몸으로 살아감의 양상이며, 이 양상에서 몸은 세계에 온전한 관심을 쏟으며 행동할 수 있게 해주는 일종의 점, 곧 출발점이다. 행복한 상태는 온전히 '저기'에 있을 수 있음을 가능하게 해주는 것이다. '저기'에서 일에, 세계 안에서 일어나는 일에 몰두할 때 나는 행복하게 느낀다. 행복한 상태는 아직 발견되지 않은 몸의 '여기'다. 말하자면 이 상태에서 나와 몸은 아직 분리되지 않았다. 그럴 때 몸은 그저 당연한 것, 말이 없는 것, 침묵하는 것으로 그저 살아감이다.

---

* 이 글의 원제는 「상태: 몸 체험, 특히 내적 질병의 경우에서 본 몸 체험의 현상학」이다.

행복과 불행

»

일반적으로 행복이란 내가 내 몸을 전혀 느끼지 않는 상태를 말한다. 몸
이 침묵하면서 그저 눈치 채지 못하게 당연한 것으로 있으면서 나를 자
유롭게 놓아둘수록, 그만큼 나는 세상의 그 무엇과 더욱 완벽하게 소통
하며, 분명한 행복감을 맛본다.

«

"어디가 어떻게 아픈지, 뭐가 대체 문제인지 잘 모르겠어요"

어느 날 63세의 할머니 환자가 진찰을 받으러 왔다. 이 환자는 주치의가 1948년에 갑상선 수술을 하고 나타난 파상풍 증세로 나에게 이관되었다. 수술을 받고 사흘 동안 그녀는 심각한 경련 증상을 보였으며, 나중에도 간간이 경련에 시달렸다. 그렇지만 벌써 오래전부터 할머니는 더 이상 경련에 시달리지 않았다. 어떤 불편함 때문에 의사를 찾게 되었느냐는 질문에 그녀는 이렇게만 대답할 뿐이었다. "오래전부터 기운을 차릴 수가 없어요." 이런 말 외에 그 어떤 이상함도 발견할 수 없었다. 이리저리 몇 가지를 캐묻는 수고를 거치고 난 다음에야 비로소, 예를 들어 밭일을 하기가 힘들다는 이야기를 들었다. 너무 빨리 피곤해지는 통에 중간에 몇 차례나 쉬어야 했다고 한숨을 쉬었다. 대개 한두 시간 작업을 한 뒤에 다른 사람보다 일찍 낙담한 채 귀가해야 했다고도 말했다. 뜨개질도 힘들기만 했단다. 15분마다 휴식을 취해야 했다. 감자를 깎는 일도 힘겹기는 마찬가지였다. "아무것도 할 수 없어요." 모든 게 예전 같지 않아 화가 난다고도 했다. 무엇을 해도 즐겁지 않다는 말도 했다. 더 집중적으로 이것저것 물어보았으나 환자로부터 알아낼 수 있는 것은 더 없었다.

어떤 의사든 '정확한 원인'을 알아낼 수 없는 그런 환자는 한 명쯤 있게 마련이다. 피로하다거나 기운이 없다, 일상의 일을 감당할 수 없다는 일반적인 종류의 불평만 들을 따름이다. 이 경우가 그렇다. "벌써 8년째 기운을 차릴 수가 없어요." 수많은 비슷한 사례와 마찬가지로 여기서도 환자는 자신이 겪는 어려움을 말로 표현하는 데 힘겨워할 뿐만 아니라, 몸 상태를 그저 그런 식으로만, 그러니까 상세히 드러내지 못한다는 인상만 준다.

병세를 특정할 수 있는 증상을 집중적으로 캐묻고 나서야 좀 더 많은 것이 밝혀졌다. 환자에게 직접 손과 발이 저린 현상이 있는지 묻자, 그녀는 흠칫 놀라는 표정을 지으며 감자를 깎거나 바느질 혹은 뜨개질을 할 때마다 손이 저린 바람에 이내 일을 멈추어야 했다고 말했다. 그러나 정확히 어떤 아픔을 느끼는지 구체적인 묘사를 요구할 때마다 환자의 주의를 그쪽으로 유도해주어야 했다. 의사가 단도직입적으로 캐묻지 않으면 환자의 묘사는 원래 그 말투, 곧 "오래전부터 기운을 차릴 수가 없어요" 하는 지극히 일반적이고 모호한 말만 되풀이할 따름이었다.

함께 이야기를 나누며 일련의 중요한 증상을 확인하지 않았느냐는 의사의 캐물음에 환자는 난처한 미소를 지으며 말했다. "아세요, 선생님, 우리 농촌 사람들은 정확히 어디가 어떻게 아픈지, 뭐가 대체 문제인지 잘 몰라요. 우리는 그저 뭔가 이상하다고 느낄 뿐, 어디가 무엇이 문제인지 말할 수가 없답니다."

이 지극히 일상적인 경우에서 특수한 점은 인간이 질병에 걸렸음에도 경우에 따라 자신의 증상을 명확히 묘사할 수 없을 뿐만 아니라, 자신의 병을 일상생활의 요구를 감당할 수 없는 일종의 좌절로 체험한다는 사실이다. 우리의 여성 환자는 감자 깎기를 20분 정도 하고 나면 생기는 손가락의 경련 현상을 실제로 제대로 지각하지 못했으며, 손이 마비되는 현상의 전 단계인 저림도 정확히 알아차리지 못했다. 그녀는 집중적인 캐물음을 받고 나서야 비로소 입술 주위가 아무 느낌도 없어진다는 사실을 기억해냈다. 뜨개질을 할 때마다 아래팔이 잡아당기는 것처럼 아픈 것 역시 대화를 나누면서야 비로소 깨달은 것처럼 보였다. 이 환자는 강직성 경련(저림 현상과 손 마비)과 관련한 모든 증상을 체험했음에도, 자신의 아픔을 충분히 객관적일 정도로 묘사하고 말해줄 수 있는 처지가 아니었다. 그녀는 자신이 의심의 여지없이 경험한 질병 과정을, 이 병을 이겨내는 데 필요한 인간 관계의 소통에 요구되는 정도로 객관화할 수 없는 게 분명했다. 그녀는 우리가 고열을 앓을 때 흔히 보는 쇠약함에 빠질 뿐이었다. 집중적으로 질문을 하면서 이러저러한 증상의 연관을 지목하고, 의사와 환자가 공동으로 노력을 기울여야 '뭐가 정확히 문제'이고, 자세하면서도 부위를 콕 집어낸 증상, 곧 아픔이나 경련이 어느 신체 부위에서 일어나는지 알아낼 수 있다고 해주어야 간신히 입을 열 따름이었다. 우리는 이 경우에 환자가 오랫동안 그저 막연한 병의 느낌을 가졌을 뿐, 그 어떤 일관적이고도 특징적인 현상을 자각할 수 없었다는 사실을 확인했다. 환자는 다만 일반적인 쇠약함, 일상의 요구를 감당할 수 없는 무기력함만 자각할 뿐이다.

세상의 모든 물건이 내 기분에 물든다

우리는 누구나 감염 초기 혹은 오랜 질병 끝 회복기에 접어들며 나타나는 이와 비슷한 상황을 알고 있다. 이런 상황을 우리는 '기분이 좋지 않음' 혹은 '늘 피곤함', '지침', '허약함' 혹은 '막연한 예민함' 따위로 체험한다. 이럴 때, 우리는 뭔가 일을 하려고 하거나 노력을 기울일 때, 붕 뜬 것 같은 느낌을 받는다. 내가 아닌 다른 무엇에 내몰리는 경험은 우리를 쉽사리 놓아주지 않는다. 아마도 모든 게 언짢은 나머지, 마치 사지가 떨어져나가거나, 마치 내 것이 아닌 것 같은 느낌으로, 내 몸의 움직임이 내 것이 아닌 느낌을 떨칠 수가 없다. 또는 모든 게 뭐가 뭔지 알 수 없는 끈질긴 묵직함에 사로잡힌 나머지, 당사자는 어떤 일에도 솜씨를 발휘할 수 없는 무기력함에서 빠져나올 수가 없다. 이런 상태에 빠지기 전에 우리 행동은 항상 지금 하는 체험의 중심에 있는 바로 그것과 완전히 일치하는 느낌을 맛보았다. 이 행동은 내 감정의 '빛남'이었을 뿐만 아니라, 뭔가 어쩔 수 없이 겪는 것만 같은 수동적 체험의 순간에서조차 자신감을 선물했다. 그러니까 건강함이란 나의 능동적인 파악과 주목이라는 느낌과 늘 함께했다. 이를테면 아픔을 느끼는 순간에서조차 너끈히 참아내고 이겨낼 수 있다는 감정이다. 이처럼 행동과 감정의 일치는 우리가 명료함이라 부르는 것이다. 이런 명료함이 기분이 나쁘다거나 불편함이라는 상태에서 완전히 흐려지는 것은 아니다. 건강한 일상에서 정황이라는 매개는 오로지 부분적으로만 불투명해진다. 그러니까 명료함은 부분적으로 흐려지며, 오히려 우리의 건강함을 빛나게 만든다. 말하자면 불편한 상태에서 행동하면서 건강이 더 소중하게 여겨지는 셈이랄까. 그러나 이런 흐림이 나를 온전히 장악하는 것은 아니다. 오히려 이런 상태를 자각하며 반성하게 될 때, 이런 불쾌함의 기분이 깨달아진다. 그러니까 살아서 느낀 기분이 체험하는 불행의 상징이 된다. 두 상태는 서로 대안인 것처럼 충돌하고 섞이며, 빠르게 바뀐다. 이로써 '내 몸'이라는 특징적인 영역이 제한을 받는다. 내 몸의 한계를 느낀다. 바로 그래서 우리는 이런 상태를 '몸의 상태'라 부른다.

이 상태를 구성하는 느낌은 분명하다. 일반적인 불편함, 불행함이라는 게 자각되기 전에 대개 드러나는 게 그런 느낌이다. 이런 느낌을 우리는 우리 자신이나 상대방 혹은 일상생활의 물건을 상대로 표출한다. 우리의 여성 환자도 자신의 나쁜 기분으로 힘겨워한다. 손이 일을 못 하게 휴식을 강제하는 게 불만스럽기만 하다. 느낌이라는 것과 일반적인 불편함이라는 기분에 사로잡힘은 분명 서로 하나이다.

마찬가지의 관찰은 피로함이라는 현상과 그 전 단계에서도 할 수 있다. 그러니까 더 말할 나위 없이 피곤한 상태, 특별히 힘들여 일한 나머지 앉아야만 할 정도로 다리가 묵직한 것을 깨닫기 전에, 그 무거움을 이겨내야만 하겠다고 마음을 다져먹기 전에, 먼저 불분명한 불쾌함이 나를 사로잡는다. 그러니까 아직은 일에 집중할 수 있다. 내가 있는 풍경, 걷고 있는 거리, 나를 스쳐 지나가는 사람들, 혹은 대화를 나누며 함께 가는 상대에게 아직은 몰두한다. 내 주의력은 조금도 흐려지지 않았다. 여전히 막힘 없이 일한다. 그러나 천천히 무언가 달라진다. 나의 지향성은 불분명한 상태와 더불어 아직은 영향받지 않고 지속된다. 그러나 갈수록 나를 떠받드는 상태를 떨쳐버릴 수가 없다. 무거움과 같은 나직한 감정이 나를 관통한다. 피로로 무겁게만 느껴지는 게 아직은 다리가 아니다. 피곤함으로 나의 자세를 힘겹게 만드는 게 아직은 등이 아니다. 나는 무언가 나에게 부담을 준다는 것을 느낄 뿐이다. 몸을 움직이는 데에는 아직 아무 어려움이 없다. 그러나 자연스러운 걸음걸이는 갈수록 줄어든다. 아마도 예전처럼 상점의 진열장이 나를 유혹할 때 아무 어려움 없이 거리를 건너 구경하던 게 이제는 조금씩 힘겨워진다. 주변은 그 다양함, 곧 매력을 잃어버린다. 아무 생각 없이 앞으로 걸음을 내딛는 게 이제는 의식적인 결단을 필요로 한다. 당연하게만 여겨졌던 방해받지 않는 능력의 풍요로움이 줄어든다. 그 대신 예전처럼 단순하게 걷는 것에 만족하려고만 든다. 혹은 무언가 부딪치거나 엉뚱한 곳에 들어선다. 예전 같으면 아무런 의식적인 충동이 없이도 자연스럽게 피할 수 있던 일이다. 이런 식으로 피곤함은 시작된다. 이처럼 주변 환경과 맺는 경험에 비추어 우리는 이렇게 말한다. "저기 내 생각에는, 나 피곤한 거 같아."

반면, 본격적인, 그 자체로 체험되는 피곤함은 내 사지와 몸의 본래적인 부담과 묵직함이 그 특징이다. 이제 피곤함은 그저 단순히 뼈와 근육을 사로잡는 무거움으로만 나타나지 않는다. 피곤함은 태도와 운동에 고스란히 나타나며, 피곤한 이전의 상태와는 전혀 다르게 주목된다. 나의 주의력과 활동은 이제 태도나 운동에 고착되어 피곤함에서 벗어나지 못한다. 태도와 운동 그 자체가 문제가 된다. 이제 내 태도는 거듭 추슬러야만 태도가 된다. 그리고 내 운동 역시 의식적으로 고집해야만 계속된다. 그러니까 이제 태도와 운동은 내 몸에서 멀어진 것처럼 보인다. 부담스럽고 무거운 사지는 마치 의족이나 의수처럼 여겨진다. 사지를 묶은 것만 같은 저항을 이겨내야 몸을 움직일 수 있다. 이로써 피곤함이라는 나의 상태는 점차 힘들어지는 방식으로 행동과 주의력을 유도해야 하는 것으로 고정된다. 이런 저항을 벗어나야(극복해야), 피곤한 사지 그 이상의 것을 나는 가까스로 주목할 수 있다.

예를 들어 피곤한 다리가 아프다고 하자. 그럼 이제 나는 발을 단계적으로 들어 올릴 결심을 해야 한다. 그러니까 더는 저절로 걸을 수 없다. 다리는 갈수록 무거워지고 일정한 형태를 잃어버린다. 발걸음을 내딛을 때마다 거리는 거칠게만 느껴진다. 관절의 움직임이 힘들고 곤란하게 여겨진다. 진열장, 가로수는 그냥 스쳐가며 배경이 되어, 저절로 사라진다.

피곤함의 전 단계에 나타나는 것을 우리는 식욕이 나타나기 전의 상황과 비교할 수 있다. 식사를 하기 전에 불현듯 나는 식욕을 느낀다. 음식을 보거나 먹기 시작해서야 식욕이 생기는 게 아니다. 식욕을 발견했을 때 이미 식욕이 있었음을 느낀다. 되돌아보며 지난 30분 동안 일을 하면서 초조하거나 건성이었거나 그냥 빨리 일을 맺으려고만 했음을 깨닫는다. 더 일을 해야 한다고 자신을 다그치며 식욕을 잊으라고 요구했을 때에도 마찬가지였다. 그러니까 지금 느낀 식욕은 초조함과 몰아세움의 상태로 체험된다. 이런 감정은 일을 할 때 느낀 초조함과 완전히 흡사하다. 돌이켜보며 앞서도, 물론 눈치 채지는 못했을지라도, 배가 고팠다고 하는 것이 나에게는 의심의 여지가 없는 사실이다.

우리의 사례는 통증이나 배고픔, 피로감, 복통 따위의 지각이 언제나 공통적인 '기분'임을 보여준다. 그런 기분을 우리는 '상태'라고 부른다. 오로지 이런 기분에서만 통증과 배고픔과 위통이 우리에게 나타난다. 물론 이런 기분은 상황에 따라 더 구체적인 아픔에 쏠리면서 사라진다. 그러니까 기분이란 내가 어디에 쏠리는지 보여주는 양상이다. 왜 어떤 상태가 우리에게서 돌연 깨끗이 사라지는지 설명해주는 게 바로 이 양상이다.

많은 경우 우리 자신의 상태를 우리는 일상에서 흔히 보는 물건의 특징으로 주목한다. 바로 이 점을 나는 보여주고자 한다. 그러나 본래 기분이란 일상의 물건과 하등 상관이 없다. 다른 경우에는 빠져나올 수 없는 상태가 되어 통증이나 강렬한 식욕과 같은 것에 사로잡히는 쪽으로 기분이 변질되기도 한다. 그럴 때 통증과 상태는 떼어낼 수 없는 통일체를 이룬다. 이렇게 되면 세상의 모든 물건이 내 기분에 물든다. 욕지기를 느낀다거나 우울증에 시달리는 경우, 세상이 침울하게만 보이는 이유다.

행복과 불행의 현상학

지금까지 해온 관찰과 숙고는 상태, 특히 불행이라는 상태가 몸의 이론에 어떤 의미를 가지느냐는 물음을 자연스레 떠올리게 한다.

이런 관계에서도 현상학 문헌, 특히 후설의 글에서 모든 게 이미 결정되어 있다는 생각에 근접하게 하는 많은 대목이 발견된다.[1] 후설이 '몸'과 '지각된 대상'이 구성하는 관계를 긴장된 관계로 알아보았음은 의심의 여지가 없는 사실이다. 이렇게 해서 후설은 우리의 지각하는 몸에 대상의 파악된 층들이 끼어든다고 보았다. 말하자면 몸의 지각에 대상들이 동기를 부여해주는 셈이다. 이런 시각은 '대상'의 구성에도 마찬가지로 적용된다. 인간은 대상의 구성, 곧 동기 부여의 기초인 대상의 구성과 연관지어서만 몸 상태에 관심을 가진다. 후설은 먼저 지각된 대상에 관심을 가지고 대상을 통해 몸에 이른다. 그는 몸을 실존이라 정의하지 않는다. 반대로 사르트르는 전혀 다른 입장을 취한다. 곧 그는 인간 존재의 사실성이 가장 직접적으로 경험되고 깨우쳐지는 게 어떤 방식인가 하는 물음을 중시한다. 사르트르가 보기에 그 가장 직접적인 방식은 몸으로 이뤄진다. 사르트르는 '메스꺼움' nausée이라는 어디서나 볼 수 있는 특성이 몸의 우연성이라고 본다. 사르트르는 유한함과 사실성이라는 게 생각되거나 심리적으로 체험되는 것일 뿐만 아니라 그 어떤 반성에 앞서 몸으로 직접 경험된다는 점을 최초로 보여줬다. 그러니까 사르트르가 보는 존재의 사실성인 몸은 어디까지나 '실존하는 우연'(우연성)일 뿐이다.

사르트르는 지각 세계를 몸이 구성한다고 보지 않고, 오히려 인간 몸의 본질을 세계로 향해 나아감(초월성)이라는 것에서 실존한다는 사실을 통해 발견했다.

행복이냐 불행이냐 하는 상태의 구조를 묻는 출발점으로 돌아와, 우리는 앞선 연구에서 추적해보았던 사고과정을 다시 받아들여야 한다.[2] 우리는 거기서 행복이라는 게 무엇인지, 그러니까 건강한 사람의 정상적인 기분 좋음이 어떤 특징을 지니는지 물었다. 그때 1차 시도에서 나는 나의 상태, 이를테면 불행함을 알아차리지 못하면 못할수록 그만큼 더 일반적으로 기분 좋은 느낌을 확인했다. 그러니까 일반적으로 행복이란 내가 내 몸을 전혀 느끼지 않는 상태를 말한다. 몸이 침묵하면서 그저 눈치 채지 못하게 당연한 것으로 있으면서 나를 자유롭게 놓아둘수록, 그만큼 나는 세상의 그 무엇과 더욱 완벽하게 소통하며, 분명한 행복감을 맛본다. 이 확인이 1차적인 접근에서 드러난 근본 사태, 곧 상태의 종류, 행복과 불행이 몸의 실존 양태임을 분명하게 해준다.

그러나 이런 부정적인 묘사는 이 관계를 보다 깊이 천착해보면, 완전하지 못하다. 모든 좋은 느낌의 바탕에는 어떤 긍정적인 것, 비록 가볍고 부드럽다 할지라도, 긍정적인 것이 깔려 있기 때문이다. 매우 섬세할지라도 이런 긍정적인 것은 좋은 느낌에 건설적으로 작용한다고 보아야 한다. 이 긍정적인 것은 좀체 그

2　에드문트 후설, 『논리 연구』, 77쪽.

자체로 드러나는 일이 없다. 그저 걱정 없이 살아감의 순수한 상
태라고 할까. 행복감에서 나는 내 몸의 상태를 전혀 인지하지 않
는다. 내 몸은 나에게 '침묵 속에 묻어둔 것'passé sous silence(사르트
르)으로 주어져 있다. 나는 이 당연한 몸으로부터 끊임없이 뛰어
나가 어떤 다른 것에로 건너간다. 그러나 이런 상태에서 몸은 나
에게 무엇인가 중개해준다. 몸은 나에게 내가 '존재'하며 '자유'
를 누리며, 왕성한 활기를 누린다는 언제라도 다시 확인할 수 있
는 명징성을 중개해준다. 행복은 '자유'를 갈망하는 의식의 본성
이다.

　행복의 이런 특성은 아침에 잠에서 깨어날 때 특히 두드러
지게 나타난다. 나는 아직 아무런 의도를 품지 않았으며, 무엇인
가 꾀하고 추구하려는 의지를 가지지 않았다. 나는 아직 온전히
중지 상태, 차분한 상태이다. 그리고 이런 상태는 이 글에서(164
쪽 참조) 살폈듯, 쾌적함으로 가꿔질 수 있다. 그러나 이 중지 상
태는 아직 쾌적함은 아니다. 행복이라는 개념 아래 정리될 수 있
는 이런 모든 상태는 신선함의 경험, 산뜻함이라는 경험에서 무
어라 말하기 힘든 무정형의 어떤 것, 불투명한 불행함과 마찬가
지로, 무정형의 어떤 것을 지닌다. 우리는 이런 신선함을, 거의
의식하는 일이 없이, 푹 쉰 몸의 천성으로 경험한다. 행복이라는
숨겨진 '심장'은 몸의 신선함을 선물받는다는 경험이다.

　이 말이 뜻하는 바는 에리히 불프가 해열 진통제의 작용을
현상학적으로 연구한 결과를 끌어다보면, 더욱 분명해진다.[3] 불
프는 자신의 연구에서 아미노페나존이라는 화학물질의 복용으

3　에리히 불프, 「약물의 통증 퇴치와 중독 위험」(미발표 원고).　　**179**

로 진통 효과가 나타나는 상태를 묘사한다. 이 상황은 환자가 통증이 나타나기 전에 처했던 상황과 완전히 다르다. 통증이 사라진 지금 환자인 나는 아무것도 하지 않는다. 나는 오로지 숨만 쉬며, 차분하고 평온하다. 나는 이제 아무 통증이 없이 다시 내 몸에 의해 떠받들어졌다. 자유를 회복한 존재로 다시금 안정을 누린다. 나는 그냥 살아 있다. 아니, 나는 무정형의 어떤 것에 의해 살아간다. 이런 상황에는 그 어떤 의도도, 계획도, 무엇을 하려는 의지도 느껴지지 않는다. 주변은 완전히 변두리로 내몰렸다. 존재하는 것으로 거의 의식되지 않는다. 주변은 내가 욕구하는 대상이 아니며, 나를 유혹하지도 않는다. 그냥 어딘가에 아무 형태가 없는 배경이 되었을 뿐이다. 이런 상태는 오로지 전적으로 내면의 평온함일 따름이다. 나는 그저 존재하는, 그래서 내가 계획이나 추구함이나 어떤 생각 혹은 심지어 내 주변으로 끌어들이지 않는 사물과 인간을 지극히 열린 마음으로 대한다. 나는 내 몸에 있는 것도 아니다. 어쨌거나 몸을 의식하지 않으며, 우울하거나 그 어떤 감정으로 관찰하지도 않는다. 나는 몸에게 떠받들어지며, 이 떠받들어짐을 희미하게 느낄 뿐이다. 몸은 그저 통증에서 해방되어 다시금 순수하게 회복된 신선함으로서, 다시 써도 좋다고 알려준다. 나는 다시금 자유다. 나는 다시금 무엇인가 할 수 있다. 의식은 일차적으로 "나는 생각한다"je pense que는 의식이 아니라, "나는 할 수 있다"je peux(메를로-퐁티, 보이텐디크)의 의식이다. 내 몸과 세계는 이제 통증으로부터 해방된 것으로 다시금 주어졌다. 나는 몸과 세계를 선물로 여기며, 다시금 주변에 관심을 쏟을 수 있다. 그러나 나는 아직 그러지 않는다. 나는 여전히 평온한 마음이며, 몸에게 떠받들어진다. 아직 나는 받아들이는 수신자, 즉 그 어떤 의도를 가지지 않고 떠받들어짐으로 존재하는 수신자일 뿐이다.

단순하게 살아가는 행복이라는 우리의 묘사가 맞는다면, 이는 곧 인간 존재라는 사실이 근본적으로 두 가지 양상으로 고찰될 수 있음을 뜻한다. 그 하나는 바로 행복의 양상이다. 신선함의 선물, 그저 떠받들어짐, 자유로운 존재, "할 수 있다"와 "해도 됨"(폰 바이츠제커)[4]으로서의 양상이 그것이다. 두 번째 양상은 몸이라는 부담(빈스방거), '정상치를 넘어서는 과도함'de trop, '메스꺼움'(사르트르), 곧 불행이라는 양상이다. 사르트르는 독특하게도 오로지 두 번째 양상만 주목했다. 그가 보기에는 주체가 몸으로 실존하는 방식에는 오로지 하나, 곧 인간이 '참여 의식'conscience engagée(메를로-퐁티)의 활동 없이 몸으로 실존하는 방식만 있을 뿐이다. 이 방식은 '메스꺼움', '메스꺼움을 느끼는 입맛'인 동시에 '정상치를 넘어서는 과도함'de trop, 부담스러움과 짜증남, 요컨대 무정형의 불행이다.

그러나 나는 실존하는 우연으로서의 몸이 다른 방식도 가진다고 주장하고자 한다. 그것은 우리가 초월성의 지평으로 경험하며, 신선함의 체험에서 주목하는 안정감이다.

행복이나 불행이라는 상태의 이런 묘사는 몸의 경험이 동시에 '세계를 향해 나아감'(사르트르)이라는 특징을 가진다는 점을 보충해주지 않는다면 불충분하다. 이처럼 몸은 언제나 세계에

---

4 폰 바이츠제커, 『열정학』Pathosophie, 괴팅겐, 1956, 40쪽. Pathosophie는 열정을 뜻하는 pathos에 철학Philosophie의 어미 sophie를 붙여 만든 조어로 '열정학'이라는 의미 정도로 해석된다(―옮긴이).

서, 세계 안에서 주목을 받는다. '상태'에서 우리는 항상 어떤 것을 향해 나아간다. 그래서 상태는 항상 내 주변 환경이라는 특징도 가진다. 행복한 상태에서 모든 것은 유혹적인 광채를 자랑한다. 그럼 나는 다른 때보다 사물이 더 관심을 가져달라고 요구하는 것을 느낀다. 이렇게 해서 나에게 주어지는 소통의 기회는 반갑기만 하며 쉽사리 수행할 수 있다. 나는 어떤 유보도 없이 가벼운 마음으로 소통에 참여하며, 이런 일을 당연한 것으로 여긴다.

반대로 기분이 좋지 않으면 내 세계는 뭔가 다르게 보인다. 읽고 싶었던 책이 어렵다거나 지루해 보인다.[5] 이런 날 하고자 하는 모든 일은 이런 부정적인 성격을 지닌다. 다시 말해서 이런 상태에서 맞닥뜨리는 모든 것은 기묘하게도 다르다. 지루하며, 어렵거나, 부담스럽다. 상태의 양상, 기쁨이나 부담은 '세계 내 존재'(하이데거)의 지평임이 입증된다.

그렇기 때문에 상태를 의식의 것으로 보는 이해는 더는 문제가 되지 않는다. 순간에 하는 활동의 대상이 변화한 것처럼 보이며, 상황의 이런 변화가 자신의 인성과 무관할지라도 상태는 언제나 '의식의 상태'이다.

상태라는 개념의 이런 확장된 사용에 반대하며 다음과 같은 반론이 제기될 수는 있다. 인간은 상황이 이처럼 변화한 국면에 상태가 어떠냐는 물음을 받으면 대개 아무 망설임 없이 좋다고 대답하지 않는가? 그럼에도 나는 '상태'라는 개념을 이처럼 확장해 사용하기로 결정했다. 대개 상태가 어떠냐는 물음을 받은 사람은 대답하기 전에 자신에게 일어나는 일과 사물의 변화를

5   이 예는 사르트르가 든 것이다. 폰 바이츠제커, 『열정학』, 84쪽.

구분하려 든다. 그러나 내 관점이 옳음을 다음의 고찰이 보여준다. 불행이나 행복이라는 좁은 의미에서, 상태는 언제나 어떤 상황에 처해 있다는 것이다. 그러나 상태를 의식의 상태로 정의한다면, 상태는 세계 내 존재의 지평으로 해석되어야만 한다. 이 지평에서 나타나는 것은 항상 의식과 대상이라는 상관 관계를 갖는다. 앞서 여성 환자가 했던 말이 이를 입증한다. "모든 것이 잘되지 않아요." 이 말은 곧 일상에서 하는 일과 그녀의 관계가 복잡해지거나 나빠졌다는 뜻이다. 사르트르의 예에서 독자는 책을 지루하다거나 어렵다고 여긴다. 피곤함을 느끼기 시작한 산책하는 사람은 몸의 피로를 인정하기보다 상점의 진열창이 더는 흥미롭지 않다고 여긴다. 대상의 세계가 그를 유혹하는 힘이 줄어들었다. 세계는 다채로움, 다양함, 풍요함을 잃는다. 이는 곧 내가 달라진, 빈곤한, 참기 힘든, 지루한 혹은 짜증스러운 환경에 처했다는 뜻이다.

우리는 누구나 자극적이고 상황을 어렵게 만든 쪽이 다른 사람이라고 여겼다가, 돌연 그런 자극과 어려움을 만든 원인이 바로 자신임을 알고 놀랐던 체험을 한 번쯤 가지고 있게 마련이다. 여인은 대개 월경을 치르기 직전에, "오늘은 되는 일이 없네"라거나 "오늘은 전부 나를 괴롭히기로 작정했나봐" 하고 말한다. 그러니까 "오늘은 재수 없는 날"이다. 이럴 때 여인은 접시를 떨어뜨리거나, 아이들에게 참을성을 보이지 못한다. 물론 당사자는 왜 그런지 눈치 채거나 해석하려 하지는 않는다. 여인은 주저하지 않고 모든 잘못이 바깥에서 온다고, 세상이 잘못이라고, 다른 것이 참을 수 없다고, 오늘 아이들은 버르장머리 없이 군다고 변명한다. 오늘은 하는 일마다 재수 없다고 말한다.

이런 상황에서 우리는 대개 자신의 상태를 생각하기보다는 세계 안의 다른 어떤 것, '대상'이 문제를 일으킨다고 믿는다. 그러나 경험의 이런 일반화에서 공통된 것은 언제나 바로 우리 자신이다. 아무튼 이런 날에는 뭔가 잘 풀리지 않는다. 아침부터 기분이 언짢았으며, 되는 일이라고는 없고, 아무튼 재수 없는 날이다. 그리고 이런 항상 거듭되는 경험은 우리로 하여금 세계가 우리 자신을 상대로 음모를 꾸미는 것이 아니라, 바로 우리 자신이 달라졌음을 깨닫게 한다. 그래서 이제 우리는 '상태'가 좋지 않다고 말한다.

이런 경우에서 인간은 좋지 않은, 변화된 환경에 처한다. 이런 환경에 처한 것은 나의 '유예된 몸'(사르트르)이다. 상태는 어떤 것이 '우리 안'에 있음을 뜻할 뿐만 아니라, '우리가 바로 상태 안에 처한 것'이기도 하다. 이런 상태의 특징을 두고 우리는 "우울하다" 또는 "지루하다"거나 "밝다"거나 "신선하다"고 말한다.

상태의 이런 속성은 세 살배기 아이에게서 가장 분명하게 드러난다. 저녁에 어머니는 얼굴이 창백해 보이며, 열이 있는 것처럼 번쩍이는 눈동자에 기묘한 모습으로 구석자리에 쭈그리고 앉아 엄지를 입에 물고 앞만 보며 무어라 중얼거리는 아이를 발견하고 깜짝 놀랐다. 아무래도 병이 들었나 싶어 일찌감치 잠자리에 들게 하기로 결심했다. 어머니는 이이를 안고 딜래는 목소리로 이제 자는 편이 낫겠다고 말해주었다. 그러자 아이는 돌연 울음을 터뜨리며 물었다. "내가 못되게 굴었어요?" 이런 반응은 아이가 분명 몸의 상태가 좋지 않으면서도 이런 좋지 않은 상태를 몸의 이상이 아니라, 뭔가 '도덕적인 잘못'으로 받아들이고 있다고밖에는 달리 해석할 수 없다. 아이는 어른들이 흔히 쓰는 "못되다"는 말이 매우 다양한 의미를 가진다는 점을 알지 못한다. 몸이 좋지 않은 상태와 죄책감에 물든 아픔, 이 모든 것은 구분되지 않고 불행함이라는 바다로 흘러든다.

아이의 상태를 다룬 이 예는 일반화해서 적용하기에 알맞다는 점을 그저 언급만 해두기로 하겠다. 아이의 사례는 동시에 상태, 곧 의식의 상태 내부에서 행위로 이어지는 상태라는 영역을 밝혀내기도 한다. 이 행위로서의 상태에서 우리는 책임감을 가지며, 잘잘못을 따지게 된다.

환자의 주관적 상태가 병의 객관화를 방해한다

환자가 상태를 묻는 질문에 거의 항상 판에 박은 불평, 이를테면 "이미 오래전부터 예전 같지 않아요"라는 불평만 되풀이한다면, 이 말은 환자를 괴롭히는 모든 것을 포괄한다고 보아야 한다. 환자는 자기 몸의 병듦을 "이제 더는 예전과 같지 않아"라고 경험한다.

이런 사정을 염두에 둔다면 물론 왜 환자가 자신이 느끼는 불편을 세분화해서 설명하지 못할까 하는 의문이 고개를 든다 (질병의 모든 정황이 임상적 경험과 맞아떨어짐에도 말이다). 그러나 다른 한편 그저 가벼운 강직성 경련이 왔다가 사라지는 단순한 증상마저 왜 무시하지 못하는 걸까? 심지어 그래서 지금 의사를 찾아오지 않았는가! 왜 그냥 집에 머무르며 참아내지 못할까? 분명 어느 모로 보나 환자가 자신의 증상을 "아무렇지도 않게 여기기 때문에" 그런 것은 아니다.

이런 표현을 문제 삼아 그럼 증상으로 무얼 어떻게 하라는 말인가 하는 물음이 고개를 들 수도 있다.

환자의 말이 이미 의사 앞에서 자신의 고통을 이러저러한 형태로 보이려 입장을 정리한 것이라는 사실에는 의심의 여지가 없다. 그러나 다시금 환자가 자신의 아픔을 세분화해서 '적시하지 못한다'는 것도 분명한 사실이다. "더는 할 수 없다"는 그녀의 진부한 묘사는 그냥 이 환자가 몸소 체험한 현재 상태의 꾸밈없는 묘사이다. 객관적으로 인정할 수 있는 병의 자세한 진행(이를 테면 손발 저림)을 환자는 타인의 도움 없이는 정리해낼 수 없다. 자신에게 정확히 어떤 증상이 일어나는지 환자 자신은 파악할 수 없다. 그럼에도 환자는 자신의 상태가 좋지 않음을 느낀다. 그러니까 환자는 이중으로 아픔에 시달린다. 자신의 몸에서 정확히 무슨 일이 일어나는지 환자는 알 수 없어 괴로우며, 이로써 일상생활에 필요한 일을 더는 할 수 없다는 아픔에 노출된다. "더는 할 수 없다"는 말은 의사가 본래 중시하는 경련이나 저림과는 다른 것처럼 보인다. 말하자면 환자는 자신의 강직성 경련을 알아보지 못하는 맹점을 키운다. 그래서 이 맹점이 환자의 일반적인 불편함과 어떤 연관을 가지는지 알아보는 것은 매우 중요하다. 이 글에서 나는 어떤 증상을 설명하거나 묘사하면서 원인과 결과라는 인과적 관계를 예단하지 못하게 하는 사회적 풍습에 맹점을 만들어내는 원인이 있지 않은가 하는 정도만 언급하고자 한다. 그러니까 다시 말해서 환자가 자신이 경험하는 강직성 경련의 부위가 정확히 어디인지 파악할 수 있다면, 병에 시달리는 아픔의 성격이 달라질 것이며, 이로써 아픔 자체도 다른 것이 된다.

이 여성 환자의 지금 상태에 좀 더 깊게 파고 들어가보자. 이 환자가 느끼는 불편함과 생활을 감당할 수 없다는 무능함이 얽히면서 아직 그녀는 주변에 자신이 아프다고 알릴 수 없다. 그녀 스스로 주변에 그 어떤 구체적인 것도 제시할 수 없기 때문이다. 하물며 아직 의사가 정식으로 아픔을 병으로 인정해주지 않았다. 이를 위해 필요한 객관화는 대개의 강직성 경련 환자를 과호흡 강직 상태로 이끌 수 있다. 환자는 이런 식으로 객관성을 인정받는 일이 달가울 리 없다. 더욱이 그 정도로 심각해질 수 있다는 사실을 환자는 전혀 모른다. 그러니까 환자는 아픈 상태에서 더 심각해지는 것을 당연히 싫어하는 경향을 보인다. 게다가 가벼운 강직성 경련이라는 증상마저도 환자는 제대로 파악하지 못한다. 그래서 자신만의 독특한 방식으로 환자는 객관화를 시도한다. 농촌 일과 살림살이의 요구를 감당할 수 없다는 것이 그런 표현이다. 또 병이 진행하는 과정에서 실제로 요구를 감당할 수 없어지기도 한다. 한마디로 환자는 자신의 주관적인 상태를 객관화하는 방법을 모르며 또 이런 객관화를 중시하지도 않는다. 환자는 일상생활만 주목하며, 더불어 자신이 나름대로 지어낸 아픔을 감당하며 살아간다. 그 진부한 표현으로 자신의 상태를 드러내며 일상 과제를 감당할 수 없는 불충분한 능력에서 아픔을 호소한다. 만취한 사람의 경우도 비슷하다. "열쇠가 오늘은 열쇠구멍에 맞지 않아" 하는 말에서 보듯 자신의 취함이 아니라 주변 환경에서 객관화의 구실을 찾는다.

우리의 여성 환자는 다른 사람은 다를 수 있음을 안다. "뭐 사람마다 다를 수 있겠죠" 하는 말이 그 분명한 표현이다. 또 흔히 무엇이 질병이며, 몸의 어디에 그 병이 자리하는지도 안다. 환자는 자신은 실패한 단계를 다른 사람은 성공할 수 있다고도 짐작한다. 이처럼 순전히 지어낸 무능함에서 빠져나와 '세계 내 생활'이라는 고정된 얽힘과 거리를 둘 때에야 비로소 환자는 자신의 상태와 자세한 몸의 징후를 객관화해 볼 수 있다. 자신을 중심으로 생각하지 않는 이런 탈脫중심적인 입장에서 보아야 비로소 두통을 일으키는 것은 머리이며, 포만감은 뱃속의 현상임을 우리는 알아본다. 자신의 몸을 상대적으로 객관화해 관찰할 줄 아는 이런 탈중심적인 위치에 서야 우리는 몸을 이러저러하게 꾸며진 자신의 신체로 기획한다. 이렇게 해야 우리는 자신의 몸을 '가진다'. 기획이라는 말은 의미를 두고 바라본다는 뜻이다. 기획으로 우리는 몸을 우리 모두에게 공통된 세계 내의 양도할 수 없는 소유물로 발견한다. 기획으로 우리는 몸을 끊임없이 세계화한다. 그렇다고 자의적으로 하는 것이 아니라 책임감을 소중히 아는 자세로 몸을 기획한다. 내 논제는 한마디로 '몸'을 인간답게 만들자는 것이다. 이는 저절로 이뤄지는 일이 아니다. 모든 기획은 동기를 가져야 하며, 기획이 수포로 돌아가는 경우도 그에 합당한 동기가 필요하다.

동기 부여가 이뤄지는 정황은, 예를 들어 아픔의 정도가 인간에게 아픈 신체 부위로부터 거리를 두라고 운명처럼 압박할 때, 상대적으로 분명하게 드러난다. 이런 경우 인간은 피할 수 없이 탈중심적인 위치로 몰려 새로운 기획을 꾸미거나 — 상황에 따라서는 옛 기획을 변형한 — 심지어는 지워버리고 옛 기획을 '과거의 것'으로 내려놓는다.

절박함의 정도가 떨어지는 경우, 동기 부여는 더 어려워진다. 상태의 가볍고도 사소한 변화가 기획을 바꾸도록 동기 부여를 하지 않기 때문이다.

환자 A는 갈수록 더 자주 그리고 더더욱 심한 두통을 앓았다. 그러나 그는 두통을 대수롭게 여기지 않고 일에만 몰두하려 했다. 결국 밝혀진 그의 병명은 뇌종양이었다. 이제 두통은 다르게 나타났다. 갈수록 더 빈번해지고 격심해졌다. 그는 비록 현실을 한사코 부정하고 자기 자신까지도 속이고 싶은 마음이 간절했지만, 뇌종양이라는 진단으로 기획을 강요받았다. 두려움과 희망이 뒤섞인 심정으로 그는 기획을 감행했으며, 도망가고 싶고 부정하고 싶은 마음에도 자신의 병든 머리를 받아들였으며, 이로써 일상생활과 직장에서 맞게 될 변화에도 대비했다. 자신의 병을 인정하기로 한 결단, 의사의 진단에 자신을 맡기기로 하는 결정은 사람에 따라 쉽고 어려운 정도가 달라진다. 충격을 받은 것을 가장 분명하게 드러내는 거동은 드러눕는 것이다. '병상의 생활'이라는 현상학을 설득력 있게 풀어낸 인물은 판 덴 베르크이다.[6]

인생 기획

다른 한편 너무나도 단호하고 뒤집을 수 없이 고정된 기획도 우리는 드물지 않게 본다. 이를테면 고집스러워 요지부동인 비난으로 정점을 찍는 기획이 그렇다. 또는 과거의 움직일 수 없는 '사건'에 너무 집착한 나머지 부동의 확신을 하는 경우도 있다. 환자 B는 전쟁에 나가 유탄이 가슴을 스치는 비교적 가벼운 총상을 입었으며, 마찬가지로 비교적 무해한 기관지염을 앓고 있음에도 자신은 폐에 심각한 손상을 입어 중병을 앓고 있다고 여겼다. 이 경우 탄환에 맞았다는 확고한 기억과, 거의 무해한, 그렇지만 거듭되는 기관지염이 환자를 두려움과 불안함과 희망이 뒤섞인 상황으로 내몰아 만성 중병 환자가 보이는 태도의 기획을 하게끔 만들었다. 이 경우 확고부동한 기획은 자신의 인생 실패를 가리거나 또는 더 높은 연금을 얻어내려는 의도를 품게 만들었다.

어떤 다른 환자는 자신의 병이 구체적으로 진상을 드러냄으로써 인생 기획에 확연한 변화를 보이기도 했다. 오랫동안 협심증을 무해한 류머티즘 어깨 통증으로 여기면서 이런 관점에서

---

6   얀 헨드릭 판 덴 베르크, 「병상의 생활」, 『상황 I: 현상학적 심리학과 정신병리학 연구』, 68~106쪽. 얀 헨드릭 판 덴 베르크Jan Hendrik van den Berg(1914~2012)는 네덜란드의 정신과 전문의이다(─옮긴이).

좀체 벗어나지 않았던 환자 C는 어느 날 심근경색 증상이 나타나면서 완전히 새로운 상황을 맞았다.[7] 이런 사례들을 일일이 열거하면 전체 사태를 단순화하는 데 도움을 준다. 물론 특정 질병의 전형적 특징 탓에 환자가 어떤 종류의 기획을 할 수 있는지 그 가능성이 제한되기는 한다.[8] 무시 못할 정도로 많은 질병은 그 특성 탓에 인간을 오랫동안 불행함에서 빠져나오지 못하게 한다. 일반적인 감염에서 패혈증과 전신질환(빈혈, 백혈병, 당뇨병) 그리고 초기 단계의 종양이 그런 질환이다. 질병의 종류가 무엇이든 인간은 일단 오로지 '하나의 가능성', 곧 자신이 일반적으로 병들었다고 느낄 가능성만 가진다. 물론 병세가 갈수록 나빠지면서, 예를 들어 당뇨병의 경우 참기 힘든 가려움을 느끼고, 백혈병의 경우에는 비대해진 비장으로 복부의 부담이 확연히 늘어나는데, 그런 변화는 환자로 하여금 인생을 완전히 새롭게 기획하게 만든다.

우리가 '기획'이라고 부르는 것은 몸이라는 사실성을 기반으로 우리 자신을 인간 세계로 던져 넣어 실현시킨다는 '기투'企投를 뜻한다. 인간은 자신의 몸(사실)으로 인간이 되어가는 과정을 수행한다. 인간은 이 과정에서 자신이 어떤 모습이어야 할지 스스로 그림을 그린다(기획한다). 자기 자신은 물론이고 다른 사람도 그렇게 봐주었으면 하는 그림이다. 자신의 존재 기반인 몸이라는 사실성을 넘어서서 세계로 자신을 던질 때(기투), 인간은 다른 사람과 어깨를 나란히 할 자격을 얻는다.

인간은 이런저런 특성을 가진 사실, 곧 '자연'이 아니다. 인

7   「몸과 병듦은 어떻게 내면의 의미와 관련되는가」에 등장하는 에피소드.
8   그래서 자연스레 질병에 특별한 기획의 유형이 있을까 하는 물음이 고개를 든다. 몸이 겪는 사건에서 기획의 동기가 생겨난다는 우리의 가설이 옳다면, 이 물음은 긍정적인 답을 얻어야 한다. 그래서 나시금 개별 사례에서 인생의 동기 부여, 몸의 기획에서 병에 따른 상황과 자유로운 결정이 관련되어 있다는 게 확인된다. 이 세 현상이 서로 어떤 관계를 지니는지 묻는다면, 우리는 공통적으로 몸의 동기 부여에 따라 인생의 동기를 결정한다고 말하지 않을 수 없다.

나르시시즘이 없으면 사춘기의 청소년은 무정형으로 남는다. 이런 불가피한
체험인 원초적인 나르시시즘은 실패한 소통이 되고 마는 부차적인 나르시시즘과
반드시 구별되어야 한다.

에드바르트 뭉크, 〈사춘기〉, 1894~1895년, 오슬로 국립미술관.

간의 몸은 이러저러한 구조로 결코 완결되지 않는다. 우리는 '운명과 비약'fatalité et élan의 통일체다(메를로-퐁티). 다시 말해서 인간은 끊임없이 자신을 새롭게 기획하고 기투해야 한다. 늘 거듭 시도되는 기투 없이 인간은 인간으로서 형상을 갖추지 못한다. 그러나 병이 인간에게 안겨주는 것은 지금까지의 모든 기투를 허사로 돌아가게 만드는 허망함이다.

인간은 근본적으로 타인의 도움에 의존할 수밖에 없으며, 타인에게 자신을 기획해 보여주어야 한다. 그리고 상대방이 자신의 기획을 받아들이도록 밀어붙여야 한다. 바로 이 지점에서 환자와 의사가 마주친다. 의사와 환자를 서로 의무감으로 묶어주는 일은 결단을 필요로 하는 작업을 요구한다. 그러나 이 작업은 양쪽 모두의 두려움 탓에 위협을 받는다. 환자가 자신의 질병을 온전히 받아들인다면, 새로운 기획을 할 수밖에 없다. 의사는 환자가 자신의 의지대로 기획할 수 있도록 도와야 한다.

인생에는 인간이 오로지 홀로, 그러니까 소통에 의하지 않고 자기 자신을 기획해야 하는 단계가 있다. 사춘기가 그 좋은 예다. 사춘기는 말 그대로 온전한 자기 기획의 순간이다. 청소년이 독자적으로 시도하는 자기 기획은 나르시시즘이라 부르기에 마땅하다. 사회로부터 거리를 두고 자아 문제로 씨름하지 않는다면, 자기 기획이란 없다. 나르시시즘이 없으면 사춘기의 청소년은 무정형으로 남는다. 이런 불가피한 체험인 원초적인 나르시시즘은 실패한 소통이 되고 마는 부차적인 나르시시즘과 반드시 구별되어야 한다.

아픔에 대하여

아픔, 우울증, 세상의 심술궂음

》

몸이 그 거칠 것 없는 자유를 잃게 될 때, 현재 하는 일에 몰두할 수 있는

능력을 상실할 때, 우리 인간은 우울증에 가까워진다. 둔중해진 몸을 염

려하며 운명이라고 체념해 세계로부터 등을 지는 우울증의 태도는 달

리 보면 행위에, 계획에, 일중독에 빠져 몸을 돌보지 않는 잘못이 그 원

인이다.

《

내과 질환과 우울증

정신과 의학에서 항상 거듭 시도되며, 또 늘 다른 방식으로 이루어지는 우울증 개념의 정의와 제한을 피하고자 할지라도, 일단 최소한 우리는 우울증 환자를 어떻게 이해해야 좋을지 언급은 해두어야 한다. 잠정적으로 실용적인 정의로 받아들일 수 있는 것은 루핀의 정의다. 우울증에 사로잡힌 인간은 "몸의 완전무결함의 상실이나 흔들림을 걱정하고 근심하며 좀체 이런 기분에서 헤어나오지 못한다." 그래서 "이런 근심과 두려움에 사로잡힌 나머지 담보 상태에 빠져 자신이 통제할 수 있는 영향권 안에서만 움직인다." 이런 영향권 안으로 "살아왔던 과거의 기억과 현재의 삶 등 모든 것이 소용돌이에 휘말리듯 빨려 들어가 의존적인 정지상태가 만들어져 미래에 닫힌 태도가 나타난다."[1]

이런 정의에 맞아떨어지는 환자(정신과 환자를 제외한다면)가 특히 심장병 환자 가운데 많다는 것은 의심의 여지가 없는 사실이다. 그 증거가 될 수 있는 병력의 사례는 나중에 살펴보도록 하자.

그러나 이런 정의만 고집한다면, 특정 종류의 우울증 증상이 운명처럼 몸의 고통으로 나타나는 내과 환자의 그룹을 간과하는 위험이 있다. 내가 염두에 둔 환자는 몸의 아픔으로 생겨나는 증상이 우울증에 꼭 맞는 경우다. 이 경우 '우울증 증상'이란 몸의 질병에 불가분의 관계로 속하는 자발적인 몸 체험, 다시 말해 질병을 마음으로 소화하는 과정에서 나타나는 효과가 아니라,

---

1   한스 루핀, 「몸과 우울증」, 『신경과 의사』 30호, 1959, 195쪽. 다음 자료에도 재수록. 『철학과 학문 논고』Beiträge zur Philosophie und Wissenschaft, W. 실라지 70세 기념 논문집, 뮌헨, 1960, 301~319쪽. 한스 루핀Hanns Ruffin(1902~1979)은 독일의 정신과 전문의로서, 프라이부르크 대학 총장을 지냈다(─옮긴이).

바로 몸의 증상이다.

윗배에서 나타나는 나쁜 느낌에서 결정적인 것은 대개 가볍기는 하지만 윗배를 잠식하는 것만 같은 포만감이다. 늑골 부위를 좁히며 차지하는 이런 부담스러운 어떤 것의 체험은 환자를 끊임없이 짓누르며 거부할 수 없이 신경 쓰이게 만들며, 마치 늪에 빠져드는 것 같은 느낌을 자아낸다. 바로 간이나 장의 질병으로 흔히 생겨나는 복부의 가벼운 포만감은 결코 의학적으로 입증 가능한 복부 창만腹滿이나, 심지어 배에 물이 차는 복수로 생겨나지 않는다. 환자는 이런 부담스러운 느낌을 떨칠 수가 없다. 내가 말하고자 하는 것은 근심어린 기분, 의미 부여, 걱정, '답보 상태에 빠짐'이라는 걱정(루핀)이 아니다. 그저 어떤 특정한 상태, 환자가 아직은 걱정하지 않는, 어쨌거나 질병의 초기라 그 심각성을 거의 의식하지 못하는 상태를 지적하고자 할 따름이다. 그저 무어라 말할 수 없는 무정형의 자극, 원인을 알 수 없는 아픔이라는 뜻에서 어떻게 특정할 수 없는 기분 나쁨, 불쾌함, 고작해야 언짢음이라는 말로 묘사할 수 있으나, 갈수록 더 강도를 높여가며 늑골 부위를 사로잡는, 계속 되풀이되는 포만감이다.

내가 보기에는 이 포만감에서 끊이지 않는 복부의 통증이라는 몸의 경험이 상태, 즉 불쾌함이라는 상태와 맞물림을 보여주는 것이 중요하다. 몸 경험 방식의 다양함 가운데 아주 특별해 다른 것과 혼동될 수 없는 특징을 가지는 이 불쾌함은 '우울증'이라 불러야 마땅하다. 걱정과 의심으로부터는 아직 자유롭지만이 순전히 둔중한 자극받음, 윗배의 포만감은 정신과적 질환을 넘어서는 포괄적인 의미에서 우울증으로 보아야 하기 때문이다.

질병 초기에 나타나는 복부의 이 지극히 일반적인 불쾌함이 우울증으로 발전하기까지는 간이나 장의 질환에서 각기 다른 시간이 걸린다. 처음에는 가볍고, 그저 혼란스럽기만 한 불쾌함은 늑골 부위의 포만감이 앞쪽으로 옮겨지면서 갈수록 강해진다. 건강했던 시절, 끊임없이 세계에 속하며 모든 소통에서 감쪽같이 모습을 감추던 내 몸은 이제 돌제突堤(실라지),[2] 곧 방파제라는 묵직한 물건 같은 특징을 얻는다. 이제 배는 윤곽과 무게를 가진다. 마침내 몸은 내가 끌고 다녀야 하는 짐이 된다. 배는 나를 통째로 요구한다. 나는 늘 배에 신경을 쓸 수밖에 없다. 항상 자신을 알리는 배의 존재는 다시금 자신의 존재를 각인시키려 나를 기묘하게 압박한다. 이 단계에 이르면 배라는 이 짐은 나로 하여금 세상의 모든 것을 멀리하게 만든다. 마치 나와 다른 것 사이를 벽처럼 가로막는다. 아무튼 나의 모든 활동에서 장애물로 나타나며, 나를 집어삼켜 고독하게 한다. 이 소리 없이 고독해짐을 환자가 자신의 것으로 발견하기 몇 주 혹은 몇 달 앞서 의사는 이미 알아차린다.

배라는 짐이 마치 물건 같은 것으로 경험되는 지경에 이르면 당연히 근심, 인생의 회의가 고개를 든다. 이런 근심과 회의는 자신의 아픔을 소화하는 본래적인 의미의 우울증(흔히 말하는 관습적 의미의 우울증)이다.

그 중간 단계, 초기의 순전히 자극적인 느낌과 나중에 나타나는 본격적인 우울증 사이에서는 불편함의 정도가 달라지는 여

2   실라지와 개인적으로 나눈 대화.

러 과정이 물처럼 이어져 흐른다. 이러한 중간 단계는 그 불편함의 지속 정도, 혹은 끊임없이 되풀이해서 나타나는 몸의 불쾌한 경험, 또는 더 나빠지는 게 아닌가 하는 의구심, 혹은 "배경에 무엇인가 숨어 있는 게 아닌가?" 하는 불신으로 점철된다.

몸의 병듦이라는 과정은 이처럼 처음에는 의식하지 못한 상태에서 출발해 갈수록 생각을 곱씹게 만드는 반성적인 의식에로 빠져드는 것이다. 아픔의 지속, 혹은 겉보기로는 아무 원인이 없이 나타나는 불편함으로 촉발되는 이런 빠져듦은 조금씩 정체를 알리다가 결국 환자에게 전면적으로 도전장을 내민다. 이렇게 해서 빚어지는 외로움, 답보 상태에 처했다는 답답함, 끊임없이 뇌리를 맴도는 걱정과 불안은 그러나 이 환자가 겪는 전체 병력이라는 드라마의 막장일 따름이다. 행복과 불행이라는 상태를 논의하는 관점에서 우리는 그 이전을 더욱 주목해야 한다. 첫 번째 막은 거의 주목되지 않은 몸의 불편함으로부터 출발해 병든 윗배라는 자발적인 몸의 경험으로 이어지며 각 단계마다 불편한 상태라는 혼동될 수 없는 하나의 변형을 이룬다. 저마다 이 변형은 몸의 가능한 모든 종류의 부담스러움과 짐스러움의 특정 상태를 드러낸다. 상태에 중점을 둔 우리의 관점에서 첫 번째와 중간 단계는 얼마든지 우울증이라고 나타낼 수 있다(우울증을 뜻하는 영어 Hypochondria의 어원은 Hypochondrium이다).*

우울증이라는 개념이 지금 우리의 문제에 명확히 들어맞는지 하는 물음에 답을 하기에는 아직 우리의 논의가 충분히 진행되지 않았다. 내과의로서 나에게 훨씬 더 중요한 것은 우울증 문

---

* Hypochondrium은 늑골 혹은 갈비뼈 아래라는 뜻이며 번역문에서는 윗배라고도 옮겼다.

제를 푸는 데 기여했으면 하는 희망이다. 무엇보다도 병든 윗배라는 몸의 경험이 다른 것과 혼동될 수 없는 불편함의 특징을 가지며, 이 특징이 관습적 의미의 우울증에 고유한 특징과 상당 부분 맞아떨어진다는 사실의 확인이 중요하다. 이런 공통된 특징은 물론 병든 몸이라는 직접적인 경험의 테두리 안에서 찾아볼 수 있는 것이다.

아무튼 내과 질환으로 의사를 찾은 환자의 우울증 태도는 근접할 정도로 충분히 묘사되지 않았다.

이 묘사를 위해 우리에게 전혀 다른 그림을 보여주는 환자의 이야기를 해보자.

심장병 환자의 우울증

환자 E는 내가 오래전부터 절대적으로 부정맥不整脈을 가지는 심방세동心房細動 진단으로 알고 지내온 엔지니어다. 현재 50세의 환자는 기술 개발 사무소를 소유하고 있으며, 일을 하는 데 지장은 전혀 없다. 그러니까 장애는 결코 없다. 협심증이나 호흡곤란 또는 어떤 압박감으로 고통받지도 않는다. 그는 다만 1954년에 갑자기 심장이 불규칙하게 뛰는 것을 느꼈다고 털어놓았다. 그때부터 그는 매우 절제된 생활, 곧 술을 마시지 않고 담배도 끊었으며 저녁 8시면 잠자리에 드는 생활을 했다고 한다. 심장이 자신을 곤경에 빠뜨리지 않을까 하는 생각을 떨칠 수 없었다고 했다.

맥박을 늘 잊지 않고 측정했다. 그는 끊임없이 검지를 요골 동맥에 대고 살았다. 자신의 병이 더 진행되었는지 확인하고자 주기적으로 진찰을 받았다.

그는 과묵하고 약간 소심했으며 또 쉽게 사람을 믿지 않는 성격의 소유자였다. 그리고 나무랄 데 없는 가장이다. 직업에서는 융통성이라고는 모를 정도로 양심적이다. 그는 매일 지치지도 않고 12시간을 일했다. 그러나 단 한순간도 심장이 잘못되는 것은 아닐까 두려움에서 벗어나지 못했다. 심장이 더 나빠졌을 거라고 걱정하지 않고 그냥 보내는 날은 단 하루도 없었다. 근심은 나날이 커져 격주마다 의사를 찾았다. 진찰하는 내내 긴장을 풀지 못했으며, 의사의 말을 한마디도 놓치지 않았고, 자신이 듣는 말이 진실인지 늘 의심했다. 진찰을 하고 의사와 면담이 마무리될 때조차 그는 의구심을 떨치지 못했다. 심장이 아무런 문제가 없다고 확인해줄 의사는 없음을 그 자신이 더 잘 알았다. 그렇지만 그는 이 증명을 강요라도 하고 싶은 심정이었다. 진찰이 끝날 때마다 체념과 불신과 일말의 안도감이 뒤섞인 태도를 보여주었다. 그러나 이미 귀갓길에 다시 맥박을 쟀으며, 다시금 같은 걱정과 근심과 의구심을 품었다.

이런 경우 병인病因이 무엇인가 하는 물음은 제쳐두기로 하자. 지금 우리의 논의는 그저 이런 환자는 일차적으로 노이로제 같은 것이 아니라, 실존의 두려움을 드러낸다는 불프의 관점에 전적으로 동의한다는 확인만으로도 부족하지 않다. 이런 환자는 누구나 처음에 증상이 어떻게 시작되었는지 하는 물음에 다음과 같은 판에 박힌 대답을 내놓는다. 멋진 어느 날 아주 우연히 나는 돌연 심장이 불규칙하게 뛰는 걸 느꼈다! 실제로 '언젠가' 시작되었다는 확인 이상의 말을 할 수 있는 환자는 없다. 정확한 원인은 찾기 힘들며, 돌연한 몸 손상의 발견과 그 체험이 함께 묶이는 상황도 확인할 수 없다. 그러나 다른 한편 이런 경우는 거의 모두 다음과 같은 기본 구도를 지닌다. 열쇠와 이 열쇠를 꽂아주기만 기다리는 열쇠구멍은 이미 주어져 있다. 찰칵 열쇠를 돌리는 순간, 환자의 인생에 결정적인 영향을 미치는 우울증을 촉발할 증상은 기다렸다는 듯 고개를 든다.

그러나 이런 환자는 우리가 이 글의 초입에서 살펴보았던 간과 장 질환 환자와 어떻게 다를까?

물론 환자 E의 경우 심장이 사건의 중심이라는 점은 무시될 수 없는 사실이다. 그러나 앞서 이미 암시했듯 심장이 병들었다는 1차적인 자발적 체험은 흔히 두려움과 압박감과 호흡곤란과 맞물린다. 이런 현상은 거의 모든 협심증 환자와 또 대다수의 갑작스럽게 나타나는 신체 리듬의 흐트러짐에서도 볼 수 있다.

환자 E의 경우는 전혀 다르다. 그의 심장은 그저 이따금 불규칙하게 뛰었을 뿐, 통증도 압박감도 없다. 그럼에도 부정맥의 발견은 기묘한 역설을 만들어낸다. 환자 E는 한편으로 심장을 상당히 자율적인 기관으로, 얼마든지 자율적일 수 있어 주인에게 대항할 수 있는 기관으로 경험해왔다. 그러나 다른 한편 심장은 그 누구도 아닌 바로 자신의 것이다. 심장은 그 상대적인 자율성으로 주인에게 소외되었다. 그러나 동시에 그 어느 때보다도 더 심장은 바로 자신의 것이다. 심장이 자율적일수록, 그만큼 더 심장은 자신의 것으로 체험된다! 그렇다, 심지어 환자가 심장의 이 자율화를 경험했기 때문에, 심장은 그 어느 때보다도 더 자신의 것이다. 심장의 소외는 나에게 멀어지고 무관해지는 것이 아니라, 바로 이 소외 자체를 통해 나를 떠받들어주는 파트너, 나 자신과 하나가 되는 파트너로 심장을 각인시켜준다. 나는 왜 평생 심장을 돌보지 않았던가 하는 후회가 가슴을 치게 한다. 나는 이 기묘한 느낌을 주는 심장이 동시에 나의 운명이며 바로 나 자신임을 체험한다.

환자 E의 경우에 볼 수 있는 이중성ambiguïté, 곧 자신의 심장을 경험하는 이중성(소외인 동시에 더욱더 자신의 것이 됨)은 우리 몸이 근본적으로 가진 이중성의 한 예일 뿐이다. 이와 비슷한 예는 얼마든지 찾아볼 수 있다.

병든 몸을 자각하지 못하는
어느 심장병 환자의 사례

이중성을 자세히 다루기 전에 또 다른 예를 하나 살펴보도록 하자. 이 예의 주인공은 발명가이며 절대적인 부정맥 환자다. 그는 실력이 뛰어나며 자신의 직업에 흠뻑 빠진 인물로 우울증은 전혀 보이지 않는다. 이렇게 표현해도 좋다면, 오히려 우울증과 성반대이다. 일종의 질병 자각증 결여 또는 질병 부인anosognosia에 해당한다는 것이 더 적절한 표현일까. 우리는 이 환자의 경우를 살펴봄으로써 논의에 필요한 윤곽을 가늠할 수 있다.

79세의 환자 N은 작년에 내 병원에 나타나 심장병에 걸렸으며 요양이 필요하다는 것을 입증해주는 진단서를 발행해달라고 부탁했다. 진찰은 받지 않겠다고 하면서 진단서만 필요하다고 말했다. 차분한 어조로 갑작스러운 부탁의 배경도 설명해주었다. 진단서가 없다면 이제 막 빈자리가 하나 생긴 산뜻한 양로원이 받아들여주지 않겠다고 했단다. 그는 젊어서부터 독신으로 살았던 탓에 지금 나이에 요리와 빨래와 집안일을 할 수도 없거니와 넌더리가 난다고도 했다. 이제는 시간을 아껴 써야 할 때이며, 아직 해결하지 못한 엄청나게 많은 일은 양로원의 편안한 분위기라면 쉽사리 처리할 수 있을 것이라고도 했다. 게다가 내 병원의 진료 기록 가운데에는 1948년에 그가 진단받은 것이(10년 전!) 남아 있을 거라는 말도 했다. 당시 그는 위팔이 부러지는 사고를 당했는데, 외과 의사의 간호사가 맥박을 측정하고는 맥박이 불규칙하다고 확인해주었다. 골절이 완치된 뒤에 전혀 불필요했음에도 얼마 동안 병원을 다니며 더 자세히 검사를 했다. 단지 진단을 받으라는 요구 때문에. 그는 당시나 지난 10년 동안이나 지금이나 불편함이라고는 전혀 몰랐다고 했다. 이후 의사를 찾은 일도 없었다. 그저 진단서만 필요하다고, 거의 애원에 가깝게 매달렸다.

환자 N은 객관적으로 근육변성筋肉變性이 분명했으며, 상당히 확장된 심장은 심방세동 증상을 보였고 동시에 폐부종 증상, 그러니까 분명한 대상부전代償不全을 앓았다.

호흡이 곤란했던 적은?
— 없습니다.

계단을 오를 때에도?
— 1층에 삽니다.

그래도 계단은 오르잖아요?
— 아, 이따금 5층에 사는 89세의 친구를 찾아갑니다.

그때는 호흡이 곤란했을 텐데?
— 아뇨.

그럼 중간에 쉬지도 않고 5층에 오른다고요?
— 물론 중간에 쉬기는 하죠. 제 나이에 당연한 거 아닙니까. 또 즐거워서 하는 방문이죠. 누가 그 친구를 찾아가라고 강요하는 것도 아니니까요. 약간 숨이 차는 것을 불편이라고 할 수는 없죠.

밤에 소변을 자주 보시지 않나요?

— 에……. 두 번에서 세 번쯤. 그거야 늙은 몸 탓이죠. 연금생활자가 새 몸을 요구할 수도 없는 노릇이고. 몸이 여기저기 고장이 나다 보니 차갑고 물이 차죠. 방광이 차는 거야 당연하죠. 한밤중에도 화장실을 들락거릴 수밖에요.

게다가 몸이 자주 붓는다면서요?
— 예, 대개 저녁이에요. 그거야 배고프던 시절부터 그랬는걸요. 혼자 사는 총각이라 배를 주릴 때가 많았죠. 그 밖에 1948년 골절당했을 때 재활치료사가 다리를 너무 세게 주물렀을 때도 몸이 부었죠. 주의를 주었건만 듣지 않더라고요. 그리고 붓기는 이제 더는 의미가 없어요. 이제 배를 곯을 일은 없으니까요. 오 주여, 배고프던 시절은 지나갔네요.

요컨대, 환자 N은 자신이 병들었다고 여기지 않는다. 그는 아프다고 투덜대지 않는다. 그는 오로지 아직 끝내지 못한 자신의 일에만 관심을 가질 뿐이다. 진단서로 이 일의 처리를 위해 산뜻한 양로원이라는 적절한 사회적 기초를 마련할 수 있기 바랄 뿐이다. 고령의 그에게 세계는 그저 고단할 따름이다. (객관적으로 대상부전 상태에 빠진) 심장이 아니라, 배고픔, 어리석은 마사지, 추위, 계단, 친구를 찾아보려는 희망 따위가 잘못이다. 그런 일탈을 원한다면 당연히 그에 상응하는 대가는 치러야 한다. 환자 N은 계단을 오를 때의 호흡곤란을 만취한 다음 날 아침의 깨질 듯한 두통처럼 여기며 감수했다.

그는 자신의 병을 병든 몸으로, 병들어 기이해진 내면으로 여기지 않았다. 병의 느낌, 불편함을 호소하지도 않았으며, 내수용기성內受容器性(interoceptive)의 경험으로 받아들이지도 않았다. 오히려 그에게 병은 소음이나 악취 혹은 오물과 같은 세계의 부담스러운 측면이었을 뿐이다. 모든 것은 바깥에서 온다. 마치 언제라도 딴죽을 걸 기회를 노리듯. 그에게 몸은 기묘한 방식으로 숨겨져 있다. 그가 마주치는 모든 것은 피부 바깥에서, 그의 앞에서, 대낮의 환한 빛 아래서 그 어떤 제한도 없이 어떠한 형상을 취한다. 그는 호흡곤란을 겪지 않았다. 다만 계단이 잘못일 뿐이다. 그는 부종을 가지지 않았다. 배고픔과 어리석은 마사지가 잘못일 뿐이다. 야뇨증은 늙은 몸이 보이는 당연한 반응에 지나지 않는다. 심지어 계속 먹어가는 나이도 진단서와 양로원의 편안함이면 얼마든지 보상될 수 있다. 달리 표현하자면 이른바 '떠받드는 몸'이라는 화학적으로 순수한 형식(추트)[3], 곧 몸이라는 것을 떠받들어주는 당연한 것으로 바라보는 순수한 형식이 환자 N이다. 또는 '침묵 속에 묻어둔 것'passé sous silence(사르트르)의 극명한 사례가 N이라고 할까. 그러나 바꾸어 말하면 인생이 그 유례를 알지 못하는 방종이 N이기도 하다. 뇌 병리학자가 질병 부인 anosognosia이라는 단어를 써도 좋다고 허락해줄지 나는 알지 못한다. 어쨌거나 N의 경우는 우울증의 정반대와 같은 것이 있음을 보여준다. 그렇다면 우리는 혹시 환자가 자신의 병을 바라보는

---

3   위르크 추트, 「떠받드는 몸에 관하여」, 『심리학과 정신병리학 연보』Jahrb. f. Psychologie und Psychopathologie 6호, 1958, 166~174쪽. 위르크 추트Jürg Zutt(1893~1980)는 독일의 정신과 전문의로 이해 중심의 인간학을 대표한다(─옮긴이).

태도에도 일종의 등급 같은 것이 있다고 말할 수 있지 않을까. 그
럼 우울증과 질병 부인이라는 양극단의 등급으로 우리는 현상을
흥미롭게 풀어볼 수 있을 것이다. 물론 이런 해명은 등급 같은 것
이 존재한다는 전제 조건 아래서만 가능하다.

　일단 등급이라는 그림에 머물러 그 양극단의 한쪽은 우울증
의 방종이며, 다른 한쪽은 질병 부인의 환자라고 생각해보자. 두
경우 모두 몸의 이중성을 교묘히 부정하고 어느 한쪽으로만 밀
어붙인다. 우울증에 시달리는 환자 E는 자신의 몸이 세계와의 모
든 교섭을 가로막고 모든 만남을 어렵게 만든다고 여긴다. 그에
게 배는 곧 자신의 세계다.

　반대로 환자 N은 근육변성과 폐부종이 있음에도 나비처럼
가벼운 모습을 자랑한다. 우리가 이 사랑스러운 늙은 발명가에
게 호감을 가질지라도 잊지 말아야 할 점은 그가 보이는 몸의 생
활 역시 일종의 방종, 심각한 잘못이라는 사실이다. 그가 세계와
관계하는 방식은 몸의 모든 짐스러움으로부터 자유롭다. 그에게
몸은 아예 없는 것만 같다. 몸은 그를 방해하는 일이 전혀 없다.
그는 거침없이 세계를 만끽하며, 원하는 소통에 흠뻑 빠진다(도
가 지나치다: dépasser). 그는 호흡곤란, 부정맥, 압박감 그리고 야
뇨증의 자리에, 몸은 그냥 그런 것이라고, 모든 인간을 운명처럼
덮치는 굶주림의 시절이나 어리석은 마사지를 세운다.

　나는 의도적으로 "~의 자리에 ~을 세운다"는 표현을 골랐
다. 이런 표현을 써야만 지금까지 우리의 고찰에 빠진 중요한 점
을 보충해주는 차원이 등장하기 때문이다. 요점만 이야기하자

면, 우리는 몸과 세계의 떼어낼 수 없는 얽힘과 결합으로, 루핀의
적확한 표현을 쓰자면, '떠돌아다닐' 수 있으며, '떠돌아다녀야'
한다.[4]

이게 무슨 말인지 분명히 하기 위해 나는 앞서 다루었던 논
점 몇 가지를 다시 끌어와보겠다. 몸의 구성적인 이중성이라는
표현을 쓸 때 우리는 이 말로 항상, 또 극단적인 경우에서도, 두
가지 현상 방식이 각 개별 사례에 고스란히 나타남을 뜻한다. 두
가지 현상 방식이란,

- 나를 떠받드는 몸 & 부담이 되는 몸
- 매체, 오로지 잠재적으로 묵직한 물건 같은 몸, 항상 규정되
  지 않은 몸 & 돌제突堤와 같은 몸, 돌이킬 수 없이 규정된 몸

물론 이 두 가지 변형을 따로 떼어 이야기하는 것은 잘못이
다. 환자가 자신의 몸을 다루는 이 역설적인 현상은 항상 두 가
지 측면을 함께 고려해야 풀릴 수 있기 때문이다. 그러나 이 이중
성의 두 가지 측면이 서로 내밀하게 얽혀 있기 때문에, 우리 몸의
경험에는 그때그때 나와 세계에 달리 중점을 두어야 나와 세계
가 서로 다투는 모습이 설명될 수 있다.[5]

윗배의 병을 숙명처럼 여기는 나머지 '우울증'에 사로잡히
는 환자에게서 나와 세계의 관계는 특히 분명해진다. 만성적인
간 질환이라는 사실은 몸의 경험을 배를 가진 것으로, 부풀어 오
른 나머지 짐인 배를 가진 것으로, 이 배를 끌고 다녀야만 한다

4 한스 루핀, 「멜랑콜리」, 『독일 의학 주간지』Deutsche Medizinische
   Wochenschrift 82호, 1957, 1080~1092쪽.
5 몸의 저림이라는 현상을 다룬 우리의 연구(실라지 70세 기념 논문집,
   245~252쪽) 역시 몸이 중개의 역할을 맡는 두 가지 극단에 방향을 맞
   추었다. 한쪽에는 우리가 모든 성공한 활동에서 누리듯 몸이 중개라
   는 역할을 순수하게 수행한다. 그래서 몸은 이 세계 관계 안에 침묵하
   며 녹아든다. 우리는 행복하게 느낀다. 그러나 이 역할이 실패로 돌아
   갈 때 나는 몸의 중개를 통해 사물 쪽으로 내몰린 자아를 경험한다(실

는 서글픈 기분으로 강요한다. 내가 배이자, 배가 나다. 단적으로 병에 걸림이라는 사실 자체가 장기와 자신을 동일시하게 한다고 생각하는 사람도 있으리라. 그러나 예를 들어 심장병에 걸린 경우 아픈 배와 달리 환자는 두려움과 답답함, 곧 광활한 세계의 사라짐으로 경험한다. 심장병 환자는 심장과 자신을 동일시하기보다 세계의 사라짐을 안타까워한다. 만성적인 다발성 관절염을 앓는 환자는 병 자체가 몸과 자신을 동일시로 이끈다는 생각에 모순되는 모습을 보여준다. 이런 환자는 최악의 경우 손과 손가락을 절단했음에도 이런 사실 자체를 말 그대로 잊는다. 이 병의 숙명은 몸의 모든 변형을 알아보지 못하는 암점暗點(scotoma)이다. 이런 환자(거의 모든 경우 여성이다)는 불구가 된 손으로 놀라운 기적을 보인다. 기꺼운 마음으로 다른 사람을 지칠 줄도 모르며 돌보는 통에 환자에게 몸은 그저 일종의 매개à travers(메를로-퐁티)일 뿐이다. 그야말로 자신을 완전히 잊는 몰아의 경지를 이런 환자는 보여준다. 상대(주로 자식이나 배우자)에게 지칠 줄 모르고 관심을 쏟으며 헌신하고, 동시에 자신의 몸을 '스스로 감춘다'. 이런 감춤은 절단된 손과 손가락은 물론이고 그 아픔도 잊게 한다.

우리는 일단 몸이 병을 앓는다는 사실이 잠재적이었고, 매체였던 몸을 공간적으로 응고되며 이로써 부담이 되는 몸으로의 중심 이동을 이끌어낸다는 점, 그리고 그 정반대의 경우도 있다는 점을 확인해두기로 하자. 자신의 몸이 아픈 것을 경험하는 방식은 운명처럼 미리 주어진, 피할 수 없이 직접적인 몸의 증상

라지). 팔이 감각을 잃는다거나, 심장이 아프다거나 내 배가 불편할 때가 그렇다. 앞서 나와 세계를 성공적으로 맺어준 몸의 중개 역할은 이제 흐려지며, 색을 잃고, 줄어든다. 내가 '돌제'突堤(실라지)가 되어버린 상태는 나에게 더 주의를 써달라고 요구한다. 이로써 나와 세세의 관계를 가려버리고 나쁜 감정이 빚어지게 된다.
이 두 극단 사이에는 '떠돌아다님'(루핀)의 무수한 변형이 존재한다. 순수 자아와 세계라는 차원에서 자아해석과 자아실현 사이에 각기 다르게 중점이 놓이기 때문에 이런 무수한 변형이 만들어진다.

이다. 이 증상을 곱씹는 환자의 생각은 그저 뒤에서 따라붙을 뿐이다.

그러나 우리의 두 심장병 환자들, 모두 절대적 부정맥을 가진 환자들은 위의 확인이 불완전함을 여실히 보여준다. 심장병이라는 몸의 질병은 질병 부인과 우울증이라는 양극단을 오가는 틀을 보여주기 때문이다. 이 틀은 병의 종류와 환자의 성격에 따라 참혹할 정도로 굳어지기도 하지만, 무한히 확장되거나 변화될 수도 있다. 다시 말해서 틀은 환자의 자유로 무시되거나 좁아들기도 한다. 병이 나아 틀이 사라지기도 하며, 환자 자신이나 의사의 힘으로 확장되기도 한다. 이처럼 환자는 자유를 이용하고 맛볼 수 있거나, 이용하지 않은 채 버려두기도 한다. 또 이 자유는 자신의 몸과 세계를 향해 잘못 악용되기도 한다.

이런 묘사는 물론 우리가 실제로 배려해야 하는 다양한 뉘앙스를 담아내지 못한다. 환자 자신이 몸을 감추는 양상도, '나를 떠받드는 몸'과 '부담이 되는 몸'이 뒤섞이는 혼합의 양상도 무수히 다양하기만 하다. 몸의 온전함을 기대하는 확신이나 믿음에 균열이 가는 방식도 다양하기만 하다. 우울증이 싹을 틔우는 방식도 마찬가지다. 결국 몸과 세계가 서로 다투며 기만하는 무수한 혼란과 착각과 갈등은 피할 수가 없다. 간단하게 사례를 하나 살펴보자.

이로써 우리는 지나치게 첨예해진 우리의 묘사 탓에 촉발될 수 있는 오류를 예방하고자 한다. 오류란 돌제로서의 몸과 성공한 순수한 중개로서의 몸을 서로 대안인 것처럼 바라보는 관점이다. 그러나 현상의 몸은 항상 두 가지 요소를 동시에 포함한다. 몸이라는 현상은 언제나 이 두 가지 요소가 어느 한쪽을 두드러지게 하거나, 뒤로 내모는 타협의 결과다. 바로 그래서 이중성 혹은 양면성이 우리 몸을 구성한다. 매개가 가장 잘 성공한 경우, 곧 몸이 내 존재를 아무 문제없이 세속화하고 세계를 나의 고유한 것으로 인간화하는 경우에도 부담스러운 돌제

아픔, 우울증, 세상의 심술궂음

교사 B는 출장 중에 심근경색을 당해 8주 동안 지방 병원에 머물렀으며, 너무 일찍 퇴원해 깊이 낙담하고 분명 위중한 상태로 내 병원에 입원했다. 그는 산책을 해도 좋다고 허락을 받기까지 두 달을 병상에서 생활했다. 어느 날 나는 산책을 마친 그에게 이렇게 물었다. "산책을 하면서 가슴에 통증이나 왼팔에 마비감이나 무거운 느낌 혹은 냉기를 느끼셨나요?" 그는 한동안 망설이더니 작심했다는 듯 반쯤 화가 나고 반쯤 주저하며 대답했다. "그 이야기는 전혀 하고 싶지 않군요. 이런 일은 스스로 창피하다는 생각이 들 정도로 엉뚱한 착각에 빠지게 하니까요. 나름 경험을 많이 했거든요. '심근경색 이전'에도 저는 등산을 하다가 심장 주변에서 불편한 압박감을 느꼈습니다. 몹시 불안해진 나머지 너무 무리해서 그럴 거라고 스스로 달래려 들었죠. 집에 돌아와 왼쪽 가슴 호주머니에서 만년필을 꺼내는데, 돌연 압박감이 사라지더군요. 마치 희롱당한 거 같은 느낌이 들더군요. 얼마 뒤에 똑같은 경험을 했어요. 이번에는 왼쪽 가슴 호주머니에서 지갑을 꺼내는데 가슴에 불편하고 매우 두려운 기분이 들게 하는 압박감이 느껴지더군요. 이른바 심장 통증은 이번에도 곧 사라졌습니다. 그래요, 심지어 한밤중에도 압박감에 깨어나 잠옷의 왼쪽 가슴 호주머니에 넣어둔 휴대용 휴지를 꺼내려는데 똑같은 현상이 되풀이되더라고요. 그때부터 착각할 수 있다는 것, 그리고 이런 착각으로 자신이 얼마나 우스꽝스러워지는지 잘 압니다."

의 특징, '메스꺼움을 느끼는 입맛'le goût de moi-même(사르트르)은 잔재로 남는다. 또 마찬가지로 몸이 최악으로 망가지는 상태에서도 세계와의 관계는 어떤 식으로든 성립하거나 유지된다.

이 경우에 나는 아픔이 나타나는 부위와 이를 감지하는 '혼동'을 오로지 환자 자신의 착각으로만 취급하는 너무 손쉬운 해석을 피하고자 한다. 이 환자의 경우는 분명 매우 복잡하다. 물론 '혼동'이 이런 복잡함을 거들기는 한다. 또 바로 그래서 나는 이 혼동을 주목하고자 한다. 그러나 이 경우 왼쪽 가슴 부위, 곧 흉곽에 만년필이나 지갑 혹은 휴대용 휴지가 주는 가벼운 압력이 기계적 압력으로 작용해 심장 주위의 통증을 거들 수 있다는 것, 곧 질병의 병리적이고 생리적인 원인이 될 수 있음이 간과되어서는 안 된다.

마찬가지로 의복이 몸과 조화를 이루는 과정에서 그런 통증의 출몰도 가능하다는 점을 역시 나는 간단히 언급만 하겠다. 경우에 따라 지갑과 휴대용 휴지 역시 속옷과 바지처럼 자신의 몸으로 여겨질 수 있다. 이런 뉘앙스를 함께 고려한다 하더라도 분명 혼동의 정황, 착각이 몸의 이중성이라는 변형을 낳는 원인임은 부정할 수 없는 사실이다. 그만큼 우리의 교사는 심장과 지갑 사이에서 그 아픔으로 혼란을 겪었다.

자신의 몸에 지나칠 정도로 민감함을 보였던 환자 B, 즉 가슴에 유탄을 맞았던 환자 B(이 책 190쪽)와 마찬가지로 이 교사 역시 우울증의 핵심적인 특징을 드러낸다. 두 환자는 통증 부위를 둘러싸고 '혼동'을 보일 뿐만 아니라, 이 '혼동'에 '스스로 휘말림'이라는 성격을 더해준다. 혼동할 수 있다는 것, 때때로 실수를 저지를 수 있다는 것은 건강한 몸의 이중성을 이루는 본질, 곧 인간 본성이다. 우리는 살아가며 끊임없이 세계와 몸을 혼동한

다. 애써 자신을 감추며 일하다가 몸이 돌연 부담이 되는 경험을
하는 것이 우리네 인생사다. 우리는 사실이 부여하고 허용하는
틀에 자신을 맞추려 몸을 혹사시키곤 한다. 목적을 이루겠다는
염원으로, 세상의 의무와 요구에 맞추려 몸을 과도하게 사용하
며 굳어지게 만듦으로써 그 변화 능력을 무력하게 한다. 다시 말
해서 우리는 '몸으로 존재함'과 '몸을 가짐'이라는 비밀로 가득
한 미로 속에서, 몸과 세계가 뒤얽힌 공동지대에서 상황과 과제
와 취향에 따라 어느 쪽이 옳은 방향인지 찾아내려 안간힘을 쓴
다. 지난하기는 하지만, 이는 자신의 자유를 얼마나 실현시키느
냐 하는 능력의 문제다. 비록 애초부터 한계를 가지는 자유이기
는 하지만, 쓰지 않는다면 자유는 그 의미를 잃어버리고 만다. 몸
이 온전한지 알 수 없는 고통스러운 불확실함의 결과, 인간은 자
신을 심장이나 배에 고정시키려는 경향을 보인다. 다시 말해서
몸이 그 거칠 것 없는 자유를 잃게 될 때, 현재 하는 일에 몰두할
수 있는 능력을 상실할 때, 우리 인간은 우울증에 가까워진다. 둔
중해진 몸을 염려하며 운명이라고 체념해 세계로부터 등을 지는
우울증의 태도는 달리 보면 행위에, 계획에, 일중독에 빠져 몸을
돌보지 않는 잘못이 그 원인이다. 이렇게 해서 우울증은 몸의 모
든 고통을 앞질러 나가거나, 또는 이 고통을 세상의 심술궂음 탓
으로 돌려버린다. 심장이 약해진 것을 세상 탓으로 돌리면 그나
마 위안이 되기 때문이다. 분명 이런 태도 역시 잘못된 휘말림이
다. 그러나 세상 탓으로 돌리는 이런 태도에 환자는 무한한 호감
을 느낀다. 이런 태도로 환자는 병을 한결 너그럽게 받아들일 수

우울증은 몸의 모든 고통을 앞질러 나가거나, 또는 이 고통을 세상의 심술궂음 탓으로 돌려버린다.

에드바르트 뭉크, 〈멜랑콜리〉, 1894~1895년, 뭉크 미술관, 오슬로.

있으며, 절제된 생활을 하는 사람들을 짐짓 경멸할 수 있기 때문이다.

물론 다른 태도도 나타난다. 앞서 살펴보았던 발명가(환자 N)의 경우, 그는 자신의 몸을 무시해도 좋은 것으로, 또는 어쨌거나 별 신경을 쓰지 않아도 되는 것으로 여긴다. 그런 점에서 심장병에 걸린 발명가는 행복하다. 그는 부담스러운 몸을 세계 탓으로 조금도 돌리지 않을 정도로 세계를 향해 자신을 활짝 열어 놓았다. 그래서 그는 우울증의 기분에 항상 함께 작용하는 '나의 입맛'le goût de moi-même(사르트르)으로부터 자유롭다. 나의 입맛이란 언제나 다른 사람의 입맛에 의해 결정된다. 다시 말해서 나의 입맛은 바깥에서 주어진 것이다. 이를테면 내 입맛에만 맞는 음식은 필연적으로 맛이 없는 음식이다. 이처럼 내 입맛은 상대의 인정을 받을 수 있어야 비로소 취향이 된다. 바로 그래서 사르트르는 입맛이 나와 세계를 가로막는 돌제突堤와 같다는 논리를 펼쳤다. 이런 정황에서 볼 때 자신만의 입맛을 고집하는 우울증 환자는 행복할 수 없다. 또 항상 쓴 입맛을 다시며 사는 것은 불가능하기도 하다.

우울증이란 몸을 경험하는 하나의 특수 상황

지금까지의 묘사는 최소한 두 가지 오류를 넘어서지 못했다. 그 가운데 하나는 묘사의 전략적 측면에 따른 부수 현상이라 손쉽게 제거될 수 있기는 하다. 그것은 바로 등급skala이라는 그림을 끌어들인 것이다. 우울증과 질병 부인 사이의 다양한 몸 체험을 조금이라도 분명히 그려보기 위해 선택된 등급은 묘사의 편의를 위한 선택일 뿐이다.

등급이라는 그림은 잘못이다. 물론 우울증과 질병 부인을 양극단으로 대비시켜놓는 생각이야 얼마든지 할 수 있다. 또 건강한 사람의 숨겨진 몸과 건강하기는 하지만 확연하거나 가볍거나 심지어 무시할 수 있는 몸의 부담을 그 양극단의 중간에 놓고 그림을 그려보는 것도 완전히 틀렸다고 할 수는 없다. 다만 이런 식으로 우리는 몸이라는 현상의 다채로움을 온전히 다룰 수 없다. 그런 등급의 중간에 가져다놓을 수 없는 몸의 현상은 의심의 여지가 없이 아주 풍부하다. 나는 우울증의 본질을 근접하게나마 다루고자 하는 이 글에서 몸 체험의 다양함을 자세히 다룰 수 없다. 나는 그저 대표적인 사례를 몇 가지 뽑아, 만성적인 중병 환자, 이를테면 암종癌腫처럼 어찌 손댈 수 없는 소모적인 질병 일반에서 우리가 했던 관찰에 집중했으면 한다.[6] 이런 환자는, 내가 그 상태를 앞서 묘사한 것처럼, 자신의 몸을 천천히 떠나 거의 눈치 채지 못하게 내면으로만 침잠한다. 이들은 내면으로 파고들어가면서 자신의 몸과 확연한 거리를 둔다. 몸은 갈수록 더 껍데기, 마치 쓰다버린 물건 혹은 옷걸이에 걸어둔 낡고 해진 양복이 된다.

질병 부인의 경우는 다르다. 우리의 발명가(환자 N)는 자신의 몸을 '혹사'한다. 그는 자신을 세계로 떠받들어주는 발로 몸

6   이 책 131~136쪽 참조.

을 짓밟는다. 원한다면 그는 자신의 몸을 버리고 '바깥으로' 나가 세상일에만 몰두하면서 몸을 뛰어넘는다고 말할 수도 있다. 그러니까 앞서 언급한 암 환자의 몸 경험과는 정반대되는 양상을 N은 보여준다.

또 우울해하지 않으며 아픔을 온전히 감당하는 전혀 다른 사례도 있다. 이런 환자는 달리 어쩔 수 없어 신의 이름으로 은총을 빌어줄 수밖에 없다. 주변에서는 어떻게든 도와주려 안간힘을 쓰며 환자의 존재를 감수하고 또 인정하기도 하지만, 환자는 오로지 아픔만 묵묵히 새길 뿐이다. 등급은 이런 양상 역시 담아낼 수 없다.

이제 이 이야기는 이 정도로 해두기로 하자. 분명한 사실은 등급이라는 그림을 버려야 한다는 것이다.

두 번째 오류는 첫 번째 것과 밀접한 연관을 지닌다. 앞서 우리는 인간이 몸을 다루는 상대적인 방식, 이를테면 떠받들거나 침묵하거나 부담을 느끼는 양상의 특징을 살피기 위해 방황, 혼동, 혹은 스스로 휘말림 등을 이야기했다. 몸의 질병이라는 사실을 어떻게든 소화하기 위해 우리는 몸과 세계 사이를 끊임없이 오가며 방황할 수밖에 없다. 끊임없이 바뀌는 공간 관계, 즉 몸과 세계와의 관계를 어떤 식으로든 감당하지 않으면 환자는 살아갈 수 없기 때문이다(이런 관계 변화는 부분적으로 우리 자신이 요구하는 것이며, 또 부분적으로는 외부로부터 강제받는 것이기도 하다). 다시 말해서 우리는 '일 자체'에 머무를지, 아니면 자신의 몸에만 남아야 할지, 어느 쪽으로든 결정해야 하기 때문에 방황하지 않을 수 없다. 결정의 문제는 항상 이렇게 우리를 압박한다.

그러나 방황해야 함과 할 수 있음은, 앞서 스쳐가듯 언급된 암 환자의 경우 흔히 보듯, 대개 별 의미를 지니지 않는다. 이로써 우리의 논의는 지금까지의 것과는 전혀 다른 차원으로 올라선다. 병으로 몸이 해체되고 파괴되는 마지막 단계에 이르러 환자는, 앞서 지적했듯, 몸을 떠나 내면으로 침잠한다. 이렇게 되면 몸과 세계를 오가며 의미를 이리저리 놓아보았던 방황은 말 그대로 시시해지고 만다. 아니 더 편하게 이야기하자면, 더는 '방황'하지 않으며, '혼동'도 이루어지지 않는다. 우울한 기분에 휘말리는 일도, 질병을 한사코 무시하는 방종도 없다. 물론 질병 과정에서 감당해야 하는 어려움이 사라지는 것은 아니며, 분명 자기 몸의 경험도 계속되기는 한다. 그렇지만 지금껏 우리가 살폈던 사례들이 보여주는 병이라는 사실과 자유의 힘겹고도 쓰라린 대결의 차원은 사라지고 만다. 몸을 버리고 내면으로 침잠한 환자의 차원은 전혀 다른 성격을 지닌다. 어쨌거나 자신의 몸에서 이리저리 방황하며 몸의 파괴라는 사실을 멀리하거나 부정하고자 했던 안타까운 몸부림은 이제 의미를 잃는다. 이 지경에 이른 환자는 몸의 계속되는 망가짐과 평화협정을 맺는다. 이제 몸의 경험에서 막다른 골목에 이르렀다고나 할까. 그래서 나타나는 것이 방황하고자 함과 해야만 함의 '포기'이다. 심지어 방황의 차원을 완전히 넘어서서, 착각하고 혼동하며 휘말리는 위험(이런 차원이 허락하는 한에서 생각할 수 있는 혼란의 위험)이 극복되었다고도 말할 수 있다.

이 글에서 내가 중시한 것은 우울증을 몸 경험의 '한 가지 양상'으로 보고 또 나타내고자 함이었다. 우울증이란 몸을 경험하는 하나의 특수 상황이다. 나는 (이 글을 맺으며) '경험'이라는 단어를 신중하게 골랐다. 몸의 경험이라는 현상은 거의 혹은 전혀 인지하지 못하는 무정형의 상태에서 고민으로 점철된 태도까지 아우르는 폭넓은 것이기 때문이다. 이 과정에서 각 단계로 넘어감은 의학이 오랫동안 가정해왔던 것보다 훨씬 더 유동적이다. 이런 유동적 이행이라는 사실의 연구에 뭔가 기여했기만을 나는 간절히 바란다. 병든 몸을 자각하면서 느끼는 불행함과(간단하게 말해서 윗배가 병들었다고 느끼는 기분) 이런 느낌에 대처하는 다양한 양상, 의지하거나 의무로 여기거나 이러저러한 태도를 보여도 된다고 생각하는 자아의 반응 그리고 더는 어쩔 수 없다고 포기하는 우울증의 태도는 서로 다른 것처럼 보이지만, 그 본질적인 구조는 같다는 것이 지금까지 내 고찰이 내린 결론이다.

미래를 기약할 수 없다는 것

》

"세상에는 원하는 곳이면 어디든 갈 수 있는 사람들만 있더군요. 힘들
어하지도 않아요. 힘들이지 않아도 된다는 사실을 전혀 의식하지 않는
그들을 지켜보는 것이 정말 괴로워요." 이런 맥락에서 본다면 도달할
수 없는 풍경을 바라보며 생겨나는 심장의 아픔은 전혀 놀라운 것이 아
니다.

《

말수가 줄고 행동은 신중해진다

심근경색이라는 위급한 단계를 이겨내고 위중한 협심증 증상이 더는 나타나지 않는다면, 이런 환자는 대개 몇 주 혹은 몇 달 동안 심장 주변과 왼쪽 어깨와 왼팔에 가벼운 통증이 계속되는 국면에 이른다. 이런 통증은 제어할 방법이 거의 없다. 이런 종류의 통증은 그저 "아프다"는 대단히 부족한 말로 묘사된다. 가장 나은 표현은 아픔과 저림이 서로 떼어낼 수 없이 지속된다는 느낌이다. 어떤 환자는 가슴이 고통스러울 정도로 무겁다고 불평하는가 하면, 다른 환자는 왼쪽 가슴에 참기 힘든 압박감을 느낀다고 호소한다. 또 다른 환자는 왼쪽 어깨에 류머티즘과 같은 잡아당김이나 왼팔 전체에 고통스러운 냉기 혹은 무감각을 이야기한다. 결국 이 경우에 통증과 저림을 구분하는 것은 불가능하다.

지금 말하는 것이 어떤 종류의 증상인지 명확히 하기 위한 가장 손쉬운 방법은 이 증상(잠정적으로 '가벼운 지속적 아픔'이라 부르기로 하자)을 진짜 협심증 발작과 구분하는 것이다. 심근경색을 앓는 환자는 답답함도 두려움도 충동적인 파괴 욕구도 보이지 않는다. 또 발작의 성격도 없다. 이따금 나타나는 두려움 비슷한 감정은 병 탓에 자발적으로 나오는 것이 아니라, 거의 항상 생각으로 곱씹어진 결과물이다. 마찬가지로 '가벼운 지속적 아픔'은 부전不全으로 심장 기능이 저하된 증상, 곧 호흡곤란, 압박감, 천식과 다르다.

심근경색을 앓고 난 뒤의 환자에게서 항상 관찰하는 '가벼운 지속적 아픔'은 대개 강도는 낮으며, 생각할 수 있는 모든 종류의 저림과 뒤섞인다. '가벼운 지속적 아픔'은 마치 멜로디처럼 독자적인 법칙을 가지고 왔다가 사라진다. 그리고 때때로 그 성격이 바뀌기도 한다. 그렇지만 이런 변화에도 환자는 아픔을 특별하고도 익히 아는 현상으로 여긴다. "내 심장의 아픔이야", "가슴에 돌이 얹힌 것 같아", "어깨가 시려", "팔에 감각이 없어" 하는 따위의 표현이 이에 해당한다. 환자는 잠깐 사라졌다가 다시 나타나는 이 증상을 즉각 알아차린다. 이 통증과 저림은 비록 강도가 약하기는 하지만 환자를 아주 괴롭힌다. 환자는 이 증상을 이겨낼 수 없으며, 무시하지도 못하고, 달아날 수는 더더욱 없다. 환자는 객관적으로도 변화한 모습을 보인다. 대개 기가 꺾인 나머지 침울해하며 자신이 불행하다고 여기거나 심지어 절망에 사로잡힌다. 격심할 경우는 우울증 증세를 보이기도 한다. 경우에 따라서 의사는 심근경색에 따른 후유증인지, 아니면 우울증인지, 또는 두 가지 모두인지 판단하기에 어려움을 겪는다.

상태와 기분의 이런 변화는 환자의 동작에서 가장 확연하게 드러난다. 환자는 대개 의자에 조용히 앉아 배우자가 하는 말을 들으며 아무런 표정을 짓지 않는다. 자기 자신을 마치 깨지기 쉬운 것을 다루듯 한다. 자발적으로 표현하려는 동작은 거의 하지 않는다. 표정과 몸짓을 아끼는 통에 속내를 좀체 드러내지 않는다. 환자는 자세를 매우 드물게 바꾸며, 바꾸더라도 주저하는 티를 숨기지 않는다. 동작에서 '과도한 것' 혹은 '불필요한 것'은 없으며 '과장'을 하지 않는다. 그렇다고 "그냥 됐다"고 넘기는 일도 없다. 이들의 동작은 다음과 같은 말로 핵심을 정리할 수 있다. 불필요하게 많은 것보다는 차라리 적게!

첫 눈에 환자의 이런 태도는 절제라는 원칙에 지배되는 것처럼 보인다. 의사는 그렇게 해석하려 시도한다. 심한 손상을 입은 심장은 이런 해석이 맞는 것으로 보이게 한다. 아마도 실제로 절제라는 동기가 거들기는 하리라. 그러나 절제는 이 현상의 본질적 측면을 포착하지 못한다. 이 단계에서 너무 많은 말을 하지 않으려는 태도를 나는 '신중함'이라고 묘사하고 싶다. 이런 태도는 '항상 무엇인가에 대비하는 자세'라는 인상을 준다. 그러니까 환자는 예상하지 못한 그 어떤 것도 허용하려 들지 않는다.

이런 동작은 부정적으로 해석하는 편이 더 쉽다. 예를 들어 이런 동작은 파킨슨 환자의 강직의 특징을 지니지 않는다. 노이로제 환자의 발작 증상도, 대뇌에 심각한 손상을 입은 환자의 무의식 상태도, 오랜 투병 끝에 말기 증상을 보이는 환자의 신체적 쇠약도 심근경색을 앓는 환자에게는 볼 수 없다.

인격을 침식하는 불행한 기분

이런 태도가 우울증과 유사하다는 점을 나는 1954년 환자인 박사 W에게서 처음으로 주목했다. 그는 아내의 동행을 받아 병원으로 왔다. 아내는 몇 주 동안 남편이 두려울 정도로 변한 모습을 보인다며 걱정했다. 그는 벌써 몇 년째 이따금 심장으로 어려움을 겪었으며, 이미 오랫동안 고혈압에 시달려왔다. 또한 항상 민감하고 불안해했으며 가끔 가벼운 무기력 증세도 보였다. 그렇지만 이 모든 것을 주변 사람들은 심각하게 받아들이지 않았다.

3주 전 그는 심각한 심장마비를 겪었다. 통증이 강했으며, 이대로 죽는 게 아닐까 하는 두려움에 교회에서 쓰러졌다고 한다. 너무 상태가 나빠 사람들은 그가 곧 죽을 거라고 믿었다. 그래서 입원시키려는 움직임도 있었다. 그러나 주치의의 치료로 통증은 곧 거의 사라져 입원은 하지 않았다. 단지 가슴에 무겁다는 느낌과 끊임없이 나타나는 가벼운 압박감이 남았다.

그러나 더욱 불안한 것은 그가 보이는 심적 상태의 변화라고 아내는 말했다. 남편은 항상 모든 것을 심각하게 받아들이는 경향을 지니기는 했다고 말했다. 그리고 과중한 부담을 받으면 이런 경향은 더욱 심해졌다고도 했다. 그럼에도 일은 항상 충실히 처리했으며, 기운을 내려 노력하는 모습을 보여줬다고 했다. 식욕과 수면은 아무 문제가 없었다. 마침 집을 지으려는 계획에 착수했으나 이 심장마비로 충격을 받아 상황은 완전히 달라졌다. 이제 심장의 아픔은 그리 심각하지 않지만, 하루 종일 걱정을 하며 모든 일을 잘못한 것은 아닌지 하는 생각에 두려워한다고 했다. 건축에 필요한 재원 마련으로 노심초사했으며, 지킬 수 없는 계약을 맺어 파트너를 속인 것은 아닌지 전혀 이해할 수 없는 걱정도 했다. 그리고 항상 아들이 유급하는 것은 아닌지 염려했다 (실제로 아들은 성적이 우수한 학생이다).

환자는 의견을 말해보라는 권유를 받는 한에서 이 모든 것이 맞다고 확인해주었다. 그는 자신이 더는 직업 활동을 할 수 없을 것으로 확신했다. 다시 일을 할 능력을 회복할 수 없음을 잘 알았다. 그래서 다른 모든 계획도 무의미해졌다고 했다. 의도했던 모든 것이 미래에 실현되지 않을 거라고 했다. 그 밖에는 말 없이 묵묵히 앉아 미동도 하지 않았다. 아내가 하는 말을 물끄러미 듣기만 했으며, 중간에 끼어들어 표현을 바로잡지도 않았다. 3주 전의 심장마비 이야기를 하지 않았더라면, 나는 심각한 우울증이라는 것을 조금도 의심하지 않았을 것이다.

이어진 내과 진단은 박사 W가 3주 전에 심장마비를 앓은 것을 명백히 확인해주었다. 다른 한편 아내의 모든 진술은 지금 환자를 지배하는 심각한 우울함이 심장마비와 거의 동시에 생겼음을 암시해주었다. 추가 진단을 의뢰받은 정신과 전문의는 단 한 순간도 우울증 진단을 의심하지 않았으며, 환자가 자살을 감행할 우려가 있다고 했다. 그렇다면 심장마비 이전에도 어떤 근원적인 정신적 고통이 있었던 것일까? 그래서 지금 상황이 더 복잡해졌을까? 아니면 부차적인 어떤 것이 따라붙었을까? '반응적 우울증'을 가진 심장마비일까? 본래 우울증 환자가 심장마비를 겪은 것일까? 확실한 것은 오로지 정신과 전문의는 심각한 우울증이라는 자신의 진단을, 내과 전문의는 단지 몇 주 전의 심장마비가 원인일 것이라는 진단을 각각 고집했다는 점이다.

지금 우리의 문제는 이 진단의 딜레마를 확실하게 풀고자 하는 것이 아니다. 심지어 지금 절박하게 떠오르는 물음, 곧 지금 이것이 실제로 진짜 우울증인지, 우울증이라면 어떤 종류의 것인지 하는 물음도 잠정적으로 다루지 않고 버려두기로 하겠다. 이런 유보적인 태도는 박사 W의 사례가 우리의 관찰 가운데 특히 심각하다는 이유에서 바람직하다. 이 사례를 언급한 것은 심근경색을 앓는 많은 환자들에게서 보이는 불행함과 음울함을 그림처럼 보여주어 이보다 덜한 경우를 다루기 쉽게 해주기 때문이다.

위에서 살펴본 태도는 모든 심장병 환자가 보여주는 특징이다. 박사 W의 경우는 심장의 아픔과 무거운 기분이 특히 심하게 얽혀 있음을 확인해준다. 그러나 이보다 덜한 사례도 역시 암울한 분위기, 거의 우울증에 가까운 분위기를 보여준다. 이런 전반적인 인상은 환자 자신의 이야기를 들어보면 더욱 강해진다. 환자는 저마다 예전의 건강을 근접하게나마 회복할 수 없으리라는 점에 괴로워했다. "다시금 건강을 되찾은 제 모습을 떠올릴 수가 없어요. 그렇게 생각할 가능성이 전혀 없거든요!"(환자 H) 이 경험은 몇 달에 걸쳐 더할 수 없이 고통을 주는 증상이다. 환자 B는 "미래를 내다보기가 힘들다"고 털어놓았다. "미래에 시선을 둘 곳이 없습니다." 앞으로 얼마나 오래 병을 앓아야 하는 것인지 몰라 어떤 계획도 세울 수 없다는 점을 환자는 무척 고통스러워한다. "아무 생각이 없습니다. 고작해야 현재 상태를 유지하겠죠."(환자 L) 고통은 현재의 상태가 최종적인 것이 아닌지, 더는 회복할 수 없는 불변의 것인지 하는 생각 탓에 빚어진다. 환자는 병의 진행은 물론이고 미래 문제를 더 할 수 없이 힘들어한다.

그게 뭐 그리 특별하냐고, 중병을 앓는 일반적인 경험, 곧 장

기 손상으로 생겨나는 질병의 무수한 사례가 다 그런 거 아니냐
는 반론은 얼마든지 제기될 수 있다. 이런 반론은 중병이 원칙적
으로 우울한 기분을 만드는 계기가 된다면 정당하다. 그러나 바
로 이 반응적 우울증의 가능성을 나는 고려하지 않으려 한다. 나
는 심근경색을 앓는 환자의 '직접적인' 몸 경험이 예를 들어 배
가 아픈 환자와는 다른 구조를 지닌다고 주장하고자 한다. 전혀
신중하지 않고 거칠게나마 정리하자면, 심근경색을 앓는 환자의
직접적인 질병 체험, 곧 심장이 아픈 몸의 경험은 본질적으로 충
격받음과 우울함의 성격을 피할 수 없이 가진다고 말할 수 있다.
아마도 윗배와 우울증 사이에서 보았던 것과 비슷한 관계가 이
경우에도 성립하는 모양이다. 이 글의 목표는 불행함이라는 상
태가 보이는 다양한 변형을 분명히 헤아려보는 것이다. 그리고
특정 '장기 손상 질환'이 가지는 그만의 특성을 알아보고자 하는
것이기도 하다. 내가 보기에 심장병 환자는 예를 들어 신장 질환
환자와는 다른 '나쁜 기분'을 가진다. 이 주장을 입증하기 위해
서는 다각도의 접근이 필요하다.

먼저 해명해야 할 것은 가볍고 상존하는 심장 통증이 '나쁜
기분'과 무슨 관계를 가질까 하는 점이다. 앞서 나는 이 통증이
정말이지 애매한 현상이며, 경우에 따라서는 통증보다 저림이라
는 요소가 훨씬 더 강하다고 말했다. '통증'이나 '압박' 혹은 '가
슴의 무거움', '마비된 팔' 또는 어깨의 '당김'이나 '아플 정도의
냉기'라는 표현이 더 낫다고는 말할 수가 없는 것이 심장병 환자

의 경우다. 오로지 확실한 것은 이 경우 통증이라고 하는 것은 떼려야 뗄 수 없이 저림과 섞여 있다는 점이다. 또 마찬가지로 확실한 것은 이 복잡한 상태는 밀도 높은 '나쁜 기분', 무엇인가에 자극 받은 느낌을 이끌고 온다는 점이다.

이런 사정은 심장의 통증뿐만 아니라, 근본적으로 모든 내수용기성內受容器性 통증에도 해당된다. 내수용성의 장기로 비롯되는 아픔은 어떤 성격의 것이든 비참한 기분, 인격체 전체를 사로잡는 나쁜 기분을 결과로 이끈다. 이런 기분은 환자가 가지는 불행함의 전면에 치고 나오거나 잠복해버릴 수 있다. 그러나 이 기분은 물에 풀어놓은 분말처럼 없앨 수 없는 부분으로 남는다. 바로 이런 특성이 내수용기성 통증을 외수용성 통증과 구분짓는다. 사지와 관련한 외수용성 통증은 마치 아픔의 구체적인 대상이 있다는 느낌을 자아낸다는 점에서 외적 지각과 비슷하다. 내수용기성 통증은 대개 몸의 장기(예를 들어 심장, 흉곽, 담낭, 대장 등)와 관계되는 느낌으로 정리될 수 있지만, 항상 인격체 전체를 침식하는 상태라는 양상을 구성한다.[1]

불행함을 느끼는 방식이 전반적으로 윤곽을 알아보기 힘들다 할지라도, 다른 한편으로 그 방식들은 구조상 서로 큰 차이를 지닌다. 불행함은 우리가 그 안에 잠기거나, 감정의 범람으로 우리를 사로잡는 탓에 무정형이라는 인상을 준다. 그러나 그 느낌의 방식은 각기 아주 명백한 색조와 분위기를 가져, 그 독특함을 우리에게 가르쳐준다. 각 방식마다 전혀 다른 속사정을 담아내며, 우리 인간의 실존이 지니는 이러저런 양상을 선호한다. 그리

---

1 프린츠 아우어스페르크, 『생리학과 통증의 병리생리학』Zur Physiologie und Pathophysiologie der Schmerzhaftigkeit, 슈프링거 출판사, 베를린/괴팅겐/하이델베르크. 프린츠 아우어스페르크A. Prinz Auersperg(1899~1968)는 오스트리아 출신의 정신과 의사다(―옮긴이).

고 각 방식은 다른 방식에 전혀 영향을 미치지 않는다.

내가 가진 것이 나를 소유한다는 역설

그럼 이제 심근경색 환자의 특징적인 몸 경험으로 되돌아가보자. 먼저 모든 심근경색 환자에게 공통된 사실부터 짚어보자. 이들은 항상 자신의 심장을 '느낀다'. 아픈 심장으로, 가슴 속의 돌덩이로, 아프고 차가운 어깨로 심장의 존재를 감지한다. 끊임없이 심장의 존재를 감지하는 이 경험, 즉 예전과는 다르게 '심장을 가졌다'고 느끼는 경험은 어떤 특정한 불행함을 이야기하기에 충분하다. 이 가짐이라는 특수 구조의 특징은 내가 가진 것이 나를 소유한다는 역설이다(가브리엘 마르셀). "내가 심장을 가졌구나" 하고 느끼는 사람은 피할 수 없이 심장의 이 절박한 존재와 맞닥뜨려야 한다. 심장의 주인이 맺는 모든 관계는 끊임없이 자신의 존재를 알리는 심장으로 복잡해지며, 방해받고, 결국 불가능해진다. 조용하기는 하지만, 아주 까다로운 이 심장이라는 내 소유물은 마치 뱀을 발견한 눈길처럼 나를 꼼짝 못하게 사로잡는다. 특히 그것은 바로 나의 '고유한' 심장이며, 그 '있음'으로 피할 수 없이 나 자신의 존재를 위협한다는 의미가 이 사로잡음의 원인이다. 나의 일부, 더욱이 가장 고유하고 중요한 부분이 이처럼 낯설게 자신의 존재를 환기시킨다는 경험은 피할 수 없이 상반된 감정이 공존하는 태도를 가지게 한다. 나는 내 심장을 일종의 애증을 가지고 바라본다. 병든 심장의 경험으로 비롯되는 소외됨과 낯설어짐은 그렇다고 나에게 속했다는 소속감을 약화시키지 않으며, 오히려 그 어느 때보다도 강하게 한다. 나의 것이 나를 소유한다는 이중성은 소외와 소속감 심화라는 상반된 사실의 반영이다.

이 측면만 살펴도 이미 앞서 언급했던 심근경색 환자의 몸동작이 이해된다. 낯설게도 그 존재를 끊임없이 알리는 심장을 상대하는 가장 좋은 방법은 조용히 앉아 심장에 오롯한 관심을 쏟아주는 것이다. 거리낌 없는 동작, 자발적인 표현이 심장을 더 예민하게 만들까봐 그러는 것이 아니다. 오히려 이 속내를 알 수 없는 파트너를 시야에서 놓치지 않으려 하는 안간힘이 심장을 주목하는 이유다. 이는 마치 노는 아이를 지켜보는 어머니의 상황과 같다. 아이에게 무슨 극단적인 일이 닥칠지 알 수 없는 노릇이지 않은가. 그래서 피할 수 없이 구속적인 자세가 생겨난다. 자신의 존재를 감지하게 만드는 심장을 한시도 놓치지 않고 지켜보는 것이 가벼운 공포감 혹은 체념적인 두려움을 불러올지라도 상관없다. 중요한 것은 모든 것이 지금 그대로 유지되며, 그 어떤 것도 중간에 끼어들지 않아야 한다. 예상하지 못한 모든 것은 당연히 의심스럽다. 환자는 그동안 자신과 심장 사이에 이뤄진 관계가 되도록 흔들리지 않게 지켜보아야 하는 절박한 감정을 갖는다. 이 관계는 고통스럽고, 잔인할 정도로 구속적이지만, 절대 지루해지지 않는다.

그러나 예상하지 못한 것을 거절하는 사람은 그 예상하지

못한 것의 매력, 곧 선물이라는 특징조차 거절하는 것이 된다. 이
로써 이내 단조로움은 피할 수 없으며, 인생의 활력을 만드는 자
아실현의 모든 것이 정지해버린다. 이런 활력이야말로 몸의 존
재를 잊게 하는 필수불가결의 전제 조건이지 않은가(아우어스페
르크, 『생리학과 통증의 병리생리학』). 끊임없이 변화하는 현재의
상황으로 물 흐르듯 매끄럽게 넘어갈 수 있으려면, 몸은 존재를
숨기고 잠복해야 한다.

전혀 다른 측면에서 보면 심근경색 환자의 상태와 태도가
더 잘 이해된다. 부담을 이겨낼 능력이 턱없이 부족해 환자는 대
략 이런 내용의 무수한 몸 경험을 피할 수 없다. "할 수 없어." 또
는 "되도록 심장에 부담을 주지 않도록 일처리를 해야 해." 그러
나 모든 의도된 동작만 몸의 할 수 없음이라는 경험에 지배당하
는 것이 아니다. 몸이 자발적으로 보이는 반응과 저절로 이루어
지는 행동도 잘 되지 않는다. 모든 의도하지 않은 동작이 자연스
레 이어지는 것이 심근경색 환자는 어렵거나 불가능해진다. 환
자는 더는 설렁설렁 유유자적할 수 없으며, 모든 동작을 끊임없
이 통제하고 상황에 맞추어야 한다. 그 어떤 것도 우연에 맡겨
둘 수 없다. 더는 여유롭게 유랑하거나 험로를 갈 수 없으며, 모
든 것을 자신의 제한된 행동반경에 맞추어야 한다(이로써 '저절
로 이뤄지는 행동'en passant과 '힘들여 나아감'en marche의 대비가 이루
어진다.* 이로써 구속력이 없이 자연스레 이루어지던 세계와의 관계는
포기된다. 환자가 품는 의도는 의도해도 되는 것이라는 한계 영역으로

●   'en passant'은 주변에서 일어나는 일을 자연스레 받아들이고 반응하
는 상태를 이르며, 'en marche'는 행동 능력의 제한으로 주변에 맞추
어야 하는 강제적 상태를 뜻한다.

제한된다. 주변 사람과 대상을 다루는 자유와 자의는 환자와 세계 사이의 부조화로 제약되고 만다).

심근경색 환자의 동작은 (흔히 생각하는 것처럼) 암담한 기분의 표현이 아니다. 또 자신의 병에 반응해 보이는 우울함의 결과도 아니다. 그리고 우울함은 상황을 곱씹어 생각한 끝에 나타나는 것도, 우연한 것도 아니다. 심근경색 환자의 동작과 기분은 동전의 양면과 같다. 피할 수 없이 되풀이되는 몸 쓰기의 행복하지 않음은 '행복'이 본격적으로 고개를 들 수 없음을 뜻한다. 속담의 지혜가 윙크하는 것을 보라. 흔히 말하는 "몸이 편안해야 행복하다"거나 "몸이 불편하면 불행하다"는 표현이 사안의 본질을 풀어볼 열쇠를 제공한다. 계획된 것과 계산된 것에만 몸 쓰기를 해야 하는 '좁혀짐' 그리고 모든 자발성과 자연스러움의 상당 부분의 포기는 모든 관계에 암울한 그림자를 드리운다. 그와 같이 강제적으로 절제된 동작은 예기치 못한 것이 들어설 공간을 허용하지 않는다. 그러나 이런 공간이야말로 우리에게 주어진 자유를 감지하기에 필요한 것이다. 뒤집어보아도 마찬가지다. 일상사를 처리함에 있어 기분 좋음과 자연스러움은 무엇보다도 몸 움직임이 의식할 필요 없이 항상 편안함과 몸을 통한 자아실현과 연관된다(물론 행복감에는 다른 몸 경험도 필요하다는 것은 자명하다).

한 가지 가능한 반론에는 애초부터 대비를 해두는 것이 좋겠다. 다리 한쪽을 절단한 사람도 자유롭게 몸을 움직이고 쓸 수 없는 것은 마찬가지이지 않은가? 이런 환자도 조용히 앉아 지

낼 수밖에 없다. 그럼에도 위에서 살펴본 심근경색 환자의 우울
한 상태는 다리를 절단한 사람에게서 거의 볼 수 없다는 것이 반
론의 골자이다. 차이는 무엇일까? 틀림없이 심근경색 환자가 자
신의 심장과 맺는 독특한 관계가 그 차이다. 심장은 자율적인 것
인 동시에 바로 환자 자신이기도 하다는 역설이 이 독특한 관계
의 특징이다. 환자는 자신의 일부인 아픈 심장이 자신을 위협하
는 것을 경험한다. 환자는 이제 곧 자신의 위험이다. 사지 가운데
하나를 절단한 사람은 이런 지경까지는 결코 이르지 않는다. 오
히려 그에게서 우리는 정반대를 발견한다. 절단 환자는 대개 유
령 사지를 꾸며내며 경우에 따라서는 자신의 장애를 잊어버린다.
이런 식의 '재생'은 당사자를 심장병 환자와 그 심장 사이에 숙명
적으로 생겨나는 상반된 감정의 관계 같은 것으로부터 지켜준다.

"아름다운 풍경을 견딜 수가 없소"

앞서의 반론은 우리의 연구 범위를 너무 좁게 잡아 생겨나는 것
이기도 하다. 심근경색을 겪고 몇 달이 지나 요양원에서 아직 남
은 협심증 치료를 받았던 환자 G의 말을 새겨보면 연구 범위를
좁게 잡은 것이 당장 분명해진다. 통증 말고도 그를 고통스럽게
한 것은 창밖에 펼쳐지는 전망 좋은 풍경이었다. 이 '아름다운 전
망'을 견딜 수가 없어 그는 병실의 블라인드를 올리지 못하게 한
날들이 적지 않았다. 왜 그런 태도를 보이는지 그 이유를 그는 간

단하게 정리했다. "아름다운 풍경을 견딜 수가 없소."

어쩌다가 이런 불편한 경험이 일어났을까? 한편으로는 심장과 혈액순환, 다른 한편으로는 동작이 서로 의존하며 관계한다는 점은 증명을 필요로 하지 않는 사실이다. 우리는 무엇보다도 심장과 혈액순환의 이상 없음에 의존해야 자유롭게 움직인다. 이는 생리적일 뿐만 아니라 현상학적으로도 타당한 사실이다. 나는 심장의 존재를 알아차리지 않아야 거리낄 게 없이 이곳에서 저곳으로 자유롭게 움직인다. 우리의 운동이 목표도 의도도 없는 것이라 할지라도, 운동은 항상 '~에로 나아감', 그 어딘가로의 움직임이다.*

이런 현상학적 진리를 염두에 둘 때, 사정은 분명해진다. 자신을 움직이기 불편한 불행함은 항상 선험적으로a priori 주어진 자아 형성의 기회가 불편함 탓에 이루어지지 않는 것이다. 다시 말해서 자아를 어떤 식으로든 미래형으로 발전시키는 게 가로막히는 것이 불행이다. 이런 생각을 다듬으며 나는 지금까지 특히 인간의 '시간성', 곧 미래를 향한 끊임없는 변화를 주목했다.

이제는 인간의 시간적 관계에 제한했던 관점을 더 넓힐 필요가 있다.

심근경색을 앓고 난 환자의 심장 탓에 제한되는 몸 경험은 환자에게 더는 자연스러움, "구속력이 없이 자연스레 이루어지던 세계와의 관계"²를 허락하지 않는다. 구속력이 없는 세계와의 관계가 지니는 특징은 몸의 자유로운 움직임뿐만 아니라, 눈으로 쓱 훑어보고, 저 멀리 건너다보는 것과 같은 유유자적함을 포

•   현상학은 의식의 본질적 구조를 지향성이라는 개념으로 본다. 지향성 intentionalität은 '무엇을 향한다', '무엇에로 나아간다'는 의미다. 본문에서 '현상학적'이라는 표현은 이를 염두에 둔 것이다.

2   아우어스페르크·데어보르트·슈렝크 (공저), 「지향적 시선 운동의 심리생리학」, 『신경과 의사』31호, 1960, 241~253쪽.

함한다. 물론 이때 우리는 산만하며 개별적인 것에 관심을 가지지 않을 수 있다. 반대로 협심증은 세세한 것까지 남김없이 보도록 강제한다. 심장 탓에 주의가 곤두선 나머지 환자는 혹시 예기치 않은 것이 닥칠까 두려워하기 때문이다. 몸짓, 대화 그리고 결국 운동에서 계획된 것, 계산된 것으로만 제한되는 것과 마찬가지로, 눈으로 보는 활동에서도 전체 풍경에서 하나하나의 대상을 떼어내 그것이 무엇인지 가려보도록 환자는 강제받는다. 환자에게 풍경은 더는 단순한 주변 환경, 배경, 헤아릴 수 없이 많은 가능성의 영역이 아니다. 환자는 개개의 사물, 이 산, 이 가파른 길, 이 폭이 넓은 개천을 주목해야만 한다. 가벼운 마음으로 주변의 모든 것을 쓱 훑어보는 대신, 환자는 개개의 것에 직접 '진지하고 심각한' 관계를 가지며 경우에 따라서는 '무거운' 기분, 우울함에 사로잡힌다.

우리는 주변의 것을 그저 망막에 맺힌 상으로, 이러저러한 윤곽과 색채를 가지며 빛이 반사된 것으로만 결코 받아들이지 않음을 잘 안다. 눈으로 본다는 행위는 언제나 대상으로 '건너감'이다. 이처럼 '대상과 만나기 위해 길을 간다는 것'은 선험적으로 주어진 조건이다. 이 조건은 의도된 동작, 시선뿐만 아니라, 비록 그 정도가 약하기는 할지라도, 쓱 훑어보는 눈길, 꿈에 젖은 눈길에도 적용된다.

심장병 환자가 풍경을 '견딜 수 없는 것'이라고 받아들이는 이유는 바로 이것이다. 창밖을 내다보는 눈길이 아름다울수록, 환자는 그만큼 더 고통스럽다. 자신이 병을 앓은 경험을 다음과 같이 이야기한 환자 Z도 원칙적으로 같은 의미를 말한다. "세계는 경사와 계단이더군요. 그런 장애와 부딪치지 않고는 어디도 갈 수 없어요. 정상적인 사람은 물론 모르는 사실이죠." 산책을 마치고 힘들어하는 환자 B의 말도 같은 뜻을 담았다. "세상에는 원하는 곳이면 어디든 갈 수 있는 사람들만 있더군요. 힘들어하지도 않아요. 힘들이지 않아도 된다는 사실을 전혀 의식하지 않는 그들을 지켜보는 것이 정말 괴로워요." 이런 맥락에서 본다면 도달할 수 없는 풍경을 바라보며 생겨나는 심장의 아픔은 전혀 놀라운 것이 아니다.

심근경색 환자가 눈으로 본 것에서 특히 고통을 느끼는 것은 우연한 일이 아니다. 눈으로 보는 것은 앞에 있는 것, 앞으로 맞이할 것, 그것이 창을 통해 보는 산이든, 미래의 계획이든, 이 모든 것은 포기할 수밖에 없는 것이기 때문이다. 실제로든 가상으로든 이 길을 감이 실패할 수밖에 없다는 불행함은 심근경색 환자의 시각적 경험에서 가장 먼저 그리고 가장 인상적으로 드러난다. '시각은 멀리 떨어진 것을 보는 감각',[3] 곧 시간과 공간에서 우리 앞에 놓인 것을 보는 감각이기 때문이다.

바로 그래서 심근경색을 앓는 환자는 듣고, 만지고, 맛보고, 냄새 맡으며 파악하는 모든 것을 그리 힘겨워하지 않는다. 귀로 들은 것, 코로 맡는 향기는 환자에게 얼마든지 행복감을 선사한다. 음악, 대화, 책상 앞에 앉아 하는 연구, 사랑하는 사람이 곁에 있어줌, 와인, 맛좋은 음식 등 이런 모든 것은 환자에게 지극한 위로와 기쁨을 준다. 이처럼 가깝거나, 환자에게 다가오는 것은

3   요한 고트프리트 헤르더, 「언어의 기원을 다룬 연구」, 요한 고트프리트 헤르더Johann Gottfried Herder(1744~1803)는 독일의 철학자이자 문예 비평가이다. 이 글은 1772년에 발표된 것이다(─옮긴이).

언제나 환영이다. 환자는 아직 흠결 없는 이런 영역을 생산적으로 제한하는 것, 현명하게 포기하거나 체념하는 것을 아직 먼 일로 여긴다. 그러나 이처럼 순전한 기쁨을 주는 것이 대용이나 대체라는 성격으로 변질될 위험은 상존한다. 그래서 환자는 남용이나 심지어 중독이라는 위험에 빠지기 쉽다.

의식되는 몸 대 의식되지 않는 몸

이 위험이 얼마나 큰지, 또는 우리의 동작이(움직임은 물론이고 언어적 표현이나 시각적 지각도 포함하는 동작) 몸에 어떤 의미를 지니는지는 동작의 현상적 구조를 기억해보면 분명해진다. 나는 위에서 우리가 시간적으로나 공간적으로 항상 어떤 것에로 나아가는 길에 있다고 말했다. 무엇에로 나아감이라는 것은 인간의 몸이 지니는 결정적 특징이다. 이 나아감에서 몸은 항상 중개의 역할을 한다. 중개자라는 말은 아니다. 오로지 중개의 역할과 그 수행을 몸이 맡는다. 몸은 세계로 나아감을 중개해주며, 또 선험적 자아로 나아감도 중개해준다(실라지).* 우리 몸은 세계를 '인간화'하며, 또 자아를 '세계화'한다. 인간의 몸이 본질적으로 "~을 통해"à travers라는 기능을 가진다고 말한 메를로-퐁티도 같은 의미를 염두에 두었으리라. 바꿔 말해서 몸은 나의 세계, 너의 세계를 가지는 것을 가능하게 해준다. 이처럼 중개의 역할을 하면서 동시에 몸은 내 세계에 속하는 것이기도 하다.

* '선험적 자아'Das transzendentale Ich란 칸트 철학과 현상학의 중심 개념으로 경험에 앞서 경험을 가능하게 해주는 자아, 곧 생각하는 자아Denkendes Ich를 말한다. 본문의 문장은 몸이 세계와 선험적 자아를 중개하는 역할을 한다는 뜻이다.

심근경색을 앓는 환자의 이 중개 가능성은 확연히 줄어들며, 좁아지고, 비틀린다. 시간적으로나 공간적으로나. 이 환자에게 서 거듭 나타나는 공간적 환경의 '견딜 수 없음'과 '미래 없음'이 라는 경험은 인간의 다양한 영역을 장악한다. 이 경험은 환자가 무엇으로 나아감이라는 의무와 능력과 의지의 불능을 의미한다.

인지 작용, 어쨌거나 인간의 인지 작용은 언제나 '느낌'sentir 과 '이해'percevoir의 통일체다. 다시 말해서 인지 작용은 대상화와 뗄 수 없이 오히려 대상화와 뒤섞인 교감이다.[4] 우리 몸이 온전한 인지 작용(우리의 경우에는 시각적 인지 작용)을 제공하지 못한다 면(예를 들어 심장병의 경우), '느낌'이 변한다. 교감交感은 반감反感 이 된다.

시간적으로나 공간적으로 항상 앞서갈 수 있으려면 그 전제 조건은 몸이 우리의 행동에 유연하게 남아야 한다는 것이다. 다 시 말해서 몸은 눈에 띄지 않는 잠재적인 것으로, 의식되지 않는 것으로 남아야 한다. 그래야 몸은 우리의 자아실현에서 사라진 다. 곧 몸은 우리에게 의식되지 않는다.

심장병 환자처럼 이게 보장되지 않으면, 하루 종일 몸 동작 이 불편한 나머지 생활이 불행해져, 몸은 잠재적인 것과 매체라 는 상태에서 빠져나와 부담되는 것, 물건 같은 것, 돌제突堤처럼 가로막는 것으로 굳어진다. 저림의 나타남이 바로 이런 굳어짐 이다. 이 굳어짐을 심근경색 환자는 아픈 냉기, 무거움, 왼쪽 팔의 마비로 경험한다.

현상학의 이런 관찰을 신경생리학은 신경체계에서의 행동

4 보이텐디크, 『인간적임』, 197쪽.

과 공간 도식의 개념으로 확인해준다. 이것이 바로 프린츠 아우어스페르크의 연구 업적이다. 현상학의 방법과 신경생리학의 방법이 각각 알아낸 것은 이처럼 한 치의 오차도 없이 맞아떨어진다. 현상학도 신경생리학도 인간 몸의 독특함을 똑같이 파악한다.

미래를 기약할 수 없다는 것

마무리를 위해 혹시 생길지 모르는 오해를 예방해두고자 한다. 심근경색을 앓는 환자라고 해서 모두 우리가 그려보았던 모습을 보여주는 것은 아니다. 우리가 연구한 성과는 심근경색을 이겨내고 살아남은 환자의 대다수에게도 들어맞지 않는다. 상당히 많은 환자들은 상대적으로 빨리 고통에서 벗어난다. 하지만 다른 한편으로 우리가 묘사한 상태 특징을 보이는 환자들은 적지 않다. 우리의 진단에 전형적인 심근경색 환자의 비중이 얼마나 높은지 하는 물음에 그러나 나는 관심을 가지지 않았다.

이 글의 목적은, 이미 앞서 암시했듯, 일군의 심장병 환자가 보이는 불행한 상태의 현상적 구조를 밝혀보는 것이다. 예를 들어 앞서 윗배가 아픈 환자를 살펴본 것과 같은 방식으로 심장병 환자를 연구해보고 싶었다. 나는 심근경색 환자의 특징적인 '불편한 느낌'을 보여주는 것이 중요하다고 여겼다. 이 느낌은 예를 들어 간이나 위장에 문제가 있는 환자와는 전혀 다른 요소와 색

채, 완전히 다른 세계 관계와 중립적이고 서로 접점이 없는 영역을 보여준다.

서로 다른 장기들에 맞춘 다양한 특징의 상세한 대비는 이 글의 범위를 벗어난다. 그렇지만 몇 가지 언급마저 하지 않고 넘어갈 수는 없는 노릇이다.

심근경색 환자의 몸 경험은, 앞서 말했듯, 계속 거듭되는 몸 움직임의 실패가 그 특징이다. 바로 이 의도하지 않은 자발적 운동, 구속력이 없는 세계 관계에서 일어나는 자연스러운 몸짓, 표현 운동, 놀이를 하듯 즐기는 동작이 가장 자주 실패한다. 시간적으로나 공간적으로 앞에 놓인 것에 과연 도달할 수 있을지 심각한 회의가 고개를 들며, 이에 맞게 운동은 의식적으로 엄격하게 계산되고 꼭 필요한 것에만 제한된다. 이처럼 운동은 절제와 강제의 모든 규칙을 고려해야만 하는 '의도'에 따를 수밖에 없다. 심근경색 환자는 자신 앞에 놓인 것, 자신에게 시각적으로(가장 넓은 의미에서) 중개되는 것에 도달할 수 없음을 고통스러워한다. 소리, 촉감, 냄새 그리고 맛으로 중개되는 것은 그런대로 괜찮다. 그러니까 가까이 있는 것, 손을 뻗치면 잡을 수 있는 것, 환자에게 다가오는 것은 아직 위안을 준다. 식욕과 그 만족이라는 영역도 여전히 온전하다.

그러나 바로 이 식욕과 그 만족의 문제는 예를 들어 위장을 절제한 환자에게는 고통을 준다.[5] 이 환자는 가까이 있는 것을 자신의 것으로 잡을 수 없어 괴로워한다. 먹고 마시는 일의 즐거움, 입맛만 사라지는 게 아니라, 소화 능력, 다시 말해서 자신이 받아

5   위장을 절제한 환자가 느끼는 불행을 묘사한 글, 아직 공개되지 않은 원고를 읽게 해준 프린츠 아우어스페르크에게 감사를 표한다.

들인 것을 바로 자신의 것으로 바꾸는 일의 능력까지 상실한다.

지금 대단히 피상적으로만 암시한 대립은 심근경색 환자에게 위장 절제 환자와 반대로 무엇이 부족한지 물어보면 구체적으로 밝혀진다. 심근경색 환자에게는 앞으로 나아감이라는 행복이 사라지며, 위장 절제 환자에게는 소화 능력의 행복이 사라진다. 심근경색 환자의 불능은 저기 앞에 놓인 것(미래, 풍경 따위)에 있으며, 위장 절제 환자의 불능은 바로 가까운 것에 있다. 바로 그래서 심근경색 환자는 정신의 실체가 될 수 있는 것에 도달할 수 없음을 안타까워한다. 반대로 위장을 절제한 환자는 저 깊숙한 생리 작용에 불편을 느낀다.

바로 그래서 심근경색 환자의 우울함은 위장 절제 환자의 그것과 전혀 다른 구조를 지닌다. 심근경색 환자는 미래에 자아실현을 기약할 수 없어 고뇌한다. 반대로 위장 절제 환자의 멜랑콜리는 다분히 현세적이다.

인간학으로서의 병듦

»

심장병이라는 객관적인 증상은 어른의 것과 상당 부분 같음에도 이를
아동이 불편하게 여기지 않는 이유는 대체 무엇일까? (……) 우리는 심
장의 아픔을 느끼는 능력의 성숙, 즉 심장이 아픈 것을 "내가 심장이 아
프구나" 하고 느끼는 능력의 성숙은 생물학의 주장과 달리 인생의 다른
단계에서 찾아야 하는 게 아닐까?

«

아직 심장을 모르는 아동

식사시간에 도나 푸라가 전당포네 꼬마가 죽었다는
소식을 가지고 왔다. 루이스는 인간이 아직 심장을
가지지 않은 행복한 연령대가 그러하듯, 슬픔보다는
호기심을 보였다.

— 페레스 갈도스, 『야옹』Miau, 프랑크푸르트, 1960, 237쪽.*

이 글을 쓰도록 결심한 계기가 되어준 것은 1944년으로 거
슬러 올라가는 관찰이다. 당시 나는 모든 연령대의 디프테리아
환자만 항상 150여 개의 병상을 차지하는 병원에서 일했다. 중
간 정도 크기의 도시에서 디프테리아가 이처럼 만연하게 된 주
요 원인은 전쟁이었다. 전시라 피할 수 없이 환경은 열악하기만
했다. 임시 병실(학교 건물을 이용했다), 식사는 말할 것도 없고 공
습을 막아줄 방법도 마땅치 않았다. 군대가 민간인 진료에 극히
소수의 의사만 내어주는 바람에 치료도 제대로 이뤄지지 않았다.
디프테리아로 심근염에 걸려 사망하는 환자가 두드러지게 많았
다.[1] 물론 우리는 당시 상황이 얼마나 잔혹했는지 잘 안다. 우리
의사들은 디프테리아 심근염의 진행이 일반적으로 어떤지 알고
있었음에도 이런 급작스러운 사망자 증가에 깜짝 놀랐다.

얼마 뒤 심근염의 일반적인 피상적 지식으로는 아직 알지
못했던 사실이 분명하게 밝혀졌다(그리고 이 점이 지금 이 글의 주
제다). 예측하지 못해 특히 놀라웠던 사실은 심근염으로 인한 사

---

* Pérez Galdós(1843~1920). 에스파냐의 소설가로, 19세기 에스파냐의
사실주의를 대표한다.

1 정확한 수치는 모든 기록이 나중에 폭격으로 소실된 탓에 아쉽게도 확
인할 수 없다.

망이 주로 11세에서 10세 이하의 아동에게 집중되었다는 점이다. 이보다 더 나이가 많은 경우에는 병의 위험한 진행을 대개 아주 일찍 예측할 수 있었다. 다시 말해서 12세 이상의 아이들은 거의 항상 심장 질환에 걸맞은 태도, 곧 동일한 상황에서 어른과 같은 태도를 보였다. 이 아이들은 병상에 창백한 얼굴로 무감각하게, 어느 모로 보나 중환자처럼 누워 꼼짝도 하지 않았다. 잘 먹지 못하며, 바른 자세로 일어날 수 없고, 병실에서 벌어지는 일에 일절 관여하지 않았다.

반대로 10세 이하의 아동 심근염 환자에게서 이런 모든 모습은 보기가 아주 드물었다. 우리가 관찰한 많은 심장 판막 근육 염증 사례를 통해 몇 시간 전만 하더라도 건강한 태도, 곧 침대 위에서 폴짝거리고 뛰거나 침대 울타리를 기어오르거나 커다란 교실(교실에는 12개에서 15개까지 아동용 침상을 놓았다)에서 장난치며 놀던 아이들이 거의 매주 돌연사하는 것을 지켜보아야 했다.

당시 우리는 당연히 이런 돌연사의 원인을 디프테리아 심근염의 특성에서 찾을 수는 없다는 의문을 품었다. 이 물음의 답을 찾으려 우리는 오랜 세월이 흐른 뒤 어느 대형 아동병원에서 모든 검증할 수 있는 급성 심내막염과 심근염, 이번에는 주로 류머티즘으로 생겨난 염증의 경우와 염증을 경험한 아이들, 그리고 심장병 경력이 있는 아이들을 살폈다.

1차적으로 품었던 의심, 곧 대략으로 잡아 10세 이하의 아동은 의심스럽거나 이미 상당히 진행된 심장병의 징후를 전혀 혹은 거의 알아차리지 못하는 게 아닐까 하는 의구심이 이 연구로 더욱 강해졌다. 특히 인상적이었던 것은 단기 혹은 장기 입원했다가 퇴원한 아이들을 일일이 찾아가 그 병력을 확인한 결과였다. 이 조사로 우리는 주로 심장의 이상 발달을 보인 아동 자신뿐만 아니라 그 어머니들, 친구들까지 주변 환경 전체를 함께 관찰할 수 있었다.[2]

10~12세 이하와 그보다 높은 연령대의 근접하게 비교할 수 있는 심장병 아이들 사이에서 '상태'와 '태도'의 중요한 차이를 관찰할 수 있다고 주장한다면, 반들반들 미끄러운 바닥에서 춤추는 것처럼 위태롭다는 점은 나도 익히 알고 있다. 심장 상태의 병리적 비교라는 가설 자체부터 공격받을 여지가 다분하다. 더 나아가 경험이 많은 소아과 의사라면 높은 연령대의 청소년(곧 13세 이상)은 위중한 심근염이나 심내막염을 앓을지라도 아픔을 호소하는 경우가 드물다는 반론을 제기할 수 있다. 성인도 별 반응을 보이지 않기도 한다. 그러나 지금은 그런 반론을 논할 때가 아니다. 다른 기회에 토론하기 위해 이런 반론은 잠정적으로 논외로 하겠다.

모든 반론과 의구심의 비중을 존중하기는 하지만, 그럼에도 우리가 경험으로 얻어낸 확신은 흔들리지 않는다. 심내막염과 심근염을 앓는 12세 이하의 아동은 현저한 혈관 확장과 객관적인 호흡곤란, 울혈과 대상부전에도 불구하고 건강하거나 최소한 거의 건강해 보이는 아이처럼 행동했다. 이 아이들은 심장이 뛰는 것을 "심장이 뛰는 것"이라고 느끼는 경우가 기이할 정도로 드물었다. 아이들은 객관적으로 확인할 수 있는 호흡곤란을 거의 혹

은 전혀 인지하지 못했다. 심장 부위의 답답함이나 아픔 또는 가
슴의 중압감도 호소하지 않았다.

의심의 여지가 없는 사실은 대상부전에도 불구하고 전혀 힘
겨워하지 않고 움직이는 아이들이 놀라울 정도로 많았다는 점
이다. 동작도 전혀 이상하지 않고 자연스러우며 건강했다. 아이
들에게서 꾸며대거나 주저하거나 두려워하는 모습은 전혀 볼 수
없었다. 바꿔 말하면 심각한 심장병을 앓으면서도 아이들은 뛰
놀았고, 친구들과 함께 계단과 거리를 거침없이 오르내리며 건
강한 아이처럼 수영을 하고 자전거를 탔다. 조심하라는 엄마의
당부는 바람결에 흘려버렸다.

이 아이들은 아침까지 깊은 잠을 푹 잤다. 그리고 울혈에도
불구하고 왼쪽과 오른쪽을 가리지 않고 돌아누웠다. 더 큰 아이
와 어른은 같은 상황에서 오른쪽으로 눕는 것을 선호한다. 마찬
가지로 10살 이전의 아이들은 침대에서 머리와 가슴을 높게 두
라는 의사의 말을 깨끗이 무시했다.

아이들은 여느 아이와 똑같이 학교에 다녔다. 그리고 당연
히 운동장에서 뛰놀았다. 의사와 어머니는 최소한 학교에서만큼
은 이 한 가지 금지만큼은 지키겠지 하는 희망을 품었지만, 이런
희망은 환상일 뿐이다.

어머니는 당연히 아이의 얼굴이 새파래지는 것을 자주 확인
했다. 그래서 아이에게 예를 들어 "할 수 있는 것보다 더 크게 숨
을 쉬어"라든가 "그렇게 빨리 말하지 않아도 돼" 하고 말해주었
다. 교사는 얼굴이 파래져 숨을 가쁘게 몰아쉬는 아이를 보고 놀

라 조퇴를 시켰다. 그렇지만 아이는 집으로 돌아가지 않고 같이 놀 친구가 없어도 옛 물레방앗간 같은 곳을 찾아 뛰놀았다.

이 모든 것은 예외적이거나 따로 고른 사례가 아니다. 신중하게 관찰한 결과, 위중한(발작적이거나 이미 상당히 진행된) 심장병을 앓는 12세까지의 아이는 기이할 정도로 심장의 아픔을 인지하지 못했다. 또는 아픔이 전혀 없는 것처럼 행동했다.

이런 맥락에서 이 연령대의 아이들이 정확히 무슨 문제를 가지는지 본격적으로 조명해보기 위해 몇 가지 사례, 즉 심장병에 따른 아픔과 몸의 불편함을 확연히 보이는 연령대로 넘어가는 과정을 보여주는 사례를 살펴보기로 하자.

심장에 문제가 있으나 자각하지 못하는

카를하인츠 H, 튀빙겐, 10세의 이 아동은 승모판막 협착증을 앓아 심장이 확장되었으며, 대략 유두가 있는 자리에 찌르는 감을 느끼는 객관적인 호흡곤란과 함께 약한 정도로 폐와 간에 울혈이 생겼다.

아프다고 불평하는 일은 전혀 없다. 건강에 신경을 쓰지도 않는다. 여느 건강한 아이처럼 거침없이 뛰논다. 명랑하고 쾌활해 놀이를 즐긴다. 어머니는 그때까지 아들의 심장병을 전혀 몰랐다. 심장을 느끼는 일이 많니 하는 의사의 물음에 아이는 계단을 뛰어오르거나 축구처럼 격심한 운동을 하면 '심장 뛰는 것'을 느낀다고 대답했다.

비슷한 사례를 하나 더 보자.

게르하르트 K, 베벤하우젠, 12세의 이 아동은 친구들처럼 뛰어놀 수 있지만, "물론 지나치면 힘들다"고 말했다. "숨을 헐떡이기" 때문이란다. 어머니도 아들의 말이 맞다고 확인해주었다. 다른 아이처럼 자전거를 타고 뜀박질도 곧잘 하지만, "할 수 있는 것만 한다"고 했다. 심장이 뛰거나 아프거나 다른 비슷한 증상은 없다고 아이는 부정했다. 아이의 행동과 말은 신중해 보였고, 상대적으로 어른스러웠다. 우리는 아이가 일정 정도의 부담을 느끼기부터는 '조심한다는 것'을 의심하지 않았다.

게르하르트의 진단도 마찬가지였다. 승모판막 협착증에 심장 기능 저하, 확장된 심장, 유두선 바깥쪽 1QF 찌르는 감,* 입술 청색증, 객관적인 호흡곤란, 간 2QF 촉진.

본격적으로 아프다는 느낌을 게르하르트는 아직 '가지지 않았다'. 그러나 그가 보이는 '태도'는, 거의 의식하지 못하지만, 건강한 아이와 자신이 다르다는 것을 아는 것이다. 물론 비견할 만한 부전증을 가진 청소년이나 성인에게서 볼 수 있는 그런 태도는 전혀 아니다.

그런 아픈 느낌을 볼 수 있는 사례는 다음과 같다.

헤르만 E, 11살의 소년은 매우 활달하고 생동감으로 넘친다. 이 아이는 고작 몇 주 전에 앓은 다발성 관절염으로 이제 아급성 심근염과 심내막염(유두 자리)을 앓는다.

아무튼 헤르만은 침상에서 단 한시도 가만히 있지 않았다.

•   QF(Querfinger)는 손가락 하나의 폭을 나타내는 단위로 의학 용어이다.

다른 아이들과 펄쩍펄쩍 뛰며 놀았다. 일단 조용하다 싶어 들여다보면 항상 오른쪽으로 누웠다. 자발적으로 아프다고 하는 일은 없었다. 그러나 아픈지 그리고 어디가 아픈지 묻는 의사의 물음에 헤르만은 '심장이 뛰는 것'을 느낀다고 답했다. 아이의 어머니는 몇 주 전 관절염에 따른 아픔이 사라지고 나서 아이가 계단을 뛰어오르더니 자신의 손을 끌어다 심장에 대며 뛰는 것을 느껴보라고 했다고 확인해주었다. 심장은 격하게 뛰었다고 했다. 어머니는 네 심장이 몹시 뛰는구나 하고 말해주었다. 그럼에도 아이는 거리낌없이 움직였으며, 아무렇지도 않게 행동했다. 이런 태도는 이후 변하지 않았다. 헤르만은 절대 보채지 않았다. 아픔도, 호흡곤란도, 답답함도 없다고만 했다. 이제 병이 본격적으로 진행되어 입원한 병원에서도 심장이 이상한 것은 모른다고 하면서 아무렇지도 않은 태도를 보였다. 그러나 아이는 처음에 심장이 뛰던 것을 기억해내고 지금의 병과 연결시키기는 했다.

헤르베르트 B, 풀링겐, 12살의 이 아이는 4년 전에 류머티즘에 따른 고열로 아동병원에 입원했다. 승모판막 협착증으로 심장이 매우 확장되었으며, 앞 겨드랑이선(액와선)에 찌르는 감, 청색증, 호흡곤란, 간 2~3QF 촉진, 가벼운 경정맥 울혈의 증상을 보였다.

아프다고 자발적으로 불평하는 일은 없었으며 다른 아이들과 즐겁게 뛰놀았다. 축구를 하고 자전거도 탔다. 어머니는 걱정이 이만저만이 아니었다. "많은 경우 얼굴이 저렇게 파랗고 숨을 헐떡여" 교사가 조퇴를 시켰다고 한다. 그러나 아이는 자유로워진 시간을 이용해 이곳저곳 떠돌며 집으로 돌아갈 생각을 하지 않았다. 한밤중에는 엄마를 소리쳐 부르는 경우가 잦았다. 왜 그러는지 이유는 몰랐다. 아이는 그저 좋지 않다고만 했다. 어디가 안 좋으냐는 물음에 아이는 배를 가리켰다. 마치 속이 좋지 않아 토하는 게 아닐까 하는 인상을 어머니는 받았다고 했다. 그렇지만 심장 이야기는 전혀 하지 않았다. 일단 잠에서 깨면 다시 잠들기 어려워했다. 그래서 엄마 곁을 파고들었다.

이 병력들은 우선 다음의 잠정적 결론을 내릴 수 있도록 한다. 12세 이하의 아동은 급성, 아급성, 만성적인 심장 질병에서 많은 경우 그보다 더 높은 연령대와 전혀 다른 행태를 보인다. 12세 이하에서 심장병을 앓는 아이는 건강한 아이와 조금도 다를 바 없이 행동한다. 반대로 더 나이를 먹은 아이는 비슷한 증상을 가진 성인과 상당 부분 흡사하다. 바꿔 말하면 12세 이하의 아동은 심장병을 앓으면서 심각한 위협이 나타나기까지 그 증상을 깨닫지 못하거나, 어쨌든 의식하지 못하며, 아무렇지도 않은 듯 행동한다. 정확히 두 가지 관점에서 그렇다. 아이들은 가슴의 어디에서 불편함이(이를테면 심장 통증, 압박감, 답답함, 호흡곤란과 같은 것) 생겨나는지 그 위치를 특정하지 못한다. 둘째, 아이가 앓는 심장병은 아이의 전반적인 상태를 교란하지 않는다. 물론 이런 사실은 소아과 전문의도 홀시하지 않았다. 특히 에밀 피어는 아동의학 교과서에서 이런 사실을 언급한다.[3] 그러니까 예전에도 소아과 전문의는 내가 앞서 묘사한 정황을 익히 알았음에도

3   가령 피어의 교과서에서는 "6~8세까지 심장이 뛴다는 불평은 거의 들을 수 없으며", 또 "심장 활동이 매우 강해지고 확장되어 이를테면 심계증을 객관적으로 확인하는 경우에도" 불평하지 않는 것을 늘 거듭해서 관찰했다는 대목을 읽을 수 있다. 특징적인 점은 "많은 심장 이상이 오랫동안, 흔히 사춘기까지 잠복해서 진행된다"는 것이다. "의사는 진단을 하다가 우연히 심장의 결함을 발견한다. 부모는 아이가 다른 아이 못지않게 건강하고 활달해서 심장에 이상이 있으리라는 생각은 꿈에도 하지 못한다. 학교를 다니며, 체육이나 행군도 끄떡없이 해

거기서 아무런 결론을 끌어내지 않았다. 어쨌거나 내 연구에서 피할 수 없는 것으로 보였고, 지금 이 글에서 계속 다루고자 하는 결론은 그런 관찰에도 나오지 않았다.

물론 상태와 태도의 이런 특수함이 오로지 심장병 아동에게서만 나타날까 하는 물음이 자연스레 고개를 든다. 다른 장기의 질병에서도 비슷하지 않을까? 이를테면 나는 일찌감치 사지 가운데 어느 하나를 절단한 아이는 절단하지 않은 아이와 똑같이 행동한다고 믿는다. 그러나 내가 보기에 확실한 것은 심장병이야말로 앞서 묘사한 의미에서 상태와 태도를 가장 잘 보여준다는 점이다. 감염 되었거나 배가 아픈 아동은 전반적으로 심장병을 앓는 아동과는 근본적인 차이를 보인다. 그런데 아무리 관련 서적을 찾아봐도 이런 차이를 분명하게 언급한 쓸 만한 정보는 나오지 않았다. 이 문제는 일단 열린 문제로 놓아두기로 하자.

심장의 아픔을 느끼는 능력

나의 모든 묘사는 물론 적절히 고려해 받아들여야 한다. 다시 말해서 객관적인 소견이 더 많이 찾아지면 질수록, 그만큼 우리의 잠정적 결론은 효력을 잃을 수 있다.

또 하나의 제한도 반드시 필요하다. 내가 앞서 주장한 연령대 구분은 절대적인 것으로 받아들여서는 안 된다. 병력에서 확인한 연령대의 '초과'는 신중하게 받아들여야 한다. 짐작으로는

내기 때문이다." 주목할 점은 아이가 "강한 찌르는 느낌"에도 별다른 반응을 보이지 않으며, "더 어린 아동은 심장 박동을 두고 불평하는 일이 거의 없다는 것"이다. 일단 생겨난 결함은 사춘기까지 아무 증상 없이 신행된다. 이른바 니쁘베리아 히우의 심상 이상 사망'을 두고 피어는 "전혀 예상하지 못한 가운데, 이를테면 앉은 자세에서" 일어난다고 설명한다. "이 늦은 사망은 전혀 이상 징후를 보이지 않았던 아이도 당할 수 있다." 피어는 이 충격적인 심장 이상 사망을 혈관 확장 마비로 일어나는 죽음과 혼동해서는 안 된다고 힘주어 강조한다. 그의

253

10세에서 13세 사이에 몸 경험의 변화가 일어나 이 시기 이후 심장병을 앓는 아이는 성인과 같은 태도를 보이는 게 아닐까 싶다. 그러니까 이 시기의 변화가 심장병을 견딜 수 없게 만드는 모양이다.

이런 짐작을 진지하게 받아들이고 성인 심장병 환자의 태도를 해석하는 생물학의 입장을 살펴보도록 하자.

생물학은 다음과 같은 논증을 펼친다. 심장의 대상부전은 생리적으로 전체 생체조직의 자기 보존 능력을 현저히 제한한다. 이런 제한의 결과로 주관적인 불편함이라는 부수 현상이 나타난다.

그러나 우리는 10세까지의 심장병 아동에게서 보는 아무렇지도 않은 활달함이 의심할 수 없이 고장 난 심장에 더욱 무리를 주어 죽음의 문턱까지 이르게 하는 것을 확인했다. 심장병이라는 객관적인 증상은 어른의 것과 상당 부분 같음에도 이를 아동이 불편하게 여기지 않는 이유는 대체 무엇일까?

성인 심장병 환자의 태도에서 드러나는 상태, 우리가 체험상 익히 아는 상태는 아동의 경우와 견주어볼 때 외적 원인을 지니는 '심리병리적 증상'인 것으로 보인다. 이런 증상은 몸이 특정 정도의 성숙도, 신경체계가 어느 정도 완성을 이룬 단계에 이르러서야 나타난다.

그러나 10세에서 12세 사이의 아동은 신경체계의 형태론적 발달이 이 특정 정도의 성숙을 이미 완결한 것으로 생물학은 본다. 그렇다면 우리는 심장의 아픔을 느끼는 능력의 성숙, 즉 심장이 아픈 것을 "내가 심장이 아프구나" 하고 느끼는 능력의 성숙

이런 입장은 해부를 통해 확인한 심장 근육의 변화 연구에 근거한다. 임상적으로 관찰한 태도와 해부 결과 사이의 모순을 간과해서는 안 된다고 강조한다. 그러니까 앞서 살펴본 우리의 사례는 새로운 발견이 아니라는 점이 분명해진다. 그럼에도 이상한 것은 왜 그런 관찰에서 아무런 결론을 이끌어내지 않았을까 하는 점이다. 그래서 나는 지금 이 글에서 해당 관찰로부터 결론을 도출하고자 한다. 에밀 피어Emil Feer(1864~1955)는 스위스의 소아과 의사이다(―옮긴이).

은 생물학의 주장과 달리 인생의 다른 단계에서 찾아야 하는 게 아닐까?

심장병을 체험하는 방식의 이런 변화를 올바로 조명하기 위해서 필요한 자료는 오늘날 부족함이 없이 찾아볼 수 있다. 그러니까 심장병 아동이 보이는 상태와 태도에 관심을 집중하는 연구는 앞으로 활발히 이뤄질 것으로 보인다. 방법적으로 이런 연구는 심장과 다른 장기 질병을 저울질해보는 '비교 현상학'만이 수행할 수 있다. 지금 우리가 이 방향으로 알아보고자 시도하는 것은 심장병에 특징적인 불편함, 즉 12세 이하의 아동은 그것을 느낄 능력이 아직 형성되지 않은 불편함이 어떤 종류의 몸 경험에서 결정적으로 나타나는가 하는 물음이다. 심근경색을 앓는 환자에게서 가장 확연하게 관찰되는 불편함은 과연 우리 인간이 자신의 몸을 어떻게 경험할 때 확실히 느껴질까?

이 물음의 답을 알아보려면 우리는 앞 장에서 다룬 바 있는 심장 통증을 가진 환자의 사례를 기억해볼 필요가 있다. 나는 급성 발작의 두려움과 파괴당한다는 느낌이라는 지배적인 체험보다는 늘 되풀이해서 나타나거나 오랜 시간 동안 지속되는 가벼운 심장 통증, 심근경색 이전과 이후 몇 달 동안 신물 나게 계속되는 아픔을 묘사했다. 현상으로 나타나는 것은 잡아당기는(마치 류머티즘처럼) 아픔과 생각할 수 있는 모든 종류의 저림이 뒤섞인 것이다. 이 경우 이대로 망가지는 게 아닐까 하는 두려움은 전혀 문제가 되지 않는다. 환자는 괴롭고 힘들어 풀이 죽은 나머지 불행하다는 생각, 흔히 침울한 기분을 느낀다. 아픔과 저림은 더없이 부담스럽게 느껴진다. 이런 투병 생활은 아주 따분하고 힘들며 단조롭다. 무엇과도 견줄 수 없는 아픔과 저림은 가볍기 는 하지만 아주 끈질기다.

이 모든 것은 자신의 병을 고스란히 감당해야 하는 환자에 게서 듣기만 하는 것이 아니다. 우리는 환자에게서 이 모든 것을 두 눈으로 보기도 한다. 동작의 주저함, 부족한 표현, 자기 자신 을 다루는 신중함과 망설임 등은 숨길 수 없이 나타난다. 환자의 태도에서는 자발적인 것, 불필요한 것, 넘쳐나는 것이 없다. 그냥 자연스럽게 이뤄지는 동작을 잘 하지 못할 뿐만 아니라, 놀라움 을 주는 것, 예상하지 않았는데 끼어드는 것을 극도로 꺼려한다.

절제가 환자 생활을 실제로 지배하는 유일한 원칙이라면, 자발적으로 절제하려는 환자의 태도는 좁은 의미의 신체 기능, 곧 움직임에서도 나타나야 한다. 그러나 전혀 그렇지 않다. 몸짓, 손짓, 발짓, 가능한 자기표현, 외부로 향함에서도 자발성은 찾아 볼 수 없다. 그냥 자연스럽게 이뤄지는 동작조차 피한다. 이 심장 병 환자는 언제나 충격의 순간, 마지막 순간을 염두에 두는 것처 럼 보인다. 항상 '경계하는 자세'다. 그냥 어슬렁거리거나 산책 하거나 하는 구속력 없는 '저절로 이뤄지는 행동'en passant, 흔쾌 히 가슴을 여는 자세는 환자에게 불가능하다.

이런 관찰로 짐작할 수 있는 것은 이 심장병 환자의 상태는 물론이고 태도 역시 같은 특징을 가진다는 점이다. 이런 사실은 환자의 시각적 인지의 구조에서 가장 쉽게 드러난다.

인지 작용은 항상 인식과 스스로 움직임과 상태로서의 기분이 서로 뗄 수 없이 맞물린 하나의 작용이다.

환자가 하는 말만 들어도 인지 작용의 이런 구조는 분명해진다. 환자 H는 심근경색을 앓고 몇 달 뒤 자신의 시각적 인지의 특성을 이렇게 표현했다. "세상은 온통 계단이더군요." 다른 환자(B)가 했던 말도 마찬가지다. "아름다운 풍경을 견딜 수가 없소." 이런 말은 반성해보고 자신의 신체 능력을 평가한 것이 아니다. 오히려 이런 말은 자신의 인지 작용과 몸 상태와 세계 관계의 변형을 바라보는 즉각적인 자발적 진술이다.

심근경색을 앓는 환자에게 구속력 없이 편안하게 바라볼 풍경, 붙잡을 수 있거나 그대로 버려둘 가능성으로 충만한 풍경은 더는 존재하지 않는다. 이제 남은 것은 눈으로 본 개개의 대상, 이 산, 저 가파른 길, 계단 등 환자를 구속하는 요구로서의 대상들로 이뤄진 주변 환경이다.[4] 다시 말해서 심장병 환자의 몸 움직임의 특징은 자연스러운 움직임을 할 수 없음, 아직 규정되지 않은 것을 편안한 마음으로 여유롭게 바라볼 수 없음이다. 지향할 수 있음이라는 광활한 영역은 개개의 지향된 것으로 좁아진다. 이는 곧 '구속력이 없는 세계 관계'(프린츠 아우어스페르크) 혹은 자유분방함(에른스트 융거Ernst Jünger, 이 책 263쪽 각주 참조)의 축소 혹은 상실을 뜻한다.

이런 축소나 상실은 원칙적으로 우리 인간이 특정한 상태, 곧 병에 걸린 상태에 있어야 인지할 수 있음을 의미한다. 달리 말하자면 이러저러한 기분은 그에 맞는 인지 작용의 구조를 이끌

---

4   이 중요한, 모든 느낌과 인지 작용에 결정적인 사태는 내가 알기로 에르빈 슈트라우스기 치음으로 구명했더(『감각의 의미에 뷘디어』Vom Sinn der Sinne, 베를린, 1935, 231쪽, 2판, 1956, 332쪽). 에르빈 슈트라우스Erwin Straus(1891~1975)는 독일 출신으로 미국에서 주로 활약한 정신과 전문의이자 심리학자이며 철학자이다. 독일계 유대인으로 미국에 망명했다(─옮긴이).

고 나타난다. 다시 말해서 상태와 태도는 서로 합치되기를 요구하는 것으로 보인다. 상태와 태도는 측면이라는 특징을 지닌다. 특정 태도는 우리에게 그에 걸맞은 기분을 알려준다. 그러니까 불행함이라는 특정 상태는 세계 관계의 이런 상실만을 허락한다.

세계 관계와 상태는 실제로 하나다. 문제는 오로지 이 관계와 상태가 인간에게서 항상 일치하는가 하는 것이다. 그러나 동작, 태도와 인지 작용이 항상 바로 이 동작, 이 태도, 특정 느낌과 떼어낼 수 없게 맞물려 있다는 점은 분명해 보인다.

이런 맞물림은 반성이나 감정 처리로 얻어진 결과가 아니다. 오히려 몸을 경험하는 원초적인 방식이다. 예를 들어 심장의 경우 충격적인 경험, 곧 심장이 자립적일 수 있으면서도 역설적으로 바로 내 심장이라는 경험은 우리 인간의 가장 원초적인 것이다. 나는 피할 수 없이(성찰이 없이도) "어떤 일이 일어날 수 있다"는 가능성과 직면한다. 이 가능한 어떤 것은 항상 두려움을 불러일으킨다. 예상하지 못한 것은 두려움의 대상이 된다. 심장병 환자는 세계와의 관계에서 예상하지 못한 것을 피하려 하듯, 자기 몸의 경험에서도 피하고 싶어한다. 이렇게 해서 자신의 동작이든 인지 작용이든 자기 자신 혹은 세계와의 관계든 늘 같은 환경, 같은 색조 속에서 살아가는 모습이 나타난다. 심장병 환자에게 고유한 불행의 분위기가 점철된다. 이런 분위기는 예를 들어 윗배 혹은 궤양 또는 절단 환자에게서 볼 수 없는 것이다.

몸의 본질인 중개 역할은 건강한 나날에는 숨겨진다. 우리는 심장, 머리, 배의 존재를 자각하지 않는다. 우리는 온전히 순간의 일, 저기 저 일에 머무를 뿐, 자기 자신을 돌아보지 않는다. 몸의 잠재적인 이 매개성, 성공적인 세계 관계에 몰두함은 통증, 저림, 또는 불분명한 기분 나쁨으로 무너질 수 있다. 나는 활동에서 빠져나와 내 아픈 심장을 두고 고민한다. 더 정확히 말하면 심장은 이제 나와 내 일 사이에 고집스레 끼어든다. 나는 어느 한쪽에만 몰두할 수 있다. 가슴 안의 묵직함으로 느껴지는 심장은 물건, 적어도 공간적인 것, 짓누르는 것, 짐스러운 것이 되고 만다. 심장은 평소 (주제에 따라) 변화하며 중개 역할을 하던 몸을 뒤흔든다. 이렇게 빚어지는 세계 관계 구조의 변화, 곧 태도의 변화에서 불행의 양태, 곧 나와 세계 사이의 부조화를 읽어낼 수 있다.

이 모든 이야기는 마치 인간에게 몸의 장기에 생겨난 질병, 예를 들어 심장병은 우리가 독자적인 입장을 취할 가능성이 없을 정도로 불가피한 사태에 속절없이 내맡겨진 것처럼 들린다. 그러나 우리의 엄밀한 묘사는 그렇지 않음을 보여준다. 장기의 고통은 언제나, 의심의 여지 없이, 몸의 경험, 세계 관계, 조화, 요컨대 상태를 바꾸어놓는다. 그러나 원칙적으로 남는 몸의 중개 역할, 즉 고장 났든 왜곡되었든 몸의 중개 역할 덕분에, 우리가 내면과 외부를 끊임없이 '방황'(루핀)할 정도로 상태가 바뀌지는 않는다.

내가 보기에 중요한 문제는 몸이 끊임없이 변화하는 것임을 분명히 하는 일이다. 몸은 고정된 경계, 이를테면 피부로써 그 존재를 고정할 수 있는 것이 아니다. 지갑, 만년필, 휴대용 휴지는 경우에 따라 '한 몸처럼' 느껴질 수 있다(예를 들어 집이나 자동차도 마찬가지다). 그렇지만 물론 '다른 몸'이 되기도 한다. 결국 결정적인 것은 우리가 자신의 실존을 그린 그림, 우리의 자기 기획은 언제든 교정될 수 있다는 점이다. 이런 의미에서 몸은 언제나 실존의 '잠정적인' 스케치다.

몸은 (예를 들어 우울증의 경우) 우리가 요구했거나 허락한 세계 관계를 거의 모두 지워버리고 세계를 대변하는 가장 중요한 것, 또는 반대로 하는 일에만 몰두하며 자신의 아픈 몸을 "숨기거나", "간과하거나" 또는 "부정할 수 있다"는 점은 앞서 우울증 연구[5]에서 언급했던 환자 E와 N 및 만성적 다발성 관절염의 묘사에서 분명하게 드러났다.[6]

이런 '합체'와 '분리'야말로 인간 몸이 가지는 양면성의 본질이다. 우리 인간은 몸 생활에서 끊임없이 자기 관계와 세계 관계 사이에서 중점을 이리저리 옮긴다.

인생을 살며 느끼는 흥분과 자극받음이라는 체험은 몸의 경험에서 서로 구분되지 않는다. 다른 사람이 혹시 나를 싫어할까? 아니면 내가 기분이 안 좋은 것일까? 이 문제의 답이 오랫동안 불분명한 상황은 많기만 하다. 병이 들었다고 느낄 때, 정확한 의미에서 몸의 불편을 자각하기 전에 세계는 암울하고 부담스러우며 지루하다. 세계 관계에는 몸의 경험이 고스란히 반영된다. 상태란 "언제나 세계를 향해 나아감"(사르트르)이기 때문이다. 우리는 시선의 초점을 상태나 태도 둘 가운데 어느 하나에 맞추어야 한다. 어느 쪽이든 모두 세계 내 존재의 양상이다.

지금껏 우리는 성인과 비슷한 심장 통증을 가진 아동 연령

5   이 책 201~212쪽 참조.
6   헤르베르트 플뤼게, 「만성적 다발성 관절염의 인간학적 관찰」, 『류머티즘 연구 총론』Zentralblatt f. Rheumaforschung 12호, 1953, 231쪽.

대의 환자가 상태와 태도에 어떤 특별한 점이 있는지 살펴보았다. 이제부터 과제는 우리의 논제를 입증할 자료를 되도록 충분히 제시하는 것이다. 아동의 심장병이 심장이 아프다는 자각이되기 위해서는 발달 과정의 어느 특정한 '성숙 단계'가 필요한것으로 보인다는 우리의 논제는 곧 자아실현과 자아의 발견을이해하고자 하는 시도이기도 하다. 이런 맥락에서 심장이 맡는역할은 10세 이하의 아동과 13세 이상의 청소년 사이에 무슨 본질적 차이가 있는지 물어야 추적할 수 있다. 앞으로 우리는 문제의 성격을 분명히 이해하기 위해 되도록 많은 사례를 거칠게나마, 또는 표제어별로 다루어야 한다.

심장의 출현, 세계의 새로운 차원

예를 들이 지금 필요한 것은 '유아기'의 발달 단계까지 살피는일이다. 그러나 그러자면 논의의 범위가 너무 광범위해진다. 어쩔 수 없이 취학 연령대의 아동에게 초점을 맞추기로 하자. 또 피할 수 없는 일은 현상의 다양함을 이상적인 사례로 대신하는 것이다.

취학 연령대 이전의 아동이 가족 품 안에서 보호를 받고 자랐다면, 이제 학교를 다니는 아동은 갈수록 더 외부로 향한다. 가족과의 결속은 집단, 학급이나 동아리와 같은 집단과의 결속으로 점차 느슨해진다. 이 공동체 안에서 아이는 자신의 능력과 결함에 따른 위치를 부여받는 구성원이 된다. 이로써 아이는 자신의 가능성을, 한계와 과제를 깨우친다. 저마다 자신에게 걸맞은 역할을 맡으며, 자신이 보여주는 그대로 대접을 받는다.

놀이에서 결정적으로 중요한 것은 규칙이다. 아이는 놀이를 통해 규칙을 지키는 것이 왜 중요한지 배운다.

이로써 정의감이 강하게 형성된다. 자신이 잘못을 저질러 받는 처벌은 처벌하는 쪽이 능력을 보일 경우 아무 반항 없이 받아들여진다(이 능력은 지위 혹은 개인적 권위에 좌우된다). 어떤 형태든 부당한 일은 심한 모욕으로 여겨진다. 이렇게 해서 명예심과 부끄러움이라는 감정이 형성된다. 이런 감정은 아이가 갈수록 더 자립적이 되면서 더욱더 분명해진다. 이 시기에 받는 상처는 무엇보다도 부당한 일에서 겪는 멸시로 생겨난다. 명예와 위신이 공격받았다고 여기기 때문이다.

집단 안에서 개인적인 관계는 그리 중시되지 않는다. 중요한 것은 이 거리, 이 구역, 이 반, 이 학교에 속한다는 소속감이며 저 반 혹은 저 무리와 거리를 두는 감정이다. 말하자면 서로 묶어주는 공통분모를 중시하며, 이런 소속감은 은어, 복장, 태도로 과시된다.

이 시기의 아동이 대상을 다루는 실용성과 냉철함은 바로 이런 소속감으로 설명할 수 있다. 손 안에 들어오는 모든 것을 아이는 분해해야 직성이 풀린다. 그것이 어떤 부분들로 이루어졌는지 알아야 하기 때문이다. 부분으로 이뤄진 전체는 깔끔하게 기능해야 한다. 그래서 모든 것은 전체에 어떤 쓸모를 가지는지에 따라 평가되며, 전체라는 목적에 맞게끔 사용된다. 이 시기의 아이는 '모든 것'을 정확히 알려고 한다.

또 아이는 자신이 경험한 것이 맞는지 거듭 확인하려 한다. "그게 정말 맞아?" "진짜 그런 것이 있어?" 아이가 흔히 하는 질문이다. 이런 모든 태도는 일종의 완벽주의를 지향한다. 어떤 물건이 어째서 그런 기능을 가지는지 알고자 하는 호기심이 크기 때문이다. 이 단계의 정점을 이루는 것은 더할 수 없는 자신감과 거리낄 것이 없는 자연스러움이다.[7] 아이는 무엇을 할 수 없다는 생각을 꿈에도 하지 않는다. 모든 것에 넘치는 자신감을 가지며, 다른 아이와의 비교를 통해서야 비로소 자신의 한계를 알게 된다.

이 나이의 아동은 몸의 능력과 저항력이 뛰어나다. 아이는 지칠 줄도 모르고 호기심을 불태우며 길을 다니며 뭔가 정복하는 일에 짜릿함을 느낀다. 친구와 뛰놀거나 시합을 벌이는 일이 '뛰는 심장'이나 '호흡곤란'으로 중단되는 일은 결코 없다. 물론 너무 빨리 달린 나머지 "명치 끝이 아파" 중단되는 일은 있다. 객관적으로 일어나는 심박급속증, 즉 심장 박동이 발작적으로 빨라지는 것을 아이는 좀체 자각하지 못한다.

이 연령대의 아이는 말 그대로 열정적인 심장을 자랑한다. 적극적이며 단호하고 용감하며 걱정이라고는 모른다("열정에 불탄다"). 언어의 의미를 그대로 따라간다면, '뜨거운 심장'이란 온전히 하나 됨, 깊이 몰두해 사로잡힘을 뜻한다.

실제로 이 시기의 아동은 심장과 혼연일체를 이루었다는 인상을 준다. 아이는 곧 심장이다. 말하자면 대상을 가짐이라는 뜻

---

7 이 시기의 아동에게 중요한 개념은 에른스트 윙거가 해석한 자유분방함이다. 윙거는 자유분방함이야말로 "모든 것을 성공하게 만드는 자신감"의 특징이라고 보았다. 자유분방함은 "성장의 바탕이 되는 자유라는 재능으로 그 자체로 행복 혹은 매력의 원천이다. 사유분방함은 힘의 거부할 수 없는 매력으로 쾌활함의 특별한 형식이다." 그런 한에서 자유분방함은 의심할 수 없는 호소력을 자랑한다. 에른스트 윙거, 『모험을 즐기는 심장』Das abenteuerliche Herz 개정판, 함부르크, 1938, 124쪽.

에서 심장을 가지는 것이 아니라, 심장과 아이는 하나다. 이 단계가 바로 12세 이하의 아동이다.

이 극단적이고 일관된 외향성에 이어 대략 11세 혹은 12세부터 내향으로 바뀌는 시기가 시작된다.

지금까지도 그랬지만 앞으로 더욱 논의를 성장의 보편적인 자료를 보여주는 데 제한하도록 하자. 물론 소년과 소녀의 차이를 고려하지 않은 것은 잘못이다. 그러나 이 문제까지 고려하자면 성장의 개별적이고 특수한 사례까지 남김없이 다루어야 하는 곤란함을 피할 수 없다. 아쉽지만 우리의 주제는 보편적인 공통분모로만 풀어가야 한다.

균형이 잡혔으며 작지만 강하며 옹골찬 아이가 어딘지 모르게 부자연스럽고 모난 청소년으로 바뀌는 외적인 변화는 극단적인 불안이 특징인 위기를 몰고 온다. 이 위기는 자신의 한계를 경험함에서 생겨나는 결과다. 아이는 모든 것을 다 잘할 수 없음을 깨달으며, 자신을 가족과 집단의 상대적으로 동등한 일원이 아닌 개인으로 보기 시작한다. 예전의 결속에서 떨어져 나오면서 현실에 눈뜨며 아이는 어른, 부모 역시 불완전한 존재로 보아야 한다는 것을 배운다. 어른은 더는 전능한 권위를 자랑하지 못한다. 이런 깨달음은 아이로 하여금 실망한 나머지 거리를 두고 홀로 있는 시간을 가지게 만든다. 드물지 않게 아이는 자신이 부모의 진짜 친자식일까 하는 의심을 품는다. 이런 해체, 곧 집단에서 떨어져 나와 자의식을 키우는 시기의 특징은 자신은 다르다고하는 생각과 고독해함이다. "누구도 나를 이해하지 못해." 처음에는 무슨 잘못처럼 여겨지던 이 다름을 그러나 아이는 방어하려 노력하기도 한다. 아이는 이제 어른의 의견을 더는 무비판적으로 받아들이지 않는다. 오히려 자신의 의견을 고집하고 관철시키려 한다. 믿음을 가졌던 아이는 이제 시험하는 사람, 의심하는 사람, 탐색하는 괴짜로 변모한다.[8]

이 시기의 청소년을 두고 의문의 연령대라는 표현을 쓴다. 그러나 홈부르거가 말했듯, "의문의 연령대인 청소년은 자신 안에서 답을 찾는다."

청소년은 어른을 상대로 마음을 닫아버려 속내를 드러내지 않는다. 이런 체험이 자신만이 하는 유일한 것이라는 느낌 탓에 청소년은 자신의 속내를 다른 사람에게 설명하는 것을 불가능하다고 여긴다. 이런 태도는 드물지 않게 발작적인, '이유를 알 수 없는' 울음과 간절한 다정함의 욕구로 무너지곤 한다. 잃어버린 낙원을 그리워하는 향수가 청소년의 마음을 헤집는다. 이 시기 청소년의 본질을 이루는 이런 기묘한 갈망은 신뢰할 만한 대상을 간절히 찾는다.

그러나 이런 섬약하고 예민한 요소는 왔던 것처럼 불현듯 사라진다. 청소년은 다시금 닫힌 자세로 숨어 외부에 거부감만 드러낸다. 자신의 속내는 기껏해야 일기나, 상상 속의 친구에게 보내는 편지로 털어놓을 뿐이다.

몸의 발달은 이제 성별의 차이를 뚜렷이 나타낸다. 2차 성징의 형성 외에도 특히 손과 표정의 발달은 혼동할 수 없는 개성의 표현으로 자리잡는다.

---

8   아우구스트 홈부르거, 『청소년 시기의 정신병리학』Psychopathologie des Jugendalters, 베를린, 1926. 아우구스트 홈부르거August Homburger(1873 ~1930)는 독일의 정신과 의사로 아동 심리학을 개척했다(―옮긴이).   **265**

성적 문제의 출현에 따른 불안함은 청소년을 난처하며 어리둥절한 상황으로 내몬다. 그런 가운데서도 호기심은 커지기만 한다.

이로써 아이가 집단에 가졌던 소속감은 갈수록 느슨해진다. 집단 안에서 개인은 관심과 호감에 따라 편을 가르기 시작한다. 이제 관계는 집단보다 개인적 특성에 따라 이루어진다. 동료의 자리에 친구가 들어선다.

이제 청소년에게는 또 다른 차원이 열린다. 청소년은 예전에 그냥 '거기 있었고' 기능하는 것으로만 알았던 사물의 배후를 들여다보기 시작한다. 이로써 완전히 새로운 인지와 세계 관계가 펼쳐진다. 그러나 다른 한편으로 청소년은 근원적 불안함과 자신감 포기를 경험한다.

이른바 사춘기라고 하는 이런 발달이 계속되면서 극한적인 대립의 팽팽한 긴장이 연출된다. 한편에는 삶의 굶주림이, 다른 한편에는 죽음의 갈망이 대립한다. 청소년은 최고의 영광을 갈망하는 한편, 동시에 가난한 사람을 위해 희생하고 싶다는 정의감에 불탄다(홈부르거).

또 새로운 능력이 천당과 지옥을 오가는 훈련을 거치며 다듬어진다. 이 능력은 나와 너의 관계를 꾸려가는 것이다.

예전에 자신을 든든히 떠받들어주던 모든 것의 상실은 이제 어떤 것이든 자립적인 대결을 피할 수 없게 한다. 가족 또는 집단과의 결속 대신에 책임 있는 자세와 결단이라는 강제가 청소년에게 중압감을 준다. 이런 새로운 방향 정립은 우리 몸의 장기 하나를 특별하게 요구한다. 자신감의 근원이 되는 이 장기는 곧 심장이다.

이 표현에서 주의할 점은 일반적으로 심장으로 연상되는 모든 감상적 측면을 단호히 멀리해야 한다는 것이다. 그러나 또 심장이라는 이 장기를 순전히 자연과학적으로만 관찰하지 않아야 함도 우리는 유념해야 한다.

심장이 표현을 위한 장기이기도 하다는 점을 우리는 의식해야 한다. "너무 흥분해 심장이 벌렁벌렁 뛰어!" 우리는 심장 박동이 우리의 감정과 연결되어 경험되곤 하는 모든 것을 함께 고려해야 한다. 특히 심장과 뗄 수 없이 맞물린 것이야말로 '감정적 결정'이다.

심장에 특히 정통했던 파스칼도 이 감정의 영역을 생각했다. 『팡세』, 무엇보다도 인간학적 고찰을 담은 부분에서 파스칼은 이런 사유를 펼친다. 그가 보기에 심장은 우리가 현실과 맺는 관계를 결정해주는 주체이다. 파스칼의 심장cœur은 인식하는 장기이다. 심장은 그만의 고유한 '논리'를 가진다. 이 논리는 곧 만남의 논리다. 파스칼은 만남의 논리를 간결한 표현으로 담아냈다. "결정과 결속의 장소"le lieu des décisions et des adhésions. 심장은 어떤 사람과 관계를 맺을지 정하는 최종 결정권자이기 때문이다.

달리기가 다리를 요구하며 다리를 가졌기에 달리기에 도전하듯, 물고기는 물에 속하며 물은 물고기의 것이다(괴테). 이처럼 이제 청소년이 올라서는 세계의 새로운 차원은 심장의 획득 또는 출현과 맞물린다.

스위스의 어떤 아동 결핵 요양원에서 몇 년 전에 일했던 나의 동료 의사는 대략 6~7세 정도의 사내아이가 심장에 청진기를 댔더니 이렇게 말하더라고 전했다. "거기서 누가 떠들어요?" 꼬마는 의사의 청진과 자기 몸의 이 부분 사이에 대체 무슨 관계가 있나 싶어 의아했던 것이다. 그래서 마치 제3자를 묻듯 질문을 했다. 이처럼 아동은 아직 심장을 모른다.

파울 클레, 〈아이의 머리〉, 1939년.

아이들이 심장의 이런 출현을 어떻게 체험하는지는 다음의 몇 가지 병력이 분명하게 보여준다.

스위스의 어떤 아동 결핵 요양원에서 몇 년 전에 일했던 나의 동료 의사는 대략 6~7세 정도의 사내아이가 심장에 청진기를 댔더니 이렇게 말하더라고 전했다. "거기서 누가 떠들어요?" 꼬마는 의사의 청진과 자기 몸의 이 부분 사이에 대체 무슨 관계가 있나 싶어 의아했던 것이다. 그래서 마치 제3자를 묻듯 질문을 했다. 이처럼 아동은 아직 심장을 모른다.

몸에서 심장의 첫 출현을 아이가 어떻게 경험하는지는 힐데가르트 헤처가 들려주는 10세 소녀 헬가Helga의 발언에서 고스란히 드러난다. 소녀는 자신이 듣는 자리에서 심장병 환자의 이야기가 나오자 이런 말을 했다고 한다. "내 심장은 절대 피곤해하지 않으며 나를 아프게 하지도 않아."[9]

마찬가지로 헤처는 사춘기가 지난 어떤 여학생의 편지 한 대목을 인용한다. 관절염으로 심장에 무리가 갔던 여학생은 이런 말을 했다. "심장이 너무 아팠어요. 이렇게 아파보기는 처음이에요. 심장이 이토록 아플 수 있다는 것은 전혀 몰랐어요."(아래 각주에 인용된 책, 같은 쪽)

심장과 인간의 성숙

앞서 성장을 다루며 시도한 설명을 보고 확보된 모든 생리학적

---

9   힐데가르트 헤처, 『아동과 청소년의 발달』Kind und Jugendlicher in der Entwicklung 2판, 하노버, 1948, 149쪽. 힐데가르트 헤처Hildegard Hetzer(1899~1991)는 오스트리아 출신의 심리학자로 독일 기센 대학교 심리학 교수를 지냈다(―옮긴이).

기초를 무책임하게 포기하는 것은 아닌가 하는 의구심을 품을 독자가 적지 않을 것이다. 심지어 불합리하고 부적절하다고 생각할 독자도 있으리라.

나도 그런 점은 충분히 의식했다. 나는 '설명'과 '해석'이라는 개념을 되도록 피하고 싶었으나, 한편으로는 임상적 사실 그리고 다른 한편으로는 성장의 자료가 서로 오해의 여지 없이 합치하도록 해석해야만 한다는 점도 무시할 수 없었다. 바꿔 말해서 10세와 13세 사이에는 그저 객관적으로 심장병을 앓을 뿐 심장은 자각하지 못하는 아이가, 주관적으로 심장의 고통을 감지하는 개인으로 변화하는 '위기적'인 발달 단계가 존재한다. 아이는 같은 단계를 거쳐 혼동할 수 없는 독특한 개성을 지닌 개인으로 성숙한다. 현대 현상학 연구가 충분히 입증해낸 개인의 상태와 세계 관계의 동일성을 익히 알고 있는 사람이라면, 성장의 자료가 앞서 묘사한 심장병을 앓는 몸의 변화와 순전히 시간적으로 일치한다고만 이야기하지는 않을 것이다. 심장이 하필이면 새로운 성장 단계로 나아감이 요구되는 시점에서 몸의 일부로 '경험'된다는 점은 분명 우연이 아니다. 자신의 책임감을 인지하며, 하고픈 게 아니라 해야 할 과제에 몰두하고, 다른 사람과의 만남을 자립적으로 결정할 인격체로 성장하는 바로 이 순간에 심장은 그 존재를 드러낸다.

현상학 덕분에 이런 측면이 간파되었다는 점을 나는 분명히 강조해두고 싶다. 이런 해석은 현상학적 접근이 아니었다면 매우 어렵기 때문이다. 전체 문제에서 간과할 수 없이 드러나듯 우리의 의학적 지식은 이처럼 불충분하기만 하다. 우리의 주제를 다룬 문헌이 놀라울 정도로 적다는 점에서 그동안 의학은 심장의 출현이라는 매우 흥미로운 현상과 이로써 빚어지는 모든 귀결을 흘려버리고 말았다.

이제 속속 고개를 드는 의문들을 일일이 정리하고 심지어 답까지 제시하는 것은 이 글이 감당할 수 없는 노릇이다. 이 책의 마지막 장에서 대략적인 윤곽만 그려보기로 하자.

그럼에도 몇 가지 암시는 해보기로 하겠다.

심장 문제와 관련해 우리는 타고난 혹은 아홉 살 이전에 심장병이 생겨 사춘기 넘어서까지 이 고통을 당한 아이들이 어떻게 성장하는지 아는 바가 거의 없다시피 하다. 이런 아이는 그 '상태'와 '태도'가 미숙할까? 심장의 아픔을 감당하기에는 '미성숙한 어린애'일까? 예를 들어 선천적 결함을 가진 심장으로 고통받는 아이는 우리가 앞서 묘사한 심장이 '출현'하는 위기의 단계를 맞이하지 않을까? 만약 그렇다면 고개를 드는 의문은 초기 혹은 선천적인 심장병은 개인이라는 인격체로 성숙하는 단계를 늦추거나 심지어 방해할까 하는 것이다. 다시 풀어 말하자면, 선천적이거나 아주 어린 나이의 심장병이 성숙 과정에서 심장이라는 장기를 제외시켜 결국 몸의 성숙이라는 중요한 단계가 일어나지 않게 만들까?

물음을 더욱 정확히 다듬어야만 올바른 답이 얻어지는 것은 움직일 수 없는 사실이다. 그러나 이런 정밀화는 '위기적 단계', '성숙', '성장'이 실제로 무엇인지 알지 못하고는 이뤄질 수 없다.

이 과정이 오로지 몸의 내부에서 일어나는, 내인성 발육 endogeny, 즉 호르몬으로 조종되는 발달과 유사한 현상으로 생각될 수는 없다. 알프레트 니추케와 R. A. 슈피츠에 따르면, 내적인 성숙은 외부로부터 오는 요구에 대비하는 것으로 보아야 한다.[10] 다시 말해서 '성숙'이라는 전체 현상은 내면과 외부가 서로 요구하며 이뤄지는 상호작용이다. '내면의 사건'과 '외부의 사건'은, 인과적으로 보자면, 서로 요구하는 필수 조건이다. 현상적으로 둘은 절대 분리될 수 없다.

가장 절박한 의문은 이 성숙 과정에 주변 환경의 일반적인 요구가 어떤 영향을 미치는가 하는 것이라기보다는 오히려 온전한 심장이 이 성숙 과정의 진행에 불가결한 전제 조건인지, 조건이라면 그 적용 범위는 어디까지인지 하는 것이다.

앞서 나는 심장병을 다룬 문헌 가운데 지금 우리의 물음을 다룬 것이 거의 없다고 말했다. 선천적인 심장 결함을 지닌 아이에게서 그런 의문을 품은 극소수의 의사들은 물론 한 목소리로 발달이 현저하게 제한된다고 증언하기는 한다. 그러나 이런 증언은 발달을 몸의 성장으로만 여겼을 뿐이다. 이를테면 몸무게의 발달이 키의 성장을 따라잡지 못한다는 식의 관점만 등장한다. 이런 증언은 선천적인 심장병과 유아기에 시작되어 '위기적 단계'를 넘어서까지 지속하는 심장병이 상대적인 유아증, 즉 어른이 되어서도 계속 어린애 같이 행동하는 것, 또는 어쨌거나 신체 발달의 많은 부분을 정체시킨다는 인상을 불러일으킨다.

경험이 많은 임상 의학자는 자신의 경험을 돌아보며, 선천

10   알프레트 니추케, 「어린아이의 향수병 반응이라는 그림」, 『독일 의학 주간지』Deutsche Medizinische Wochenschrift 80호, 1955, 1901~1905쪽; 같은 저자, 「유아 동작의 특성과 표현 내용」, 『독일 의학 주간지』78호, 1953, 1787~1792쪽; 같은 저자, 『낯선 동작이 아동에게 미치는 영향』Die Auswirkungen fremder Motorik auf den jugendlichen Menschen, 튀빙겐, 1960; R. A. 슈피츠, 「아동의 심신 상관적 전염병과 예방 정신의학」, 『프시케』Psyche 4호, 1950, 17~30쪽.

적이거나 유아기에 생긴 심장 결함을 가졌음에도 13살이 넘어서
까지 생존하는 환자가 "어린애 같으며" "퇴행적"이었다는 결론
을 내리는 경향을 보인다. 특히 격막 손상, 즉 '팔로의 4징후'*와
유아기에 생긴 승모판막 협착증이 이에 해당한다. 의사는 발달
의 이런 정체를 대개 혈액순환에 있어서 불충분한 산소 공급(저
산소혈Hypoxemia)으로 설명한다. 그러나 이런 해석을 신중하게 포
기하는 의사도 없지 않다.[11] 특히 신중한 입장을 취하는 쪽은 성
장 발육의 지연뿐 아니라 우리 주제에 꼭 맞는 뒤늦은 사춘기를
관찰한 의사다. 처음으로 이 문제를 주목한 사람은 1929년의 에
덴스Edens다. H. 타우지히Taussig는 초경의 지연을 강조했다. 마찬
가지로 프리트베르크Friedberg는 자신이 쓴 교과서 『심장 질환』
Erkrankungen des Herzens에서 같은 입장을 보였다.

내가 보기에는 심장의 결함에 따른 혈액순환의 저산소혈은
유일한 원인일 수 없다. 어떻게 해서 저산소혈로 초경의 지연이
일어날까? 특히 키와 몸무게의 발달은 정상적임에도 초경의 지
연만 나타나는 선천적 심장 결함의 사례는 저산소혈로 설명될 수
없다. 저산소혈이 의심의 여지가 없이 존재하지만, 개개의 경우
에 따라 그 정도의 차이가 매우 크기 때문에 다른 요소가 함께 작
용하고 있는 것이 분명하다.

선천적 결함을 가진 심장병 환자가 주변의 잘못된 보호와
이로 비롯된 나쁜 습관으로 성장과 발달에 꼭 필요한 조건을 만
족시키지 못해 몸의 병리적이고 생리적인 완전함을 그르치는 경
우는 잘 알려져 있다. 바로 이런 질병 그룹은 위기 단계에서 성장

---

* Tetralogy of Fallot. 심실 격벽 결손, 대동맥 전위, 폐동맥판의 협착,
우심실의 비대를 앓는 경우를 이른다.

11 이제 거론할 의사들의 연구 논문은 이 글이 처음으로 발표된 지고에
서 상세히 소개했으며, 뒤에 언급된 의사들의 경우도 마찬가지다. 의
사의 면면에 관심 있는 독자는 자료를 찾아보기 바란다. 『상태와 태
도』Befinden und Verhalten, J. D. 아헬리스·H. v. 디트푸르트 공동 편집, 슈
투트가르트, 1961, 68~86쪽.

에 필요한 외부의 요구와 분명 복잡한 내인성 성숙이 서로 수렴해야 한다는 우리의 논제를 맞는 것으로 확인해준다.

그러나 우리의 작업 가설에 결정적인 점은 선천적이거나 유아기에 생겨난 심장 결함 환자는 그 심장 상태가 위중한 탓에 위기적인 성장 단계에서 주변의 정상적인 요구를 감당할 수 없다는 사실이다. 13세 이후에도 유아증을 보이거나 성장 지연 혹은 심지어 퇴행 현상을 보이는 청소년이 이 경우에 해당한다(소녀의 경우 초경의 확연한 지연). 이런 질병 그룹에는 성장을 방해하는 저산소혈이라는 가설도, 주변 환경의 요구의 부족함이라는 전제도 적용되지 않는다. 불충분한 병리적이고 생리적인 영향을 충분히 고려한다 할지라도, 우리의 연구로 얻어진 추정, 즉 심장의 조기 손상이 특정 성숙 단계, 즉 10세와 13세 사이의 성숙 단계를 지연시키거나 심지어 방해한다는 추정은 유효하다(심장 손상으로 생겨난 병리적이고 생리적인 결과의 영향도 있다는 점을 부정하는 것은 아니다).

이런 추정이 확실하게 입증된다면, 이는 곧 생물학의 해석이 성립하지 않으며 '할 수도 없음'을 뜻한다. 생물학은 그 적절한 자연과학적 방법으로, 바로 자연과학적 성과만 보여줄 수 있을 뿐이다. 생물학의 접근 방법은 인간 실존의 구조 변화라는 현상을 밝혀줄 수 없다. 이 현상은 오로지 현상학적 방법으로만 접근할 수 있을 뿐이다.

현상학적 연구만이 인간의 질병이라는 현상에 접근할 수 있다는 점은 지금껏 살핀 정황과 성찰로 분명해진다. 자연과학, 즉 생물학은 물론이고 심신 상관적 연구도 이 현상을 근접하게나마 해결해줄 수 없다. 인간의 질병이라는 현상은 결국 비밀로 남는다. 그러나 신중하고 주의 깊게 방법을 구분하는 연구, 곧 자연과학이 보는 신체, 현상학의 대상인 몸 그리고 인간 실존을 각기 알맞은 방법으로 살피는 연구만이 이 비밀에 접근할 새로운 가능성을 제공할 것이다.

아이는 아픔 안에 빠져 익사한다

»

아이는 아픈 심장을 느끼지 못할 뿐만 아니라 더 나아가 아픔의 종류가

무엇인지 말할 수 없다. 아이는 그저 불특정함, 애매모호함에 머무를 뿐

이다. (……) 아직 '언어로 무르익지 않은 것'이 아이의 아픔이다.

«

아이는 아픔을 표현하지 못한다

우리는 앞의 연구에서 심장병을 앓는 아동의 상태가 지니는 특수함을 성인 심장병 환자의 그것과 대비시켜보았다. 이런 대비는 의식적으로 극단적 사례의 묘사에 집중했다. 10~12세에 이르기까지 많은 심장병 아동이 보이는 독특함은 그 자유롭고 거칠 것이 없는 태도다. 이는 곧 위중한 객관적인 병리적 진단에도 아동의 상태가 온전함을 뜻한다.

이 놀라우면서도 흔히 하는 경험은 연구자로 하여금 이 연령대의 심장병 아동은 자신의 심장병을 전혀 의식하지 못한다는 확신을 갖게 한다. 아이들은 객관적으로 분명한 증상에도 심장이 아프다거나 세차게 뛴다거나 호흡곤란이나 답답함을 호소하지 않는다. 어쨌거나 이런 사실만큼은 분명히 이야기할 수 있다. 아이들은 단적으로 '심장 없음'이라는 인상을 준다. 이 '심장 없음'이 아이들에게 그야말로 심장이 뛰는 태도를 가지게 해준다. 활달하고 생생하게 일상생활을 소화하는 아이의 태도는 몸에서 진행되고 있을 증상의 심화를 생각하면 정말 놀라운 것이다.

이런 놀랍고도 기이한 사실을 나는 최근 어느 대형 아동병원에 연구차 머무르면서 다시금 확인했다. 지금껏 다루었던 결과는 고스란히 그대로 관찰할 수 있었다. 10~12세까지 심장병을 앓는 아동은 자신의 심장을 전혀 의식하지 않았다. 심장병 자체를 몰랐다. 최근 관찰한 23개 사례 가운데 20개가 확실히 그

랬다. 심장과 관련한 증상을 호소한 세 명의 아이들은 13살이었다. 스무 명의 아이들은 6세에서 12세 사이였다!

마지막으로 시도한 일련의 연구가 관찰한 병력[1]은 앞서 공개됐던 우리의 관찰, 곧 10~12세까지의 아동에게서는 심장이 현상으로 아직 '출현'하지 않는다는 관찰과 일치했다(심장이 출현하지 않는 것은 심장이 건강한 아이도 마찬가지다!). 심장의 '출현'은 인생의 특정 성숙 단계, 즉 사춘기의 시작과 맞물린다.

12세 이하 연령대 아동의 '심장 없음'이 정확한 표현이라 할지라도, 이 놀라운 사실을 다룬 우리의 묘사는 보충이 필요해 보인다. 지금 나는 '심장 없이' 심장병을 앓는 아동의 적지 않은 수가 일반적인 상태에서는 어려움을 겪는다는 점을 알고 있기 때문이다.

앞으로 보게 될 것이듯, 이 어려움은 쉽사리 간과될 수 있다. 아이가 불평을 하지 않기 때문이다. 심장과 관련한 불편만 호소하지 않는 것이 아니라, 도대체 자발적으로 아무 불평도 하지 않는다. 그럼에도 일반적인 상태를 주목해보면 아이가 고통을 겪고 있다는 점은 이내 분명히 드러난다. 심장병을 앓는 아이는 건강한 또래와 무언가 다르다는 점을 느끼고 그에 맞는 태도를 보인다. 대개 아동은 이 다름을 전혀 의식하지 않거나, 최소한 어쩔 수 없는 사실로 받아들인다. 그러니까 자신의 불편이 정확히 무엇인지 의식하지 않고, 고통을 감내한다.

겉으로 드러나는 것은 저체중과 같은 발육부전의 상태다. 이 아이들은 작고, 섬약하며, 영양 상태가 좋지 않다. 잠을 잘 못

---

1   이 병력은 학술지 『내과 의사』Der Internist 2호(1962)에 이 글을 발표할 때 부록으로 달아놓았다. 원하는 독자는 학술지를 찾아 읽어보기 바란다.

자고, 자주 깨어난다. 쉽사리 추위에 떤다. 그렇지만 추위에 민감함을 크게 의식하지는 않는다. 다시 말해서 스스로 춥다고 하는 경우는 없지만, 누가 물어보면 곧바로 춥다고 확인해준다. 어쨌거나 따뜻한 것을 좋아하며, 상대적으로 온화한 날씨에도 두꺼운 스웨터를 입고 속옷도 여러 개 껴입는다.

심장병을 잃는 아동은 건강한 친구와 마찬가지로 활달하게 뛰어논다. 그러나 아이는 노는 도중에 갑자기 멈추고 별다른 이유를 대지 못하고는 집으로 돌아가 10분, 20분 혹은 30분 정도 누워 있어야 다시 기운을 차리고 놀이에 참여한다. 어쩔 수 없이 취하는 이 휴식은 아이의 상태를 더할 수 없이 분명하게 보여준다. 쉬면서 아이는 거칠게 숨을 쉬며 맥박도 빨라지고 안색이 파래진다. 이 모든 증상은 객관적으로 확인이 가능하다. 그렇지만 아이는 심장이 이상하다거나 호흡곤란을 절대 이야기하지 않는다. 아이는 당장 느끼는 불편함을 거의 입밖에 내지 않는다. 그렇지만 건강한 친구에 비해 훨씬 더 빨리 지친다. 이런 지침을 의식하지도 않는다.

몸이 이상함에도 이를 자각하지 못하는 것은 아이가 자신의 증상에 거리를 두고 바라볼 수 없기 때문이다. 말하자면 아이는 이게 뭘까, 왜 이러지 하는 생각을 전혀 하지 않는 태도를 보인다. 어머니나 의사가 호흡곤란을 확인해도 아이는 그저 "뭔가 다르다", "평소 같지 않다", "할 수 없다"고 느끼며 누워야 하겠다는 답답한 강제를 받을 뿐 그 이상은 아니다.

이 아이들은 잘 먹지 못한다. 어머니는 대개 아이가 입맛이 없어한다고 말한다. 그러나 좀 더 자세히 살펴보면 쉽사리 드러나는 점은 식사 시간이 되기 전에, 그러니까 학교수업을 마치거나, 하교를 하거나, 거리에서 노느라 아이는 너무 지쳐 제대로 먹지 못하는 것이다. 기운을 차렸을 때 간식을 주면 이런 아이는 지나치게 많이 먹는 모습을 보인다.

심장병을 앓는 아동에게서 흔히 듣는 말은 "자주 뭔가 이상해요" 하는 것이다. 힘들여 뭔가 하고 난 다음에 꼭 이런 상태가 나타난다. 메스꺼움이나 구토를 느끼는 것은 아니다. 심장병을 앓는 아동은 자신의 몸이 느끼는 불편이 무엇인지 표현하지 못한다. 어머니는 아이의 상태를 곧장 알아본다. 지친 나머지 숨을 헐떡이며 얼굴이 파래지기 때문이다. 그럼 아이는 더는 아무것도 할 수 없다.

어떤 아이는 이런 말로 자신의 상태를 묘사한다. "그냥 안 좋아." 또 다른 아이는 이렇게 말한다. "뭔가 이상해." 이런 표현 방식에서 드러나는 것은 당황함과 혼란스러움과 같은 것이다. 자기 몸의 경험은 물론이고 다른 사람과 세계와의 당연한 관계에서도 어쩔 줄 몰라 아이는 혼란에 빠진다. 말하자면 자신과 세계가 더는 '정상'd'accord이 아니다.

이 모든 것은 프린츠 아우어스페르크와 A. 데어보르트가 실험을 통해 천재적으로 포착해낸 '불일치', 곧 그런 불편함(두 의사가 실험을 통해 확인한 불편함)에서 자신의 주변과 더는 잘 지낼 수 없음, 일치할 수 없음의 경험을 떠올리게 한다.[2]

아이는 이런 한계 상황에서 주변과 거리를 두고 홀로 있으

---

2   아우어스페르크·데어보르트·슈렝크(공저), 「지향적 시선 운동의 심리생리학」, 『신경과 의사』 31호, 1960.

려 하면서 구석자리로 기어들거나 눕는 수밖에 달리 어쩔 줄 모른다. 아이는 몸의 부자유함을 경험하는 것과 같은 방식으로 세계가 흐려지거나 암울해지는 것을 경험한다. 그럼에도 아이는 뭔가 이상하다고만 느낀다. 현상적으로 볼 때 이 무엇은 세계 관계의 어렵거나 더는 수행할 수 없음의 측면, 그리고 몸의 부담이라는 특징을 지닌다.

심장병을 앓는 아이들은 자신이 느끼는 불편에 거리를 둘 수가 없어 지금 내가 묘사하는 것보다 더 자세한 것을 결코 말할 수 없다. 아이의 태도도 이런 표현 부족을 여실히 드러낸다. 아이는 10분, 20분 혹은 30분 동안 '뭔가 이상하다'. 그러나 아픔도, 압박감도, 답답함도, 호흡곤란도 느끼지 못한다. 이런 경험이 얼마나 답답한지, 자신의 체험을 말로 정리하기가 얼마나 어려운지 하는 것은 류머티즘으로 심내막염과 무도병舞蹈病을 앓고 난 다음 심장의 심각한 박동 장애라는 후유증에 시달리는 아홉 살 소녀의 사례가 잘 보여준다. 소녀는 매일 아침 활달하게 일과를 시작한다. 명랑하고 생동적이어서 친구들과 즐겁게 잘 논다. 그러나 소녀는 오래 버티지 못한다. 한 시간만 지나면 놀이를 함께 할 수 없다. 그럼 소녀는 아무 말도 하지 않고 집으로 돌아와 눕는다. 왜 놀이를 중단했느냐고 물어보면 소녀는 "지루해졌어"라고 말한다.

생각을 전혀 거치지 않고 나온 이 말은 더할 수 없이 적확한 표현이다. 어머니와 소녀가 대화를 하면서 나온 말인 '지루함'은 전적으로 파스칼의 의미로 이해되어야 한다.[3] 지루함은 어떤

동기에서든 격려되어, 곧 세계가 없어지거나 그에 맞는 부담을 우리 몸이 느낄 때, 몸이 돌제突堤와 같은 것이 될 때, 생겨나곤 하는 공허함의 경험이다.

"피곤해졌다", "좋지 않다", "뭔가 이상하다", "지루하다"는 어느 모로 보나 동일한 상황, 더 자세히 설명하기 어려운 나쁜 기분의 동의어이다. 심장병을 앓는 아동은 이런 상황에서 눕거나 먹는 것을 거부하거나, 추위에 떨거나, 혹은 더위에 시달리면서 슬그머니 사라지는 식으로, 곧 답답하게 아픔을 견디는 것으로밖에는 달리 자신을 표현할 수 없다. 아이는 애매모호한 말을 하지만, 이 모든 표현은 오로지 몸이 뭔가 자신과 '일치하지 않는다'는 것을 뜻할 뿐이다.

성인 심장병 환자가 느끼는 통각이나 저림 등 그 부위를 적시할 수 있는 아픔은 더할 수 없이 확실하다. 그래서 우리는 앞서의 연구에서 장기 질환으로 생겨나는 상태의 불편함이 통증과 저림의 결과라는 선입견에 분명한 반대 입장을 밝혔다. 내가 보기에는 거꾸로 환자가 의식하는 통증과 저림 따위는 오로지 불편한 상태를 포괄적으로 관찰해야 정확히 이해될 수 있다.

심장병 아동의 애매한 표현에서 불편한 상태는 그 본래적이고 선험적인a priori 특징을 말하자면 순수하게 드러낸다. '좋지 않다'는 느낌이 아이를 엄습한다. 이 '일치하지 않음'이 아이를 접수한다. 이 '당함의 성격'(수동적인 사로잡힘)이 아픔의 현상을 지배한다. 아이는 뭔가 나쁜 것에 휩쓸리고 장악당한다. '좋지 않음'은 아이를 집으로 데리고 가 눕게 만든다. 이 '나빠짐', '불

일치'가 애매하게 남는 한, 다시 말해서 특수 형태의 현상으로
발전하지 못하는 한, 어딘가 특정할 수 없는 아픔으로 남는 한,
아이의 아픔은 개념으로 파악될 수 없다. 이것이 잠재적인 것에
서 현실로 나타나지 못하는 모든 몸 성장의 근본 특징이다. 바로
그래서 심장병을 앓는 아동은 말이 없다. 또 바로 그래서 아이는
이런 몸의 경험에서 아무런 결론을 얻어내지 못한다. 내일은 어
떻게 해야 할지 하는 결정은 내려지지 않는다. 그저 매일 아침,
마치 어제 아무 일도 없었던 것처럼 하루를 시작한다. 아이는 어
제 누어야 했던 경험을 떠올리지 못하고 친구와 뛰어논다.

이 심장병 아동은 '심장 없음'뿐만 아니라 '말 없음'으로 아
픔을 감당할 뿐이다. 아이는 아픈 심장을 느끼지 못할 뿐만 아니
라 더 나아가 아픔의 종류가 무엇인지 말할 수 없다. 아이는 그
저 불특정함, 애매모호함에 머무를 뿐이다. 아이의 아픔은 규정
되지도, 현상의 형태로 나타나지도 않으며, 위치를 특정할 수 있
는 것도 아니다. 아직 '언어로 무르익지 않은 것'이 아이의 아픔
이다. 심장병 아동은 자신의 아픔을 오로지 태도의 변화로만 표
현할 뿐이다.

이처럼 변형되어 나타나는 태도는 내가 보기에 우리 몸이
그때그때 자신의 '상태'를 알리는 표현이다. 상태는 신체라는
유기체를 자연과학의 방법으로 파악하면서 알게 되는 부수 현
상이 아니다. 또 상태는 이른바 영혼의 상태라는 것과 궁극적으
로 아무런 관련이 없다. 원초적으로 우리 안에는 밖으로 나오려
고 하는 것은 전혀 없다. 상태는, 생각을 통한 모든 파악에 앞서,

언제나 '세계 내 존재'의 가능한 모든 변형일 뿐이다. 상태는 애초부터 근원적으로 세상에 포함됨, 함께 있음, 곧 실존의 양상이다.[4] 상태는 우리에게 세계적인 것을 열어줄 뿐만 아니라, 그 자체로 인간이 끊임없이 세계와 마주하는 방식이다. 인간은 세계로 접근하거나 거부하면서, 세계를 발견하고 구축한다. 상태는 우리에게 실존을 열어 보일 뿐만 아니라, 그 자체로 세계 관계이다. 심장병 아동이 뭔가 다르며 다른 태도를 취한다는 것은, 아이가 이미 다른 세계를 가졌음을 뜻한다.

심장병 아동의 일반적인 상태와 태도의 증후군을 인지한 지금 두 가지 확인은 불가피하다.

첫째, 심장병의 일반적인 불편함은 물론 아동에게만 국한되는 것이 아니다. 우리의 연구에서 중요한 점은 이 일반적인 증후군이 12세 이하의 아동이 자신의 아픔을 표현하는 유일한 방식임을 보여준다는 것이다. 결정적인 점은 아동이 심장 때문에 생겨나는 아픔을 불평하지 않는다는 것이다. 물론 그래도 아이의 몸은 여러 이상을 보인다. 다만 이 이상이 표현되지 않을 뿐이다. 이 연령대의 아동은 자신의 심장을 전혀 의식하지 못하기 때문에 그저 일반적으로 아파하며, 이 일반적인 아픔에 상응하는 태도를 보인다. 다시 말해서 아이는 '상태가 이러저러하다'. 아이는 이런저런 것을 '원하지도 않거니와, 또 어쩔 수가 없다'. 심장병 아동은 건강한 아이와 똑같이 이런저런 것을 '한다'. 그러나 이런 방식으로 아파하는 것은 궁극적으로 성인 심장병 환자의 아픔과 다르지 않다. 다만 성인은 자신의 일반적인 아픔을

4   마르틴 하이데거, 『존재와 시간』Sein und Zeit 7판, 튀빙겐, 1953, 29장.

넘어서서 보다 더 정확히 아픔을 특정할 줄 알며, 또 그 일반적인 아픔 안에서 자신이 심장병에 걸렸구나 하고 알 수 있다는 것이 결정적인 차이다. 이 문제는 잠시 뒤에 다시 다루기로 하자.

둘째, 지금 확인한 상태의 불편함은 물론 심장병 아동에게만 특별한 것이 아니다. 전염병 초기의 아이도 비슷한, 심지어 똑같은 불편함을 보인다. 또 이런 확인으로 우리는 일반적인 아픔의 변형을 묘사할 수 있게 된다. 나는 이 가능성을 특히 강조하고자 한다. 다른 한편으로 이런 연구는 아동의 아픔이 성인에 비해 얼마나 '순수'한지, 어떤 순수한 형태로 나타나는지 알 수 있게 해준다. 아동은 자신의 아픔에 거리를 둘 수 없다. 아동은 아픔을 자신 앞에 세우지 못하고 그 안에 빠져 익사한다.

우리가 지금까지 심장병 아동의 아픔을 그린 그림은 이제 배경이 완성된 정도다. 지금부터 필요한 작업은 중요한 점을 보충하고 부각해주는 것이다. 이 그룹에 속하는 적지 않은 아동은 실제로 아픔의 부위를 근접하게나마 확인할 수 있다. 그러나 가슴, 즉 심장 부위가 아니라 주로 두통이나 복통이다.

두통, 즉 주로 앞이마 부위에 집중되는 두통은 14세에서 16세 사이의 심장병 환자에게 견디기 힘든 불편함을 안긴다. 청소년의 일반적 상태에 심한 영향을 주는, 가장 자주 나타나는 증상이 바로 두통이다. 의학은 왜 심장병 환자에게서 이런 두통이 자주 나타나는지 그 원인을 풀지 못하고 있다. 반면, 복통의 경우는 잘 알려졌다.

배가 아동 연령대에 체험의 장소로 중요한 역할을 한다는

아동은 자신의 아픔에 거리를 둘 수 없다. 아동은 아픔을 자신 앞에 세우지 못하고 그 안에 빠져 익사한다.

에드바르트 뭉크, 〈아픈 아이 II 〉, 1896년, 뭉크 미술관, 오슬로.

점, 곧 통증 체험의 주된 부위라는 점은 따로 언급할 필요가 없는 사실이다. 의사는 이런 사실을 익히 안다. 편도선염, 폐렴, 일반적인 감염은 대개 복통으로 시작되거나, 복통과 함께 맞물린다. 정확히 이것이 10세까지 아동 심장병 환자가 보이는 증상이다. 배야말로, 아동이 어리면 어릴수록, 거의 유일한 표현 장기이다. 다시 말해서 아동은 자신을 섭취하고 배설하는 기능을 하는 배와 동일시한다. 아이는 자신이 느끼는 세계와의 불일치를 주로 음식을 거부하거나 토하거나, 설사를 하거나, 변비를 일으키는 것으로 표현한다. 배와 엮인 세계로부터 점차적으로 빠져나오는 것은 더 나이를 먹어야 가능하다. 심장과 배가 특히 내밀한 관계, 몸 경험의 인상적인 겹침을 가지기 때문에 이 문제는 상세히 살펴볼 필요가 있다. 다음의 상담 사례를 통해 문제에 접근해보도록 하자.

아이가 아직 아이일 때

'심장 없음'

아동의 '심장 없음'을 이해하고자 한다면, 우리는 사춘기까지의 아이들이 공통으로 지니는 존재 방식의(혹은 더 낫게는 함께 있음의 방식) 특별한 점을 살펴야 한다. 이런 관찰의 출발점은 인간이라면 누구나 자신이 발달하는 과정에서 인류가 발달해온 모든 단계를 섭렵해야 자신의 유일한 실존을 발견한다는 경험이다.

이런 맥락에서 발달심리학은 '마법적 단계'라는 표현을 쓴다. 이 말은 아동이(선사시대의 인간처럼) 집단, 곧 가족 혹은 혈족과 같은 집단에 마치 양탄자를 이루는 실오라기처럼 소속감을 가진다는 뜻이다.

일단 아이는 자신의 내면과 외부를 거의 구분하지 않는다. 발달에서 이 마법적 단계를 완결하기까지 아이의 과제는 이 결합으로부터 떨어져 나오는 것이다. 점차적으로 객관화하는 법을 배우며, 책임감을 가지고 인생의 역사를 써나가는 주체, 곧 자신의 운명을 스스로 책임지는 주체가 되는 것이 아이의 과제다.

아이가 이 마법적 단계에서 체험하는 결합은 아이가 왜 상상 놀이를 즐기는지 이해할 수 있게 해준다. 아이는 자신을 얼마든지 다른 것과 바꿀 수 있다고 믿는다. "나는 산타 할아버지야." 또는 "나는 비행기야." 그리고 나무 덩어리를 보며 "저건 말(馬)이야."

또 같이 놀이를 하는 상대도 얼마든지 바꿀 수 있다. 또래의 모든 아이는 대등하다고 여기기 때문이다. 아동은 경우에 따라서는 한 상대를 다른 상대로 대체하기도 한다. 다시 말해서 상대는 아직 인격체가, 친구가 아니다. 이런 같은 가치를 지니는 대등함Gleich-Gültigkeit이라는 관점이 '심장 없음'의 아이가 가지는 무심함Gleichgültigkeit을 설명해준다.

심장과 배의 다르지 않음

"나 안 좋아", "기분이 이상해", 기분 나쁨 혹은 '지루함'은 아동 연령대의 심장병 환자만이 보이는 특수한 게 아니라, 일반적인 불편함이라는 점은 앞서도 언급했다. 이런 불편함은 구강과 위장과 관련한 식욕까지 포함한 모든 욕구의 채워지지 않음을 뜻한다.

이런 '나쁜 기분'과 대립을 이루는 독일어 단어는 식욕의 만족은 물론이고 다른 삶의 기쁨에도 사용하는 '진심 좋음' herzhaft*이다.

프랑스어의 심장과 배는 상태를 매개해주는 몸이라는 더 포괄적인 의미를 지닌다는 점에서 독일어보다 훨씬 더 분명하다. 프랑스어는 독특하게도 심장과 배라는 두 가지 장기를 자유자재로 엮은 표현을 쓴다. J'ai mal au cœur는 "나 안 좋아", "아픈 거 같아"라는 뜻이다. Ce vin va au cœur는 "이 와인 맛이 좋은데"라는 말이다. Avoir le cœur bon은 "맛있게 먹어"이다. S'en donner à cœur joie는 "배불리 먹어" 또는 "심장이 즐기는 쪽으로 해, 좋아하는 일에 몰두해"라는 뜻이다. écœurer는 '메스껍다' 또는 '구역질 난다'이다.**

프랑스 사람들에게 먹고 마시는 일은 물론이고 모든 자연스러운 생명력은 독일보다 훨씬 더 '심장 문제'와 관련되어 있다. 어느 모로 보나 프랑스 정신은 심장 내키는 대로 사는 쪽에 가깝다. 예를 들어 법의 판결⁵이나 관용구 apprendre par cœur(암기하다)에서 보듯 프랑스인은 생각을 심장으로 한다. 프

---

* 심장herz에 '~haft'라는 접미어를 붙여 만든 형용사. 직역하면 '심장스러운'으로 모든 좋은 기분을 나타내는 표현이다.
** 'cœur'(심장)를 핵심 키워드로 쓰는 관용적 용례를 말하고 있다.
5 프랑스 법원은 '치정 사건'을 다루면서 당사자들이 정말 '심장으로' 사랑했는지를 고려한다.

랑스어의 지혜는 독일의 경우보다 훨씬 더 '심장'cœur을 입에 올린다. 반면 독일어는 배와 심장과 관련한 몸의 불편함을 주로 배를 연상하게 하는 단어를 써서 표현한다("속이 좋지 않아", "메스꺼워" 등).

배와 심장이라는 장기의 체험에서 공통적으로 나타나는 표현은 프랑수아즈 돌토가 설득력 있게 정리해냈다.[6] 심장과 배라는 장기는 '마법의 소화기관'réceptacle digestif magique이다. '레셉타클'réceptacle이라는 단어는 '속이 빈 주머니'라는 뜻에 가깝다. 다시 말해서 동굴, 주머니, 공동空洞과 같은 것이다. 헤센 사람들이 '심장 주머니'라거나 북독일에서 '심장 동굴'이라고 하는 표현도 같은 자발적 경험을 뜻한다. 환자들은 이처럼 심장이나 윗배가 아픈 경우 이런 동굴이나 주머니라는 표현을 자주 쓴다. 이렇게 보자면 배와 심장은 구분되지 않고 체험되는 것이 분명하다. 환자는 흔히 가슴이 쓰린 것을 두고 "위액이 차오른다"고 말한다. 자신의 증상을 이렇게 표현하는데, 문제가 심장인지 아니면 배인지 즉각 판단할 수 있는 의사는 없다.

프랑수아즈 돌토는 심장과 배가 구분되지 않는 이런 체험에서 키워드는 '심장'이라고 강조한다. '마법의 소화기관' réceptacle digestif magique에서 '레셉타클'réceptacle은 받아들임, 접수함의 기능을 하는 장기라는 뜻이며, '디제스티프'digestif는 받아들인 것을 '소화'하는, 곧 자신의 것으로 만들어 일체가 됨을 의미한다. 그러니까 심장과 배는 '자신의 것으로 만들기 위해 무엇인가 받아들이는'du prendre en soi pour faire sien 기능을 하는 장기

6   프랑수아즈 돌토, 『심장』Le Cœur, 파리, 1950. 프랑수아즈 돌토Françoise Dolto(1908~1988)는 프랑스의 소아과 의사이자 정신분석학자이다 (―옮긴이).

라고 프랑수아즈 돌토는 설명한다. 곧 아이가 감동하며 변화함을 경험하는 장기가 바로 심장과 배이다. 이로써 예를 들어 어머니와 아이의 관계에서 아이는 쓰다듬을 받으며, 먹을 것을 받는 것에 집중하는 것이 분명해진다. 이처럼 무엇인가 받아들여 자신의 것으로 만드는 1차적인 장기가 배이다. 아이는 적극적으로 누군가를 쓰다듬어줄 능력이 아직 키워지지 않았다는 점에서 감동과 관련한 심장은 배보다 주목을 덜 받는다.

받아들임이라는 수용성 장기를 이렇게 해석한 것은 아이가 아직 '대답'을 모른다는 사실과도 상응한다. 아이는 주로 귀로 듣는 '청각적' 세계에서 살아간다. 아이는 아직 자신의 의견이라는 것을 가지지 않으며, 입장을 정할 필요도 없고, 결정은 더더욱 하지 않는다. 아이는 아직 응답하지 않아도 된다는 점에서 '책임을 모른다'. 이 단계에서 책임은 부모가 지는 것일 뿐이다.[7]

'청각'이라는 특징은 아동의 시각적 인지 능력이 성인과는 거리가 멀다는 것을 뜻한다. 눈은 거리를 둔 것, 멀리 있는 것, 원근의 구별, 전면과 배경을 구분하는 감각이다. 눈으로 본 것은 입장을 정해야 하는 것이며, 의식의 명료함으로 객관화해야 하는 것이다. 반대로 청각은 매개하는 감각, 곧 귀담아 듣고, 받아들이고, 자신의 것으로 만드는 감각이다. 듣는다는 것은 본래 답을 요구하지 않는다. 입장을 정할 필요가 없다.

말이 없음

아동 발달에서 '마법적 단계'를 다룬 우리의 묘사는 물론 지나

---

7   이런 정황은 아동의 정신과 치료가 오로지 어머니를 통해서 가능하다는 경험으로 분명해진다. 의사는 아동을 대면할 필요조차 없다(베네데티Benedetti, 「제6회 린다우 정신치료 주간 강연」, 슈투트가르트, 1956). 취학 아동이 되어서야 비로소 어머니와 함께 시료를 믿는나. 실밀직으로 개인적 치료는 12세 이후부터 가능하다. 사춘기가 지난 청소년은 항상 그 증상의 배후에 부모의 문제를 가진다. 물론 본인은 의식하지 못한다[『주역: 변화의 책』I-Ging, Das Buch der Wandlungen, 뒤셀로르프, 1956, 85쪽. 「산풍고」山風蠱(Die Arbeit am Verdorbenen)].

치게 단순하다. 아동은 일찌감치 자신을 가족, 공동체와의 엮임에서 떼어내려 시도하기 때문이다. 이런 시도의 첫 징후는 고집을 피우는 것, "아니!"라고 하는 근본적인 부정이다. 물론 이로써 인생에서 첫 위기가 찾아오기도 한다. "아니"라고 말하는 사람은 자기 발로 설 각오를 해야 한다. 어쨌든 그런 시도는 해야 한다.

"아니!"라는 말이 의문으로, 진술로, 거리를 두는 수단으로, 묘사로, 입장 취함으로 가지는 의미를 우리는 주목해야 한다. 이 발달 단계는 고집을 피우는 나이에서 시작해 사춘기까지 이어진다.

이로써 아동은 점차 '마법적 세계'로부터 떨어져 나온다. 곧 선사적인 세계, 역사가 없는 세계에서 빠져나와 자신의 역사를 쓰기 시작한다.[8]

아이가 성장하면서 눈떠야 할 자립성은 대답을 하라는 강제, 대답을 하겠다는 의지가 없다면 생각될 수 없다. 대답을 할 줄 알아야 책임감도 생긴다. 책임감을 가져야 비로소 역사가 시작된다. 책임감은 자신의 존재를 언어로 정리할 능력이다.

극단으로 치달으며 대안으로 제시된 "인생을 살 것인가, 이야기할 것인가"vivre ou raconter라는 사르트르의 표현은 바로 언어로 정리되는 책임감의 문제를 직시한다.[9] 사르트르는 두 가지 가운데 어느 하나만 가능하다고 보았다. "인생을 살기만 하는 한, 아무 일도 일어나지 않는다." "무대 배경은 바뀌고, 사람들은 왔다가 사라진다. 그게 전부다. 그럼 출발은 전혀 없다. 나날은 아

---

8   유아에게 '어제', '내일', '모레'는 아직 공허한 말이다. 예를 들어 네 살 먹은 아이는 "엄마는 그걸 모레 아니면 어제 가졌었잖아"라고 말한다.

9   장 폴 사르트르, 『메스꺼움』La Nausée, Paris, 1938. 인용문은 독일어 번역판, 57쪽(H. 발피슈Wallfisch 옮김, 함부르크, 1949).

무 의미와 내용이 없이 이어진다. 끝나기를 원치 않는 단조로운 더하기. 이것이 단순한 삶이다. 그러나 삶을 이야기하기 시작하면 모든 것이 달라진다. 그럼에도 이 달라짐을 누구도 눈치 채지 않는다." 사르트르는 인간의 역사성이 '이야기할 줄 아는 능력'과 결부되어 있다고 본다. 역사의 "필요충분 조건은 이야기를 하려고 마음먹는 것이다." "인간은 언제나 이야기를 들려주는 사람이다. 인간은 자신의 역사와 타인의 역사에 둘러싸여(포함되어) 인생을 산다. 인간은 자신에게 일어나는 모든 것을 이 역사를 통해à travers 본다. 그리고 인간은 자신이 이야기하는 그대로의 인생을 살려고 시도한다."(『메스꺼움』, 57쪽)

역사Histoire와 이야기raconter의 언어적인 밀접한 관련성은 이런 맥락에서 분명해진다. 심장병을 앓는 아동은 자신의 불편함을 이야기해줄 수 없다. 그냥 아픔을 지니고 살 수밖에 달리 어쩔 수 없다. 아이는 "인생을 살 것인가, 이야기할 것인가"라는 선택지를 가지지 않는다. 아이는 생각을 하지 않는 삶에 의존할 뿐이다.

너무 이른 나이에 심장병을 앓는 아이의 비극

심장병에 걸린 아동의 일반적인 고통을 알아보고자 하는 우리연구는, 이 아동들 가운데 그 상태가 너무 위중하고 위험한 나머지, 지금까지 살펴본 모든 불편함과 행동 장애가 완전히 다른 면

모를 가지는 그룹을 이야기하지 않는다면, 올바로 수행될 수 없다. 우리가 주목해야 하는 경우는 형태적으로 기형인 심장병의 위중함과 이로 말미암은 거의 절대적인 부전증으로 아이가 스스로 몸을 움직일 자유를 누리지 못하는 상태다.

예를 들어 아홉 살의 일제Ilse L.는 이른바 팔로오증*을 앓는다. 소녀는 항상 온몸이 푸른색이며, 몸을 거의 움직일 수 없는 지극히 비참한 상태다. 일제에게서도 우리는 위중한 수면 장애, 극심한 식욕 부진, 몸을 사시나무처럼 떠는 것과 거의 매일 나타나는 두통을 확인했다. 또 복통으로 힘겨워할 때도 잦다. 한마디로 소녀의 상태는 열악하기 그지없다. 그 어떤 고통으로 괴로워하지 않는 순간이 한 시간을 넘기지 못한다. 그래서 늘 집 안에만 머무르며, 퍼즐 맞추기를 하거나 인형 놀이를 할 뿐이다. 이따금씩 친구가 찾아오기는 한다. 그러나 얼마 가지 않아 친구는 돌아가야 한다. 놀이든 대화든 일제는 이내 피곤해지기 때문이다. 물론 소녀는 늘 친구들과 어울리고 싶어한다. 적어도 친구들이 노는 모양을 지켜보고 싶어한다. 그러나 구경만 하는 것도 한 시간을 넘기기 힘들다.

지금 일제는 심계항진 증세마저 보인다. 이 증상은 유발된 게 아니다. 그러니까 외부의 환경으로 생겨난 게 아니다. 계단을 오르내릴 때마다 소녀는 업혀야만 한다. 모든 움직임은 극도로 조심해야만 간신히 할 수 있다.

그처럼 극단적인 경우에는 잔인한 사실, 곧 병든 아동을 늘 죽음의 문턱으로 데리고 가는 장기 손상이라는 현실만이 결정

•   Pentalogy of Fallot. 심장의 선천적인 5중 기형. 팔로의 4징후Tetralogy of Fallot, 곧 심실 격벽 결손, 대동맥 전위, 폐동맥판의 협착, 우심실의 비대에 덧붙여 심방 중격 결손이 일어나는 경우를 이른다.

적이다. 이런 아동은 그저 일반적인 불편함을 가질 뿐만 아니라, 정확히 진원지를 찾아낸 심장 질환도 앓는다. 그것도 아직 심장을 느낄 수 없는 연령에서.

이런 극단적인 병에서 우리가 목도하는 것은 지극히 위중한 심장병으로 죽음을 맞이하기 직전과 같은 사태이다. 또 생명과 합치될 수 없는 장기의 상태는 태도를 바꿀 가능성, 그 어떤 입장 표명도 허락하지 않는다. 이 문턱에서는 오로지 가까워진 죽음만, 곧 죽어감이라는 상태만 결정적일 따름이다. 심장의 형태에 변화가 일어났다는 사실과 죽어감이라는 사실은 완전히 일치해 환자에게는 언제나 변화해왔을 몸의 마지막 순간을 받아들이는 역할만 남는다.

발표 지면

우리는 왜 지루함을 견디지 못하는가

「파스칼의 '지루함' 개념과 이 개념의 의학적 인간학에 대한 영향」Pascals
Begriff des 'Ennui' und seine Bedeutung für eine medizinische Anthropologie,
1949년 7월 6일 베를린의 융 연구소에서 한 강연, 『빌헬름 알만을 기리
며』Tymbos für Wilhelm Ahlmann, 베를린, 1951, 229~240쪽.

자살, 개인의 문제인가 인간 본연의 문제인가

「자살이라는 병」Über suizidale Kranke, 1951년 4월 16일과 17일에 하이델
베르크에서 열린 심신 상관 의학 제2차 학술대회에서 한 발표, 『프시케』
Psyche 5호, 1951, 433~450쪽.

희망에 대하여

「희망에 대하여」Über die Hoffnung, 『상황 I: 현상학적 심리학과 정신병리학
연구』Situation I. Beiträge zur phänomenologischen Psychologie und Psycho-
pathologie, 위트레흐트/안트베르펜, 1954, 54~67쪽.

몸과 병듦은 어떻게 내면의 의미와 관련되는가

「심장의 고통: 현상학적 시도」Über Herzschmerzen. Ein phänomenologischer
Versuch, 『의사 주간지』Ärztliche Wochenschrift 10호, 1955, 7권, 145~149쪽.

환자의 침묵

「중병 환자의 일반적 상태: 현상학적 연구」Der Allgemeinzustand des Schwerkranken. Eine phänomenologische Studie, 『시대의 혼란에 빠진 의사』Arzt im Irrsal der Zeit, 폰 바이츠제커의 70세 기념 논문집, 괴팅겐, 1956.

초 면 지 표 별 *

당연하던 몸이 더 이상 당연하게 느껴지지 않을 때

「상태: 몸 체험, 특히 내적 질병의 경우에서 본 몸 체험의 현상학」Das Be-finden. Zur Phänomenologie des Leiberlebens, besonders bei inneren Krank-heiten, 보이텐디크 박사의 70세 기념 논문, 『심리학과 정신치료 연감』JB f. Psychologie und Psychotherapie 5호, 1957, 155~168쪽; 『모임: 보이텐디크 70세 기념 논문집』Recontre. Festschrift zum 70. Geburtstag f. F. J. J. Buy-tendijk, 위트레흐트/안트베르펜, 1957, 339쪽 이하.

행복과 불행

「행복과 불행: 현상학적 연구」Wohlbefinden und Missbefinden. Eine phänom-enologische Studie, 공동 저자 롤프 콘Rolf Kohn, 하이델베르크, 『프시케』 Psyche 12호, 1958, 33~49쪽.

아픔, 우울증, 세상의 심술궂음

「우울증 환자와 내면 의학」Hypochondrische Patienten in der Inneren Mediz-in, 1959년 5월 23일 바덴바덴에서 열린 독일 남서부 신경학자와 정신과 전문의 학술대회에서 발표, 『신경과 의사』Der Nervenarzt 31호, 1960, 13~19쪽.

미래를 기약할 수 없다는 것

「심근경색을 앓는 환자의 상태」Über das Befinden von Kranken nach Herzin-farkt, 『의사 주간지』Ärztliche Wochenschrift 15호, 1960, 61~66쪽.

297

인간학으로서의 병듦

「심장병을 앓는 아동과 성인의 상태와 태도」Befinden und Verhalten her-
zkranker Kinder und Erwachsener, 튀빙겐 대학 아동병원 원장 알프레트
니추케에게 헌정, 공동 저자 마페스R. Mappes, 뮌헨; 『상태와 태도: 정신
약리학의 행태생리학적이고 인간학적인 토대(슈타른베르거 대담, 1960)』
Befinden und Verhalten. Verhaltensphysiologische und anthropologische Grun-
dlagen der Psychopharmakologie (Starnberger Gespräche 1960), J. D. 아헬리
스·H. v. 디트푸르트 공동 편집, 슈투트가르트, 1961, 68~86쪽.

아이는 아픔 안에 빠져 익사한다

「심장병을 앓는 아동의 고통」Über das Leiden herzkranker Kinder, 공동 저자
마페스R. Mappes, 뮌헨, 『내과 의사』Der Internist 49호, 1962, 2권.

우리는 모두 애정 어린 관심이 필요하다

삶의 힘을 키워주는 책

독서를 가치 있는 행위로 만들어주는 글이 있다. 현존을 확인시켜주거나, 나 자신에 대한 앎을 가능하게 해주는 글은 읽기 힘들지만 그런 경우에 해당한다. 같은 부분을 여러 차례 읽고 또 읽어 문맥을 이해해야 할 뿐 아니라 그럴수록 다양한 의미가 계속 부상해오면, 한 페이지를 붙잡고 반나절 동안이나 망연자실할 때가 있다. 좋은 글들은 대체로 독자로 하여금 스스로에 대해 모르고 있었던 것이 무엇인지를 끝없이 깨우치게 한다. 이 힘든 노동은 정신의 근력을 배양한다. 힘이 들 때, 힘이 들어오는 이치와 같다.

이런 책은, 하지만 슬프게도, 사람들에게 별로 인기가 없다. 사람들은 자신의 존재를 잊기 위해 글을 읽을 때가 많기 때문이다. 수많은 책들, 특히 이른바 베스트셀러나 듣기 좋은 글귀는 그 글에 빠져듦으로써 오히려 존재를 잊게 한다. 이는 저자 헤르베르트 플뤼게가 꼽는 인간 본연의 실존적인 '지루함'과 긴밀하게 연결되어 있다. 그래서 어쩌면 이 책은 읽는 행위 그 자체로 저자의 집필 의도에 부합할지도 모르겠다. 존재를 환기하기, 삶의 희망은 삶 그 자체에 대한 믿음이 환기될 때 즉 존재를 확인할 때

가능하다는 것, 이 주제가 책을 읽는 동안 독자로 하여금 실현되
게 한다. 삶의 힘을 배양한다.

'지루함'에 대한 독창적 해석

꽤 여러 곳에서 다음 단락으로 쉽게 넘어가기 어려운 문장들이
있지만 선택적으로 몇몇 곳을 뽑아 얘기할 수밖에 없겠다.

저자 플뤼게는 파스칼에 기대어 있다. 저자의 사상적 근거
를 알 수 있다. 그들은 지루함을 거의 원죄 수준으로 다룬다. 파
스칼을 빌려 "인간의 지루함은 대단히 빠르게 불행함으로 바뀌
어 결국 불안으로 이어진다는 점을 주목했다"(20쪽)고 말한다.
플뤼게는 실존적 지루함ennui이야말로 자살, 즉 죽음 충동을 참지
못해서 죽음을 택하게 되는 자기 파괴의 원인이라고 꼽는다. 지
루함을 견디기 위해 자기 자신에게 향했던 관심을 바깥으로 돌
리는 모든 종류의 인간 활동으로서 디베흐티스망divertissement('오
락'이라고 번역되는)을 말한다.

충격이었다. 인간의 자살이 지루함 때문이라니. 지루함을
하나의 단순한 기분으로 다루었던 심리학의 관점으로는 결코 이
해할 수 없는 이야기라고까지 일갈한다. 이는 키르케고르가 죽
음에 이르는 병으로 진단했던 절망과 조금도 다르지 않으며, 더
나아가 허무함과 무한함에 대한 철학적 고찰에까지 이른다. 플
뤼게는 지루함이란 '되는 것이 없는 무료한 시간', '진정한 목적
이 없는 기다림', '미래가 사라진 허망함'이라고 말한다. 이로부
터 벗어나기 위해 인간은 끊임없이 '오락'을 만들어내어 탐닉하

고 자기 존재 바깥으로 관심을 돌리려고 한다.

도박 중독자들과 오래 작업을 해본 필자로서는 지루함에 대한 플뤼게의 생각에 이견이 없다. 도박 중독자들은 자살 대신 도박을 택하는 것 같았기 때문이다. 그들은 삶이 지루해서 미친다. 도박장에서 느끼는 그 '쫄깃한' 긴장감이 그들을 살아 있게 한다. 아니 살아 있다는 것을 확인시켜준다. 수많은 도박 중독 이론은 중독에 빠지는 다양한 유형 및 모델과 인성에 대한 분석을 내놓지만 결국 중독자들이 갈망하는 것은 '재미'다. 재미를 느끼기 위한 긴장감과 집중이다. 만약 그들의 삶이 다른 일을 통해서도 지루함을 느끼지 않을 수 있다면 그들이 도박장에 갈 이유는 아마 없을 것이다.

지루함. 공허한 기다림. 무엇을 기다리는지, 왜 기다리는지, 얼마나 기다려야 하는지 알 수 없는 상태. 세속적 희망은 여기서 싹튼다. 우연과 우발에 대한 기대. 플뤼게는 이것이 세속적 희망이라고 정의한다. 무릎을 치게 하는 통찰이다. 우연하고 우발적인 획득에 대한 기대, 이것이 대부분의 세속적 희망이 아니던가. 무한히 기다리는 이 허무한 행위. 무한함과 허무함은 다른 이름의 같은 구성일 수 있다. 이것이 존재를 떠받치고 있다고 한다. 이렇게 생각해본다. 실체 없는 '무한한' 신은 사실 허무함 그 자체일 수 있다. 그 어떤 노력도 종당에는 생명의 소멸로 끝나며, 허무함으로 종결됨을 알면서도 끝없이 실행하는 의지 있는 행위는 신을 믿는 행위와 다름없다. 따라서 이것이 인간의 본질이며, 이 균형이 깨어질 때 생명을 내놓을 수도 있다는 데 동의한다.

플뤼게는 자살 연구를 통해 많은, 아니 하나에 대한 깊은 성찰을 전한다. 바로 지루함이다. 이것이 파괴 본능과 등치되는 죽음 충동을 활화活火시킨다. 죽음 충동과 파괴 본능의 동질성에 대해서는 동의하면서도 따로 한마디 덧붙여야겠다. 왜 인간은 파괴하려 드는가? 전쟁부터 자살에 이르기까지, 어째서 인간은 자신부터 대량의 인명에 이르기까지 절멸을 행하려 하는가? 이것은 전능함의 욕망에서 나오는 극단적 행위이다. 이는 자신의 전능함에 대한 환상으로, 그릇된 인식의 병폐다.

파괴는 무엇인가? 자극이며, 영향이다. 극도의 자극이며 치명적 영향이다. '너의 존재를 네가 느낄 수 있게 내가 도와주마. 나는 너에게 영향과 자극을 줄 수 있는 사람이다. 너의 존재를 나로 인해 느낄 수 있으니, 나는 너에게 전능하다. 만약 이것이 여의치 않다면, 족족 실패하고 판판이 깨진다면, 결국 나는 나에게 자극을 주고 영향을 줄 수밖에 없다. 가장 극단적인 방법으로 나의 전능을 실행하고 확인할 것이다. 나는 이 존재의 지루함을 견딜 수 없어, 이 자극과 영향력을 행사하여 나의 목숨을 가져갈 것이다.' 주의를 존재 바깥으로 돌려 이 지루함을 견디고 싶다면, 파괴는 아주 현명한(?) 방식이다.

원죄와 윤리, 그리고 문명

이 책을 읽는 독자가 혹여 무신론자라면, 플뤼게의 글에서 나와 마찬가지로 불쾌함을 느낄 수도 있다. 일단 무신론자는 신을 믿지 않는 것이 아니라, 신에게 관심이 없다는 것을 먼저 말하고 싶

다. 내게 신이 있다는 믿음은, 아프리카 세렌게티 초원에서 풀을
뜯는 기린 한 마리가 있다는 것과 똑같은 무게로 이해된다. 즉, 누
군가 신이 있다고 말한다면 "어쩌라고?"라는 생각이 들 뿐이다.
하지만 플뤼게는 신의 존재에 한 치의 의심도 없다. 유신론자로
서 신을 당위로 삼아 이야기를 풀어나간다. 그가 '인간학'을 말
한다고 하지만, 어쩌면 이것이 '신의 자녀학'은 아닌지 의심스러
울 정도다. 하지만 이에 대한 논쟁은 여기까지로 하자.

　그럼에도 '선악'과 '원죄'에 대한 주장에 대해서는 논쟁하
지 않을 수 없다. 플뤼게는 그리스도교의 입장에서 원죄로 인해
선과 악을 구별할 수 있게 되었다고 한다. 필자의 생각은 다르다.
원죄는 무엇인가? 원죄가 있던가? 오히려 언젠가부터 모든 것을
선과 악으로 구별하게 된 것이 원죄라면 원죄가 아닐까. 필자는
윤리와 선과 악을 강요하고 선동하는 플뤼게를 잘 이해할 수 없
다. 모든 사물은 무한함에서 발생해(상상, 창조 등) 아무것도 없음
으로 마무리된다. 소멸하지 않는 사물이 있는가? 신이 사물을 창
조한 것이 아니라, 인간에 의해 신은 창조되었을 뿐이고, 신이야
말로 무한함으로부터 발생해 아무것도 없는 곳에서 머무른다.

　나는 플뤼게가 이렇게 원죄를 규정하는 태도에서 가장 뜨
겁게 불쾌해진다. "인간은 태어나는 순간 정신을 몸 안에 가두는
원죄를 저질렀다."(60쪽) 하지만 필자의 생각은 아주 다르다. "인
간은 태어나는 순간 몸 안에 문명을 가두어버렸다." 우리는 사자
나 범아재비에게 원죄를 묻지 않는다. 자식을 잡아먹기도 한다
는 숫사자나 교미가 끝난 다음 수컷을 양분 삼아 먹어치우는 범

아재비를 그저 자연의 섭리로 여겨 신기해할 따름이다. 인간이 그들과 다른 점이 있다면 문명이 있다는 것이다. 그러므로 이 점에 있어서는 플뤼게를 옹호할 수 없다.

상상력과 거짓말, 자기기만과 자아실현의 역설

고루하고도 보수적인 심리학이 낯을 붉힐 뜨거운 이야기도 있다. 인생에서 '동기' 또는 '동기 부여'는 변조와 위조의 속임수 과정에서 파생된다고 한다. 학습심리학이나 교육심리학에서 그리도 목을 매는 동기 부여, 동기 유발 이런 것들이 변조와 위조의 부산물이라니. 그의 성찰은 경이로울 정도로 정확하다. 정신분석은 이와 매우 유사한 입장을 견지한다(플뤼게는 계속 심리학의 한계를 지적하지만, 그가 말하는 심리학이 어떤 종류의 심리학인지 알지 못하겠다. 이런 부분은 다소 불편했다).

파스칼을 인용해, '상상력은 기만적인 힘'이라고도 한다. 실존주의 심리학에서는 거짓말을 인간만이 가진 능력이라 칭송한다. 어쩌면 거짓말은 주체의 자아실현을 예시하고 있을지도 모른다. 거짓말은 상상력을 기반으로 한다. 그래서 상상력을 기만적인 힘이라 하는가? 이런 단선적인 해석은 본질에 부합하지 않는다. 다만 플뤼게가 미처 설명하지 않은 부분을 말해야 할 것 같다. 상상력이 기만인 것이 아니라, 상상하고도 그것을 실천하지 않는 것이 자기기만인 것이다. 거짓말의 경우 그것을 실현하기 위해 노력할 때 거짓말은 삶의 이상으로, 목표로 승화한다. 기타를 한 번도 잡아본 적 없는 중학생이 예쁜 여학생을 '꼬시기' 위해 기타를 잘 친다고 거짓말을 했다. 그 여자애 앞에서 기타를 멋지게 치면 자신에게 마음을 줄 것이라는 상상에 기반해 거짓말을 한 것이다. 하지만 이 중학생이 몇 달 동안 자나깨나 기타를 연습해 멋지게 음악 몇 곡을 연주할 수 있게 된다면, 남자아이는 거짓말을 한 것이 아니라 '되고자 하는 자기'가 된 것이다(기타리스트 김태원의 실화다). 그러나 로또에 당첨되기를 꿈꾸는 상상과 그에 의한 삶의 설계는 철저하게 헛된 거짓말에 기반한다. 플뤼게에 기대어 필자는 지루함과 갈등해야 하는 인간의 자세에 대해 이렇게 묻고 싶다. 자기가 한 '거짓말'을 실현하려 노력하는가, 아니면 우연과 우발에 기대어 얻고자 하는 것을 그저 '획득'하려 하는가?

"일상의 희망을 잃어버려야 진정한 희망이 생겨난다"

플뤼게의 희망론에 대해서는 반드시 언급해야겠다. 내 감상으로, 그의 희망론은 절창絶唱이다. 플뤼게에 따르면 희망의 두 갈래로 세속적 희망과 근원적 희망이 있다. 근원적 희망을 품기 위해 가장 좋은 방법은 일상의 세속적 희망을 모두 걷어내는 것이라고 한다. 근원적 희망을 이해하는 가장 좋은 방법 역시 세속적 희망을 잘 설명하는 것일 테다. 그러므로 반드시 이 부분에 천착해야 할 것이다. "세속적 희망은 언제나 정말 이루어질까 하는 의심과 불안을 품는다. 세속적 희망의 특징적인 기다림은 초조함이다. 반면 근원적 희망은 인내심을 가지고 기다린다."(53쪽)

일상의 희망이 '대상'과 관계된다는 그의 통찰은 정신분석의 우울에 대한 설명과 거의 궤를 같이하는 것 같다. 연인과 헤어진 뒤 슬픔을 감당해야 하는 것은 자연스러운 일이다. 하지만 장기간의 우울로 힘들어한다면 이것은 뭔가 문제가 있다. 플뤼게가 말한 대상에 연결된 무엇인가가 있기 때문이다. 연인과의 '관계'가 끝난 것이 아니라, 내 안의 공허를 채우던 그 대상을 상실했다면 그것은 이제 우울로 채워진다. 나를 떠난 연인은 나의 결핍을 채우던 하나의 이미지였을 뿐임에도, 실연한 이는 흡사 자신을 상실한 것마냥 우울해한다. 플뤼게는 단호하게 말한다. "일상의 희망을 잃어버려야 진정한 희망이 생겨난다."(91쪽) 더 이상의 감상문은 사족이겠으나 한마디만 덧붙인다. "내일은 더 나빠질 거야!" 오늘이야말로 희망이 아니겠는가! 시칠리아 사람들의 유명한 속담이다.

우리는 모두 애정 어린 관심이 필요하다

플뤼게는 의사다. 그의 철학적 고찰의 가장 중요한 자료는 몸으로부터 마련된다. 몸에 깃든 모든 것들, 즉 장기는 물론 병과 정신에 이르기까지 포괄한다. 대부분의 글들이 인간의 몸과 병듦에 관심을 기울이며 몸과 정신과 존재가 어떻게 연동하고 합일하는지를 설명한다. 플뤼게의 혜안을 칭송하기에 앞서, 그의 인간에 대한 애정에 깊은 경의를 품는다. 애정이란 무엇인가? 살피는 것이다. 누군가를 더 많이 보고 싶어하고, 그를 보살피고 싶어하는 것은 사랑이 있기 때문이지 않은가. 그는 몸을 관찰해야 할 대상이 아니라 존재의 구현체라는 차원에서 접근한다. 자살 시도자부터 전 연령대의 심장병 환자, 그 외에도 다양한 환자들이 겪는 정신 증상의 현상들을 다룬다. 그 다양한 현상들에 근거한 인간 현존에 대한 깨달음을 읽어가며 자생적 후기 현상학자로서의 플뤼게의 관점과 놀라운 통찰에 무릎을 칠 때가 많았다. 더군다나 필자는 인간에 대한 그의 깊고도 은밀한 애정을 감지했을 때 진심으로 감동할 수밖에 없었다. 앞서 '신의 자녀학'을 말하느냐고 비판했으나, 어쨌건 그가 인간의 문제에 천착했음은 분명한 사실이다. 이 멋진 사람의 사유를 고찰하는 것은 온전히 독자들의 몫으로 남겨두고 싶다.

다만 정신분석가로서 필자는 인간의 정신과 고통에 관한 짧은 견해를 덧붙이려 한다. 플뤼게가 고찰한바, 고통은 신체를 즉 존재를 경험하게 한다. 그렇다면 인간은 왜 자신의 정신을 고통스럽게 하는가에 대한 답도 찾을 수 있다. 정신은 우리가 가장 손쉽게 괴롭힐 수 있는 대상이다. 그리고 작은 고통만으로도 정신의 존재를 확연히 느낄 수 있다. 생각하기에 존재하는 것이 아니라 고통스럽기에 존재한다고도 할 수 있다. 인간이 스스로 자신의 정신을 괴롭힌다는 말에 선뜻 동의하지 않을 수도 있다. 평생을 불안 장애로 고생하는 사람이 자신을 그렇게 괴롭힌단 말인가라고 반문할 수 있다. 정신의 고통이 모두 내 탓이라는 말인가라고 항변할 수도 있다. 복잡하고도 지난한 분석의 과정을 거쳐야 하겠지만, 대체로 인간은 자신의 정신을 감각함으로 존재를 확인하는 것 같다. 몸을 감각하는 경우와 마찬가지다. 예를 들어 위장이 아플 때 그것이 있다는 것을 확실히 알 수 있다. 이 책 본문에서 심장병 환자가 "내게 심장이 있다는 것을 이제 알아요"라고 말하는 것과 같다. 물건을 부숨으로써 부모로부터 유일하게 관심을 끌 수 있었던 아이는 계속 무언가 사고를 치는 방식으로 관심을 유도하는 습성을 인간 관계에 심어둔다. 마찬가지다. 아픔으로 관심을 끄는 방식을 관계에 구조화할 수도 있다. 세상과의 관계뿐 아니라 자신과의 내적 관계intra-relationship에서도 말이다. 내가 아플 때 타인에 앞서 자신이 가장 먼저 스스로에게 관심을 기울인다. 정신의 고통은 신체의 고통과 다름없이 자신에게 관심을 기울여달라는 하나의 증상이다. 우리는 모두 애정 어린 관심이 필요하다. 깊은 철학적 성찰도 필요 없다. 그저 그것 하나만으로도 삶을 멋지게 살 수 있다. 그렇기에 더 플뤼게가 우리에게 기울인 관심을 들여다볼 수 있으면 좋겠다.

2017년 1월
이승욱

행복과 불행이란 무엇일까

"멈추어라, 너 참 아름답구나!"

— 요한 볼프강 폰 괴테

서양 철학의 전통은 인간의 몸을 감옥으로 보았다. 어디인지는 모르나 영원의 숨을 쉬는 곳에서 자유를 만끽하던 영혼이 세속의 무덤인 몸으로 들어오게 된 것이 인간이라는 관점이다. 그래서일까? 플라톤을 비롯한 숱한 서양 철학자들은 몸의 감각을 착각과 미몽을 낳는 악의 근원으로 보고, 몸으로부터 영혼이 풀려나는 해방을 줄기차게 주장해왔다.

인간이 갈망하는 참된 행복은 몸의 구속을 극복함으로써만 구해질 수 있다는 해묵은 발상은 바로 영혼과 몸의 관계를 부정적으로 보았던 이런 전통에 뿌리를 둔다. 그러나 이런 관점이 정녕 옳은 것일까? 몸이 없이 우리는 누구일 수 있는가? 몸이 없는 순수한 영혼이라는 것은 과연 무엇인가?

답을 찾기 어려운 물음이다. 우리가 알 수 있는 것은 구체적인 감각으로 파악할 수 있는 것일 뿐, 이를 넘어서는 모든 것은 오로지 짐작으로만 접근할 수 있기 때문이다. 인류가 순수한 영혼을 노래하거나 묘사해온 꾸준한 노력은 사실 기초가 없는 허상, 곧 짐작으로 얼기설기 지어놓은 허구의 집에 지나지 않는다. 훅 하고 불면 날아가버리는. 비트겐슈타인이 알 수 없는 것은 침묵하자고 제안했던 이유다.

그러나 영혼, 곧 우리의 정신은 정말로 알 수 없는 것일까? 근대 이후 현상학에서 실존철학으로 이어지는 흐름은 몸과 정신의 관계를 집요할 정도로 천착해왔다. 알 수 없다고 그저 침묵하는 것이 문제에 접근하는 올바른 태도는 아니다. 오히려 영혼을 저 어딘가에 존재하는 것이 아닌, 몸과 떼어낼 수 없는 관계를 지닌 것으로 바라볼 때 우리는 많은 의문을 풀어볼 의미 있는 실마리를 얻는다.

저자 헤르베르트 플뤼게는 자연과학의 접근법으로는 인간을 절대 이해할 수 없음을 깨닫고 독학으로 철학을 연구하여 흥미로운 인생론을 펴냈다. 바로 이 책이다. 특히 두 번에 걸친 혹독한 세계대전을 몸소 겪어야 했던 체험이 인간을 성실하게 성찰할 수 있었던 동기가 되었다는 점은 글의 곳곳에서 어렵지 않게 확인할 수 있다.

전쟁으로 황폐해져 사람들이 삶의 의미를 찾지 못하고, 이 의미 상실로 자살을 택하는 경우를 숱하게 목격해온 의사로서 행복과 불행의 근원적 의미를 철학으로 궁구하고자 하는 플뤼게의 간절함은 우리에게 참으로 많은 생각을 하게 한다. 젊은 시절 병들지 않은 건강함을 자랑하던 인간은 자신의 몸을 자각하지 못한다. 그저 세상으로 나아가 자신의 가능성을 실현하는 일에 몰두할 따름이다. 말하자면 가장 행복한 순간을 사는 것이다.

그러나 정작 당사자는 이것이 행복인 줄 모른다. 아니, 알 수가 없다. 채울 수 없는 세속의 욕망이 영혼을 할퀴어대기 때문이다.

쇠락한 몸, 병든 몸으로 그 존재를 실감할 때 우리는 불행의 의미를 깨닫기 시작한다. 그러나 영혼의 구원(?), 혹은 자기의 존재 의미를 굳게 믿는 사람은 이런 불행함에서도 결코 인생을 포기하지 않는다. 외려 건강할지라도 자신의 영혼을 믿지 못하는 사람이 자살이라는 극단을 택하기도 한다. 이런 확인을 플뤼게는 임상 경험으로 증언해준다.

인생은 결코 허망한 것이 아니며, 저 무한한 우주의 심연이 우리를 떠받들어주고 있다는 믿음, 이로써 자아를 기필코 실현하리라는 갈망이야말로 우리가 살아가는 진정한 이유일 것이다. 플뤼게는 세속적 욕망의 실현 내지는 좌절이 행복이나 불행일 수는 없다는 점을 우리에게 조근조근 짚어준다. 그렇다, 우주라는 무한함을 바라보는 희망으로 매 순간 최선을 다하는 자세가 진정 행복한 인생을 가꾸어주는 것이리라. 이렇게 쌓아낸 순간, 이는 곧 영원의 다른 이름이기 때문이다. "멈추어라, 너 참 아름답구나!"

2017년 1월 끝자락에
김희상

찾아보기